BIBLIOTHÈQUE
LATINE-FRANÇAISE

PUBLIÉE

SOUS LES AUSPICES

DE S. A. R.

MONSIEUR LE DAUPHIN

C. L. F. PANCKOUCKE, ÉDITEUR.

PARIS, IMPRIMERIE DE C. L. F. PANCKOUCKE,
Rue des Poitevins, n. 14.

BIBLIOTHÈQUE
LATINE-FRANÇAISE

COLLECTION
DES CLASSIQUES LATINS

AVEC LA TRADUCTION EN REGARD

PUBLIÉE

PAR C. L. F. PANCKOUCKE.

VINGT-QUATRIÈME LIVRAISON.

PARIS
C. L. F. PANCKOUCKE
MEMBRE DE L'ORDRE ROYAL DE LA LÉGION D'HONNEUR
ÉDITEUR, RUE DES POITEVINS, N° 14.

M DCCC XXIX.

LETTRES

DE

PLINE LE JEUNE

TRADUITES

PAR DE SACY

NOUVELLE ÉDITION REVUE ET CORRIGÉE

PAR JULES PIERROT

PROFESSEUR DE RHÉTORIQUE AU COLLÈGE ROYAL DE LOUIS-LE-GRAND
ET PROFESSEUR SUPPLÉANT D'ÉLOQUENCE FRANÇAISE
A LA FACULTÉ DES LETTRES DE L'ACADÉMIE DE PARIS.

TOME TROISIÈME.

PARIS
C. L. F. PANCKOUCKE
MEMBRE DE L'ORDRE ROYAL DE LA LÉGION D'HONNEUR
ÉDITEUR, RUE DES POITEVINS, N°. 14.

M DCCC XXIX.

LETTRES

DE

PLINE LE JEUNE.

C. PLINII CÆCILII SECUNDI
EPISTOLÆ.
LIBER DECIMUS.

I.

Plinius Trajano imperatori s.

Tua quidem pietas, imperator sanctissime, optaverat, ut quam tardissime succederes patri: sed dii immortales festinaverunt virtutes tuas ad gubernacula reipublicæ, quam susceperas, admovere. Precor ergo ut tibi, et per te generi humano, prospera omnia, id est, digna seculo tuo contingant. Fortem te et hilarem, imperator optime, et privatim et publice opto.

II.

Plinius Trajano imperatori s.

Exprimere, domine, verbis non possum, quantum mihi gaudium attuleris, quod me dignum putasti jure

LETTRES
DE PLINE LE JEUNE.

LIVRE DIXIÈME[1].

I[2].

Pline à l'empereur Trajan.

Votre piété, vertueux empereur, vous avait fait désirer de ne succéder de long-temps à votre père; mais les dieux immortels se sont hâtés de remettre en de si nobles mains les rênes d'un empire, déjà confié à vos soins. Je vous souhaite donc, et par vous, au genre humain, toutes sortes de prospérités, c'est-à-dire, tout ce qui est vraiment digne de votre règne. Je fais des vœux, et publics et particuliers, pour le bonheur et la santé de votre personne sacrée[3].

II.

Pline à l'empereur Trajan.

Je ne puis exprimer, seigneur[4], de quelle joie vous m'avez comblé, en me jugeant digne du privilège ré-

trium liberorum. Quamvis enim Julii Serviani, optimi viri, tuique amantissimi, precibus indulseris, tamen etiam ex rescripto intelligo, libentius hoc ei te praestitisse, quia pro me rogabat. Videor ergo summam voti mei consecutus, quum inter initia felicissimi principatus tui probaveris, me ad peculiarem indulgentiam tuam pertinere; eoque magis liberos concupisco, quos habere etiam illo tristissimo seculo volui, sicut potes duobus matrimoniis meis credere. Sed dii melius, qui omnia integra bonitati tuae reservarunt. Malui hoc potius tempore me patrem fieri, quo futurus essem et securus et felix.

III.

Plinius Trajano imperatori s.

INDULGENTIA tua, imperator optime, quam plenissimam experior, hortatur me, ut audeam tibi etiam pro amicis obligari; inter quos sibi vel praecipuum locum vindicat Voconius Romanus, ab ineunte aetate condiscipulus et contubernalis meus. Quibus ex causis et a divo patre tuo petieram, ut illum in amplissimum ordinem promoveret: sed hoc votum meum bonitati tuae reservatum est, quia mater Romani liberalitatem sester-

servé aux pères de trois enfans. Je sais que vous avez accordé cette grâce aux sollicitations de Julius Servianus, homme d'une rare probité, et qui vous aime tendrement[5]; mais, je n'en puis douter, aux termes du rescrit, vous avez cédé d'autant plus volontiers à sa demande, que j'en étais l'objet. Je n'ai plus de vœux à former, quand vous daignez, dès le commencement de votre heureux principat, me témoigner une bienveillance particulière. Cette faveur redoublera en moi le désir d'avoir des enfans. J'en ai souhaité sous le plus malheureux de tous les règnes, ainsi que l'attestent les deux mariages que j'ai contractés. Mais les dieux en ont mieux ordonné, en réservant à vos bontés le pouvoir de tout m'accorder. Je serai plus content d'être père, aujourd'hui que je puis me promettre de vivre heureux et tranquille.

III.

Pline à l'empereur Trajan.

La bienveillance dont vous m'honorez, seigneur, et dont je reçois tant de preuves, me donne la hardiesse de vous demander des grâces, même pour mes amis, entre lesquels Voconius Romanus[6] tient le premier rang. Nous avons été élevés, et nous avons toujours demeuré ensemble. Ces raisons m'avaient engagé à supplier votre auguste père[7] de vouloir bien lui donner place dans le sénat; mais il a été réservé à votre bonté de me faire cette faveur, parce que la mère de Romanus ne lui avait pas encore assuré avec les solennités requises le don des

tii quadringenties, quod conferre se filio codicillis ad patrem tuum scriptis professa fuerat, nondum satis legitime peregerat; quod postea fecit admonita a nobis. Nam et fundos emancipavit, et cetera, quæ in emancipatione implenda solent exigi, consummavit. Quum sit ergo finitum, quod spes nostras morabatur, non sine magna fiducia subsigno apud te fidem pro moribus Romani mei, quos et liberalia studia exornant, et eximia pietas, quæ hanc ipsam matris liberalitatem, et statim patris hereditatem, et adoptionem a vitrico meruit. Auget hæc et natalium et paternarum facultatum splendor; quibus singulis multum commendationis accessurum etiam ex meis precibus indulgentiæ tuæ credo. Rogo ergo, domine, ut me exoptatissimæ mihi gratulationis compotem facias; et honestis (ut spero) affectibus meis præstes, ut non in me tantum, verum et in amico gloriari judiciis tuis possim.

IV.

Plinius Trajano imperatori s.

Proximo anno, domine, gravissima valetudine usque ad periculum vitæ vexatus, iatralipten assumpsi; cujus sollicitudini et studio, tuæ tantum indulgentiæ benefi-

quarante millions de sesterces[8] qu'elle avait déclaré lui faire dans les lettres par elle écrites à l'empereur votre père. Elle a depuis satisfait à tout, selon mes avis. Elle lui a cédé des fonds de terre, en observant dans cette cession les formalités nécessaires. Ainsi, aujourd'hui que l'obstacle qui retardait nos espérances est levé, c'est avec une grande confiance que je sollicite pour mon ami : je vous réponds de ses mœurs, que relèvent encore son goût pour les nobles études, et sa tendresse pour ses parens : c'est à cette tendresse qu'il doit la libéralité de sa mère, l'avantage d'avoir recueilli sur-le-champ la succession de son père, celui d'avoir été adopté par son beau-père. Ajoutez l'éclat de sa naissance et des richesses de sa famille. J'espère assez en vos bontés, pour penser que mes prières donneront quelque poids à ces motifs. Je vous en conjure donc, seigneur, que, grâce à vous, je puisse le féliciter sur l'accomplissement de ce que je souhaite tant pour lui ; et par une bienveillante complaisance pour mes affections, que j'ose croire honorables[9], faites que je puisse me glorifier de votre estime, non-seulement pour moi, mais encore pour mes amis.

IV.

Pline à l'empereur Trajan.

Une cruelle maladie, seigneur, pensa m'emporter l'année dernière. J'eus recours à un médecin[10], dont je ne puis dignement reconnaître l'affection et les services, si vos bontés ne m'aident à m'acquitter : je vous sup-

cio, referre gratiam possum. Quare rogo, des ei civitatem romanam. Est enim peregrinae conditionis, manumissus a peregrina. Vocatur ipse Harpocras: patronam habuit Thermutin Theonis, quae jampridem defuncta est. Item rogo des jus Quiritium libertis Antoniae Maximillae, ornatissimae feminae, Heliae et Antoniae Harmeridi: quod a te, petente patrona, peto.

V.

Plinius Trajano imperatori s.

EXPRIMERE, domine, verbis non possum, quanto me gaudio affecerint epistolae tuae, ex quibus cognovi te Harpocrati, iatraliptae meo, etiam Alexandrinam civitatem tribuisse, quamvis, secundum institutionem principum, non temere eam dare proposuisses. Esse autem Harpocran νομῦ Μεμφιτικῦ indico tibi. Rogo ergo, indulgentissime imperator, ut mihi ad Pompeium Plantam, praefectum Aegypti, amicum tuum, sicut promisisti, epistolam mittas. Obviam iturus, quo maturius, domine, exoptatissimi adventus tui gaudio frui possim, rogo permittas mihi quam longissime occurrere tibi.

plie donc de lui accorder le droit de cité; car ayant été affranchi par une étrangère, il est lui-même étranger. Il s'appelle Harpocras. Celle qui lui a donné la liberté s'appelait Thermutis, femme de Théon, morte il y a long-temps. Je vous supplie encore d'accorder le même droit, au premier degré[11], à Hélia et Antonia Harmérides, affranchies d'Antonia Maximilla, femme d'un mérite distingué : je ne vous adresse cette prière qu'à la sollicitation de leur maîtresse.

V.

Pline à l'empereur Trajan.

Je ne puis vous exprimer, seigneur, de quelle joie m'a comblé votre lettre, en m'apprenant que vous aviez daigné accorder aussi le droit de cité d'Alexandrie à mon médecin Harpocras[12], quoiqu'à l'exemple de vos prédécesseurs, vous vous fussiez fait une loi de ne l'accorder qu'avec choix. Harpocras est du *nome* de Memphis[13]. Je vous supplie donc, seigneur, de vouloir bien m'envoyer, comme vous me l'avez promis, une lettre pour Planta, gouverneur d'Égypte, votre ami. Je compte aller au devant de vous, pour jouir plus tôt du bonheur de votre présence, si impatiemment désirée, et je vous demande la permission d'aller à votre rencontre aussi loin qu'il me sera possible.

VI.

Plinius Trajano imperatori s.

Proxima infirmitas mea, domine, obligavit me Posthumio Marino medico; cui parem gratiam referre beneficio tuo possum, si precibus meis, ex consuetudine bonitatis tuæ, indulseris. Rogo ergo ut propinquis ejus des civitatem, Chrysippo Mithridatis, uxorique Chrysippi Stratonicæ Epigoni, item liberis ejusdem Chrysippi, Epigono et Mithridati, ita ut sint in patris potestate, utque iis in libertos servetur jus patronorum. Item rogo, indulgeas jus Quiritium L. Satrio Abascantio, et P. Cæsio Phosphoro, et Panchariæ Soteridi: quod a te, volentibus patronis, peto.

VII.

Plinius Trajano imperatori s.

Scio, domine, memoriæ tuæ, quæ est benefaciendi tenacissima, preces nostras inhærere: quia tamen in hoc quoque sæpe indulsisti, admoneo simul et impense rogo, ut Accium Suram prætura exornare digneris, quum locus

VI.

Pline à l'empereur Trajan.

Le médecin Posthumius Marinus, seigneur, m'a tiré de ma dernière maladie. Je ne puis m'acquitter envers lui que par le secours des grâces que votre bonté ne refuse pas à mes prières. Je vous supplie donc de vouloir bien accorder le droit de cité romaine à ses proches parens, Chrysippe, fils de Mithridate, et à sa femme Stratonice, fille d'Épigonus; de faire aussi la même faveur à Épigonus et à Mithridate, enfans de Chrysippe, de manière qu'ils soient en la puissance de leur père, et qu'ils conservent leur droit sur leurs affranchis. J'ajoute une dernière supplication, c'est de donner le plein droit de cité romaine à Lucius Satrius Abascantius, à Publius Cæsius Phosphorus, et à Pancharie Soteride. C'est du consentement de leurs patrons [14] que je vous le demande.

VII.

Pline à l'empereur Trajan.

Je ne doute point, seigneur, que ma demande ne soit gravée dans votre mémoire, toujours si fidèle, quand il s'agit de faire du bien. J'ose cependant, comme vous me l'avez permis quelquefois, vous faire souvenir et en même temps vous supplier de nouveau d'accorder la charge de

vacet : ad quam spem alioquin quietissimum hortatur et natalium splendor, et summa integritas in paupertate, et ante omnia felicitas temporum, quæ bonam conscientiam civium tuorum ad usum indulgentiæ tuæ provocat et attollit.

VIII.

Plinius Trajano imperatori s.

Quum sciam, domine, ad testimonium laudemque morum meorum pertinere, tam boni principis judicio exornari, rogo dignitati, ad quam me provexit indulgentia tua, vel auguratum, vel septemviratum, quia vacant, adjicere digneris, ut jure sacerdotii precari deos pro te publice possim, quos nunc precor pietate privata.

IX.

Plinius Trajano imperatori s.

Victoriæ tuæ, optime imperator, maximæ, pulcherrimæ, antiquissimæ, et tuo nomine et reipublicæ gratulor, deosque immortales precor, ut omnes cogitationes

préteur, qui est vacante, à Accius Sura. Quoiqu'il l'attende sans impatience, il fonde l'espoir de l'obtenir sur l'éclat de sa naissance, sur une vertu demeurée intègre dans une fortune plus que médiocre, et bien plus encore sur les circonstances heureuses, qui engagent tous les citoyens, dont la conscience est pure, à rechercher et à briguer vos bonnes grâces.

VIII.

Pline à l'empereur Trajan.

Persuadé, seigneur, que rien ne peut donner une si haute opinion de mes mœurs, que les témoignages d'estime dont m'aura honoré un si bon prince, je vous supplie de vouloir bien ajouter la dignité, ou d'augure, ou de septemvir[15] (car elles sont toutes deux vacantes), à celle où votre faveur m'a déjà élevé. Le sacerdoce me donnera le droit d'adresser publiquement aux dieux les vœux que je leur adresse sans cesse en particulier pour votre prospérité.

IX.

Pline à l'empereur Trajan.

Je félicite, grand empereur, et la république et vous-même, de la victoire si grande, si belle, si mémorable, que vous venez de remporter[16]. Je prie les dieux immortels de donner toujours un tel succès à vos entre-

tuas tam lætus sequatur eventus, ut virtutibus tantis gloria imperii et novetur et augeatur.

X.

Plinius Trajano imperatori s.

SERVILIUS PUDENS legatus, domine, VIII calendas decembres Nicomediam venit; meque longæ exspectationis sollicitudine liberavit.

XI.

Plinius Trajano imperatori s.

ROSIANUM GEMINUM, domine, arctissimo vinculo mecum tua in me beneficia junxerunt. Habui enim illum quæstorem in consulatu, mei summe observantissimum expertus. Tantam mihi post consulatum reverentiam præstat, ut publicæ necessitudinis pignora privatis cumulet officiis. Rogo ergo, ut ipse apud te, pro dignitate ejus, precibus meis faveas, cui et, si quid mihi credis, indulgentiam tuam dabis. Dabit ipse operam, ut in his quæ ei mandaveris majora mereatur. Parciorem me in laudando facit, quod spero tibi et integritatem ejus, et probitatem, et industriam, non solum ex ejus honoribus,

prises, et de renouveler, d'accroître par vos rares vertus la gloire de cet empire.

X.

Pline à l'empereur Trajan.

SERVILIUS PUDENS, que vous m'aviez envoyé, seigneur, est arrivé à Nicomédie[17] le 24 novembre, et m'a enfin délivré de l'inquiétude d'une longue attente.

XI.

Pline à l'empereur Trajan.

Vos bienfaits, seigneur, m'ont très-étroitement lié à Rosianus Geminus. Je l'ai eu pour questeur pendant mon consulat, et je l'ai toujours trouvé plein d'égards pour moi. Il continue, depuis que je suis sorti de charge, à me donner tant de marques d'estime et de déférence, que son attachement particulier met le comble aux preuves publiques que j'avais déjà de son amitié. Je vous supplie donc de vouloir accorder son élévation à mes prières : si vous daignez vous en fier à moi, vous lui accorderez même votre bienveillance. Il saura bien, par son exactitude à s'acquitter des moindres choses dont vous le chargerez, se montrer digne des plus grandes. Si je m'étends moins sur ses louanges, c'est que je m'imagine que son intégrité, sa probité, sa prudence, vous sont con-

quos in urbe sub oculis tuis gessit, verum etiam ex commilitio, esse notissimam. Illud unum quod propter caritatem ejus nondum mihi videor satis plene fecisse, etiam atque etiam facio; teque, domine, rogo, gaudere me exornata quæstoris mei dignitate, id est, per illum mea, quam maturissime velis.

XII.

Plinius Trajano imperatori s.

DIFFICILE est, domine, exprimere verbis, quantam perceperim lætitiam, quod et mihi et socrui meæ præstitisti, ut ad finem consulatus Cœlium Clementem in hanc provinciam transferres. Ex illo enim mensuram beneficii tui penitus intelligo, quum tam plenam indulgentiam cum tota domo mea experiar: cui referre gratiam parem ne audeo quidem, quamvis maxime debeam. Itaque ad vota confugio, deosque precor ut iis, quæ in me assidue confers, non indignus existimer.

XIII.

Plinius Trajano imperatori s.

SCRIPSIT mihi, domine, Lycormas libertus tuus, ut, si qua legatio à Bosporo venisset urbem petitura, usque in

nues par les charges qu'il a exercées sous vos yeux à Rome, et par l'honneur qu'il a eu de servir dans les mêmes armées que vous. Mais ce que je ne crois pas avoir fait autant que le veut ma tendresse pour lui, c'est de vous supplier, seigneur, avec les dernières instances, de me donner la joie de voir croître la dignité de mon questeur, c'est-à-dire, la mienne en sa personne.

XII.

Pline à l'empereur Trajan.

Il serait difficile, seigneur, d'exprimer la joie que j'ai éprouvée en voyant qu'à la prière de ma belle-mère et à la mienne, vous ayez bien voulu accorder le gouvernement de cette province à Celius Clémens, après son consulat. Quand je reçois de vous, avec toute ma maison, des témoignages d'une bienveillance si complète, je conçois quelle est l'étendue de la faveur dont vous m'honorez. Quoique je sente bien à quelles actions de grâces elle m'oblige, je n'ose me hasarder à payer ma dette. C'est donc aux vœux que j'ai recours, et je prie les dieux qu'on ne me trouve jamais indigne des faveurs dont vous me comblez chaque jour.

XIII.

Pline à l'empereur Trajan.

Lycormas, votre affranchi, m'a mandé, seigneur, que s'il passait par ici des ambassadeurs du Bosphore

adventum suum retineretur. Et legatio quidem, duntaxat in eam civitatem, in qua ipse sum, nulla adhuc venit; sed venit tabellarius Sauromata, quem ego, usus opportunitate, quam mihi casus obtulerat, cum tabellario, qui Lycormam ex itinere præcessit, mittendum putavi, ut posses ex Lycormæ et ex regis epistolis pariter cognoscere, quæ fortasse pariter scire deberes.

XIV.

Plinius Trajano imperatori s.

Rex Sauromates scripsit mihi, esse quædam, quæ deberes quam maturissime scire : qua ex causa festinationem tabellarii, quem ad te cum epistolis misit, diplomate adjuvi.

XV.

Plinius Trajano imperatori s.

Legato Sauromatæ regis, quum sua sponte Niceæ, ubi me invenerat, biduo substitisset, longiorem moram faciendam, domine, non putavi; primum quod incertum adhuc erat quando libertus tuus Lycormas venturus esset; deinde quod ipse proficiscebar in diversam pro-

pour aller à Rome, je les retinsse jusqu'à son arrivée. Il n'est encore venu, au moins dans la ville où je suis, aucun ambassadeur de ce pays-là ; mais il y est arrivé un courrier dépêché par le roi de Sarmatie. J'ai cru devoir profiter de cette occasion pour le faire partir avec celui que Lycormas a envoyé et qui a pris les devants, afin que vous sachiez en même temps, et par les lettres de Lycormas et par celles du roi, les nouvelles qu'il vous importe peut-être de savoir tout à la fois.

XIV.

Pline à l'empereur Trajan.

Le roi des Sarmates m'a écrit qu'il vous mandait certaines choses dont il était très-important que vous fussiez instruit au plus tôt. Par cette raison, et pour lever tous les obstacles qu'aurait pu trouver sur la route le courrier qui vous porte ses dépêches, je lui ai donné un passeport[18].

XV.

Pline à l'empereur Trajan.

L'ambassadeur du roi de Sarmatie, seigneur, ayant volontairement séjourné deux jours entiers à Nicée où il m'avait trouvé, je n'ai pas cru devoir l'y arrêter davantage ; premièrement, parce qu'il était encore incertain quand arriverait votre affranchi Lycormas, et puis parce que je partais moi-même, appelé par des affaires

vinciæ partem, ita officii necessitate exigente. Hæc in notitiam tuam perferenda existimavi, quia proxime scripseram, petiisse Lycormam, ut legationem, si qua venisset a Bosporo, usque in adventum suum retinerem. Quod diutius faciendi nulla mihi probabilis ratio occurrit; præsertim quum epistolæ Lycormæ, quas detinere, ut ante prædixi, nolui, aliquot diebus hunc legatum antecessuræ viderentur.

XVI.

Plinius Trajano imperatori s.

Apuleius, domine, miles, qui est in statione Nicomedensi, scripsit mihi quemdam nomine Callidromum, quum detineretur a Maximo et Dionysio pistoribus, quibus operas suas locaverat, confugisse ad tuam statuam, perductumque ad magistratus indicasse, servisse aliquando Laberio Maximo, captumque a Susago in Mœsia, et a Decebalo muneri missum Pacoro, Parthiæ regi, pluribusque annis in ministerio ejus fuisse, deinde fugisse, atque ita in Nicomediam pervenisse. Quem ego perductum ad me, quum eadem narrasset, mittendum ad te putavi: quod paulo tardius feci, dum requiro gemmam, quam sibi, habentem imaginem Pacori, et quibus insignibus ornatus fuisset, subtractam indicabat. Volui

indispensables en d'autres endroits de la province. Je me crois obligé de vous mander ceci, parce que je vous avais écrit dernièrement que Lycormas m'avait prié de retenir jusqu'à son arrivée les ambassadeurs qui pourraient venir de Sarmatie. Je ne vois aucune raison plausible de me conformer plus long-temps à cet avis; d'autant plus que les lettres de Lycormas [19], dont je n'ai pas voulu retarder le courrier, ainsi que je vous l'ai déjà mandé, auront devancé l'ambassadeur de quelques jours.

XVI.

Pline à l'empereur Trajan.

Apuleius, soldat de la garnison de Nicomédie, m'a écrit, seigneur, qu'un nommé Callidrome, arrêté par Maxime et Denys, boulangers, au service desquels il s'était engagé, avait cherché un asile aux pieds de votre statue; conduit devant le magistrat, il avait déclaré qu'autrefois, et pendant qu'il était esclave de Laberius Maximus, il avait été pris par Susagus [20], dans la Mœsie, et donné par Decebale à Pacore, roi des Parthes; qu'il l'avait servi plusieurs années; qu'ensuite il s'était échappé, et s'était sauvé à Nicomédie. Amené devant moi, il m'a fait la même déclaration, et j'ai cru alors devoir vous l'envoyer. J'ai un peu différé, parce que je faisais rechercher une pierre précieuse où était gravée l'image du roi Pacorus, avec ses ornemens royaux : on la lui avait volée, disait-il. Je voulais, si on eût pu la trouver, vous l'envoyer, comme je vous ai envoyé un lin-

enim hanc quoque, si inveniri potuisset, simul mittere, sicut glebulam misi, quam se ex parthico metallo attulisse dicebat. Signata est annulo meo, cujus aposphragisma quadriga.

XVII.

Plinius Trajano imperatori s.

MAXIMUM, libertum et procuratorem tuum, domine, per omne tempus quo fuimus una, probum, et industrium, et diligentem, ac, sicut rei tuæ amantissimum, ita disciplinæ tenacissimum expertus, libenter apud te testimonio prosequor ea fide, quam tibi debeo.

XVIII.

Plinius Trajano imperatori s.

GABIUM BASSUM, domine, præfectum oræ Ponticæ, integrum, probum, industrium, atque inter ista reverentissimum mei expertus, voto pariter et suffragio prosequor, ea fide, quam tibi debeo : quem abunde conspexi instructum commilitio tuo; cujus disciplinæ debet, quod indulgentia tua dignus est. Apud me et milites, et pagani, a quibus justitia ejus et humanitas penitus inspecta est, certatim ei qua privatim, qua publice, testi-

got de métal qu'il disait avoir rapporté du pays des Parthes. Je l'ai scellé de mon cachet, dont l'empreinte est un chariot à quatre chevaux.

XVII.

Pline à l'empereur Trajan.

Pendant tout le temps, seigneur, que j'ai demeuré avec Maxime, votre affranchi et votre intendant, je l'ai toujours trouvé homme de bien, habile, appliqué, et aussi attaché à vos intérêts que rigoureux observateur de la discipline; c'est un témoignage que je lui rends avec plaisir, et avec toute la fidélité que je vous dois.

XVIII.

Pline à l'empereur Trajan.

J'ai trouvé, seigneur, dans Gabius Bassus, commandant sur la côte Pontique, toute l'intégrité, toute la probité, toutes les lumières possibles, accompagnées de beaucoup de déférence pour moi, et je ne puis lui refuser mes vœux et mon suffrage; je les lui accorde avec toute la fidélité que je vous dois. Car j'ai bien reconnu qu'il s'était formé en servant sous vous, et qu'il était redevable à la sévérité de votre discipline, de tout ce qui lui a fait mériter votre bienveillance. Les soldats et les bourgeois ont si

monium retribuerunt. Quod in notitiam tuam perfero ea fide, quam tibi debeo.

XIX.

Plinius Trajano imperatori s.

Nymphidium Lupum, domine, primipilarem, commilitonem habui, quum ipse tribunus essem, ille præfectus; inde familiariter diligere cœpi. Crevit postea caritas ipsa mutuæ vetustate amicitiæ. Itaque et quieti ejus injeci manum, et exegi ut me in Bithynia consilio instrueret. Quod ille amicissime, et otii et senectutis ratione postposita, et jam fecit, et facturus est. Quibus ex causis necessitudines ejus inter meas numero, filium in primis, Nymphidium Lupum, juvenem probum, industrium, et egregio patre dignissimum, suffecturum indulgentiæ tuæ; sicut primis ejus experimentis cognoscere potes, quum præfectus cohortis plenissimum testimonium meruerit Julii Ferocis et Fusci Salinatoris, clarissimorum virorum. Meum gaudium, domine, meam gratulationem filii honores continuent.

bien connu sa justice, qu'ils se sont empressés, à l'envi, de s'en louer, et en public, et en particulier [21] ; c'est ce que je vous certifie avec toute la fidélité dont vos bontés m'ont fait un devoir [22].

XIX.

Pline à l'empereur Trajan.

Nous avons, seigneur, servi ensemble, Nymphidius Lupus le primipilaire [23], et moi : j'étais à la tête d'une légion, et il commandait une cohorte : ainsi commença notre liaison. Le temps serra les nœuds de notre mutuelle amitié. Je l'ai donc tiré de sa retraite, et je l'ai engagé à m'assister de ses conseils en Bithynie. C'est ce qu'il a fait d'une manière très-obligeante ; c'est ce qu'il continuera de faire, sans écouter ce que la vieillesse et l'amour du repos lui peuvent demander. Aussi je m'associe à toutes ses affections, et surtout à sa tendresse pour son fils, Nymphidius Lupus. C'est un jeune homme plein de droiture, de capacité, et bien digne d'un père si distingué. Il saura répondre à votre bienveillance ; nous en avons pour garants la conduite qu'il a tenue comme chef de cohorte, et les témoignages que lui ont accordés des hommes tels que Julius Férox et Fuscus Salinator [24]. Je trouverai, seigneur, dans l'élévation du fils, un nouveau sujet de joie et de reconnaissance [25].

PLINII ET TRAJANI
EPISTOLÆ MUTUÆ.

XX.

Plinius Trajano imperatori s.

Ut primum me, domine, indulgentia vestra promovit ad præfecturam ærarii Saturni, omnibus advocationibus, quibus alioquin nunquam eram promiscue functus, renuntiavi, ut toto animo, delegato mihi officio vacarem. Qua ex causa, quum patronum me provinciales optassent contra Marium Priscum, et petii veniam hujus muneris et impetravi. Sed quum postea consul designatus censuisset agendum nobiscum, quorum erat excusatio recepta, ut essemus in senatus potestate, pateremurque nomina nostra in urnam conjici, convenientissimum esse tranquillitati seculi putavi, præsertim tam moderatæ voluntati amplissimi ordinis non repugnare. Cui obsequio meo opto ut existimes constare rationem, quum omnia facta dictaque mea probare sanctissimis moribus tuis cupiam.

LETTRES

DE PLINE ET DE TRAJAN.

XX.

Pline à l'empereur Trajan.

Aussitôt que votre bienveillance, seigneur, m'a élevé à la place de préfet du trésor de Saturne, j'ai entièrement renoncé à plaider, ce qu'au reste je n'ai jamais fait indistinctement et sans choix : j'ai voulu me livrer tout entier aux devoirs de mon nouvel emploi. Voilà pourquoi, lorsque les peuples d'Afrique me demandèrent au sénat pour avocat contre Marius Priscus, je m'en excusai, et mon excuse fut reçue. Mais lorsqu'ensuite le consul désigné eût déclaré [26], que ceux dont l'excuse avait été admise n'en étaient pas moins soumis à la puissance du sénat, et qu'ils devaient souffrir que leurs noms fussent jetés dans l'urne avec les autres, j'ai cru qu'on ne pouvait moins faire sous un empire aussi doux que le vôtre, que de céder aux sages décrets de cette illustre compagnie. Je souhaite que vous approuviez les raisons de mon obéissance; car je ne veux rien faire, ni rien dire, qu'une prudence aussi éclairée que la vôtre puisse condamner.

XXI.

Trajanus Plinio s.

Et civis et senatoris boni partibus functus es, obsequium amplissimi ordinis, quod justissime exigebat, praestando. Quas partes impleturum te secundum susceptam fidem confido.

XXII.

Plinius Trajano imperatori s.

Ago gratias, domine, quod et jus Quiritium libertis necessariae mihi feminae, et civitatem Romanam Harpocrati, iatraliptae meo, sine mora indulsisti. Sed quum annos ejus et censum, sicut praeceperas, ederem, admonitus sum a peritioribus debuisse me ante ei Alexandrinam civitatem impetrare, deinde Romanam, quoniam esset Aegyptius. Ego autem, quia inter Aegyptios, ceterosque peregrinos, nihil interesse credebam, contentus fueram hoc solum scribere tibi, eum scilicet a peregrina manumissum, patronamque ejus jampridem decessisse. De qua ignorantia mea non queror, per quam stetit ut tibi pro eodem homine saepius obligarer. Rogo itaque, ut beneficio tuo legitime frui possim, tribuas ei et Alexandrinam civitatem, et Romanam. Annos ejus et

XXI.

Trajan à Pline.

Vous avez rempli tous les devoirs d'un bon citoyen et d'un bon sénateur, en déférant à ce que le sénat désirait justement de vous. Je ne doute pas que vous ne remplissiez avec fidélité le ministère dont vous avez été chargé.

XXII.

Pline à l'empereur Trajan.

Je vous rends grâces, seigneur, d'avoir bien voulu si promptement accorder le droit de bourgeoisie romaine aux affranchis d'une dame de mes amies, et à Harpocras, mon médecin. Mais lorsque j'ai voulu faire enregistrer son âge et son revenu, ainsi que vous me l'aviez ordonné, des gens habiles m'ont averti qu'avant de lui obtenir la bourgeoisie romaine, je devais lui obtenir celle d'Alexandrie, parce qu'il est Égyptien. Comme je ne croyais pas qu'il y eût de différence entre les Égyptiens et les autres peuples étrangers, je m'étais contenté de vous mander qu'il avait été affranchi par une étrangère, et que cette étrangère était morte, il y avait déjà longtemps. Je ne me plains pas pourtant de mon ignorance, puisqu'elle me donne lieu de recevoir de vous plus d'une grâce pour un même homme. Je vous supplie donc, afin que je puisse jouir de votre bienfait selon les lois, de lui accorder le droit de bourgeoisie d'Alexandrie et de Rome.

censum (ne quid rursus indulgentiam tuam moraretur) libertis tuis, quibus jusseras, misi.

XXIII.

Trajanus Plinio s.

Civitatem Alexandrinam, secundum institutionem principum, non temere dare proposui : sed quum Harpocrati, iatraliptæ tuo, jam civitatem Romanam impetraveris, huic quoque petitioni tuæ negare non sustineo. Tu, ex quo nomo sit, notum mihi facere debebis, ut epistolam tibi ad Pompeium Plantam, præfectum Ægypti, amicum meum, mittam.

XXIV.

Plinius Trajano imperatori s.

Quum divus pater tuus, domine, et oratione pulcherrima et honestissimo exemplo, omnes cives ad munificentiam esset cohortatus, petii ab eo, ut statuas principum, quas in longinquis agris per plures successiones traditas mihi, quales acceperam, custodiebam, permitteret in municipium transferre, adjecta sua statua. Quod-

Pour ne rien laisser qui pût retarder le cours de vos bontés, j'ai envoyé son âge et l'état de ses biens à vos affranchis, comme vous me l'aviez commandé.

XXIII.

Trajan à Pline.

J'ai résolu, en suivant la coutume de mes prédécesseurs, de n'accorder qu'avec beaucoup de circonspection le droit de bourgeoisie d'Alexandrie; mais après vous avoir déjà donné, pour Harpocras, votre médecin, le droit de bourgeoisie romaine, je ne puis me résoudre à vous refuser ce que vous me demandez encore pour lui. Faites-moi donc savoir à quel *nome* il appartient[27], afin que je vous envoie une lettre pour Pompeius Planta, gouverneur d'Égypte, mon ami.

XXIV.

Pline à l'empereur Trajan.

Après que votre auguste père eut invité tous les citoyens à la munificence par un très-beau discours et par de glorieux exemples, je lui demandai la permission de transporter dans ma ville adoptive[28] les statues des empereurs, qui m'étaient venues par différentes successions, et que je gardais, telles que je les avais reçues, dans des terres éloignées : je le suppliai de souffrir que j'y ajou-

que ille mihi cum plenissimo testimonio indulserat, ego statim decurionibus scripseram, ut assignarent solum, in quo templum pecunia mea exstruerem : illi in honorem operis ipsius electionem loci mihi obtulerant. Sed primum mea, deinde patris tui valetudine, postea curis delegati a vobis officii retentus, nunc videor commodissime posse in rem præsentem excurrere. Nam et menstruum meum calendis septembris finitur, et sequens mensis complures dies feriatos habet. Rogo ergo ante omnia permittas mihi opus, quod inchoaturus sum, exornare et tua statua; deinde ut hoc facere quam maturissime possim, indulgeas commeatum. Non est autem simplicitatis meæ dissimulare apud bonitatem tuam, obiter te plurimum collaturum utilitatibus rei familiaris meæ. Agrorum enim, quos in eadem regione possideo, locatio quum alioquin quadringenta excedat, adeo non potest differri, ut proximam putationem novus colonus facere debeat. Præterea continuæ sterilitates cogunt me de remissionibus cogitare; quarum rationem, nisi præsens, inire non possum. Debebo ergo, domine, indulgentiæ tuæ; et pietatis meæ celeritatem, et status ordinationem, si mihi ob utraque hæc dederis commeatum triginta dierum. Neque enim angustius tempus præfinire possum, quum et municipium et agri, de quibus loquor, sint ultra centesimum et quinquagesimum lapidem.

tasse la sienne. Dès qu'il y eut consenti, en y joignant beaucoup de témoignages de satisfaction, j'en écrivis aux décurions, afin qu'ils marquassent le lieu où je pourrais bâtir un temple à mes dépens. Ils crurent devoir par honneur pour mon entreprise me laisser le choix du lieu. Mais ce que je n'ai pu encore entreprendre, retenu d'abord par ma maladie, ensuite par celle de votre auguste père, et enfin par les devoirs de la charge que vous m'avez confiée, je crois pouvoir aisément l'exécuter aujourd'hui. Car mon mois de service [29] finit au premier septembre, et il y a beaucoup de fêtes dans le mois suivant. Je vous supplie donc, avant toute autre chose, de souffrir que votre statue ait sa place dans le temple que je vais bâtir; ensuite, pour me mettre en état d'y travailler au plus tôt, de m'accorder un congé. Mais il ne convient pas à ma franchise de vous dissimuler qu'en m'accordant cette grâce, vous servirez beaucoup mes intérêts particuliers. Il m'est tellement impossible de différer la location des terres que je possède dans ce pays, et dont le bail d'ailleurs passe quatre cent mille sesterces, que le fermier, qui entrera en jouissance, doit tailler les vignes aussitôt après la prochaine vendange. La continuelle stérilité m'oblige de plus à faire des remises, que je ne puis bien régler, si je ne suis présent. Je devrai donc, seigneur, à vos bontés, et le prompt accomplissement du religieux devoir que je me suis imposé, et la satisfaction de placer mes statues, si vous voulez bien m'accorder un congé de trente jours; car un plus court ne me serait d'aucun usage, puisque la ville et les terres dont je parle, sont à plus de cent cinquante milles de Rome.

XXV.

Trajanus Plinio s.

Et privatas multas et omnes publicas causas petendi commeatus reddidisti: mihi autem vel sola voluntas tua suffecisset. Neque enim dubito te, ut primum potueris, ad tam districtum officium reversurum. Statuam poni mihi a te eo, quo desideras loco, quanquam ejusmodi honorum parcissimus, tamen patior, ne impedisse cursum erga me pietatis tuae videar.

XXVI.

Plinius Trajano imperatori s.

Quia confido, domine, ad curam tuam pertinere, nuntio tibi me Ephesum cum omnibus meis ὑπὲρ Μαλέαν navigasse. Quamvis contrariis ventis retentus, nunc destino partim orariis navibus, partim vehiculis provinciam petere. Nam sicut itineri graves aestus, ita continuae navigationi Etesiae reluctantur.

XXV.

Trajan à Pline.

Vous m'avez expliqué, pour obtenir votre congé, toutes les raisons tirées, et de l'utilité publique, et de votre intérêt particulier : mais une seule suffisait ; c'est que vous le désiriez. Car je ne doute point qu'aussitôt que vous le pourrez, vous ne vous rendiez à un emploi qui exige tant d'assiduité. Je n'empêche point que vous placiez ma statue dans le lieu que vous lui destinez, bien que j'aie résolu d'être fort réservé sur ces honneurs. Je ne veux pas avoir l'air de gêner l'expression de votre tendresse pour moi.

XXVI.

Pline à l'empereur Trajan.

Comme j'ose croire, seigneur, que cette nouvelle vous intéresse[30], je vous annonce que je suis arrivé à Éphèse avec toute ma suite, après avoir passé le cap Malée malgré les vents contraires. D'ici je me dispose à me rendre dans mon gouvernement[31], en employant et des bâtimens légers et des chariots. Car si les chaleurs sont incommodes par terre, les vents Étésiens ne permettent pas non plus de faire toute la route par mer.

XXVII.

Trajanus Plinio s.

Recte renuntiasti mihi, Secunde carissime. Pertinet enim ad animum meum quali itinere in provinciam pervenias. Prudenter autem constituis interim navibus, interim vehiculis uti, prout loca suaserint.

XXVIII.

Plinius Trajano imperatori s.

Sicut saluberrimam navigationem, domine, usque Ephesum expertus, ita inde, postquam vehiculis iter facere coepi, gravissimis aestibus, atque etiam febriculis vexatus Pergami substiti. Rursus, quum transissem in orarias naviculas, contrariis ventis retentus, aliquanto tardius quam speraveram, id est, xv calend. octobres, Bithyniam intravi. Non possum tamen de mora queri, quum mihi contigerit, quod erat auspicatissimum, natalem tuum in provincia celebrare. Nunc reipub. Prusensium impendia, reditus, debitores excutio: quod ex ipso tractu magis ac magis necessarium intelligo. Multae enim pecuniae variis ex causis a privatis detinentur:

XXVII.

Trajan à Pline.

Votre avis m'a fait plaisir, mon cher Pline. Il importe à mon affection pour vous de savoir par quel chemin vous allez en votre gouvernement. Vous faites sagement d'user tantôt de chariots, tantôt de barques, selon que les lieux vous y invitent.

XXVIII.

Pline à l'empereur Trajan.

Ma navigation, seigneur, avait été très-heureuse jusqu'à Éphèse : mais dès que j'ai fait usage des voitures, l'extrême chaleur, et même quelques accès de fièvre m'ont forcé de m'arrêter à Pergame. M'étant rembarqué, j'ai été retenu par les vents contraires, et je suis arrivé en Bithynie un peu plus tard que je l'avais espéré, c'est-à-dire le quinzième jour avant les calendes d'octobre. Cependant je ne puis me plaindre de ce retard, puisque je suis entré dans mon gouvernement assez tôt pour y célébrer le jour de votre naissance; ce qui est pour moi le plus favorable de tous les présages. J'examine actuellement l'état des affaires publiques des Prusiens[33], leurs charges, leurs revenus, leurs dettes. Plus j'avance dans cet examen, plus j'en reconnais la nécessité. D'un côté, plusieurs particuliers retiennent, sous divers prétextes,

præterea quædam minime legitimis sumptibus erogantur. Hæc tibi, domine, in ipso ingressu meo scripsi. Quintodecimo calend. octobres, domine, provinciam intravi, quam in eo obsequio, in ea erga te fide, quam de genere humano mereris, inveni. Dispice, domine, an necessarium putes, mittere huc mensorem. Videntur enim non mediocres pecuniæ posse revocari a curatoribus operum, si mensuræ fideliter aguntur. Ita certe prospicio ex ratione Prusensium, quam cum Maximo tracto.

XXIX.

Trajanus Plinio s.

CUPEREM sine querela corpusculi tui, et tuorum, pervenire in Bithyniam potuisses, ac simile tibi iter ab Epheso ei navigationi fuisset, quam expertus usque illo eras. Quo autem die pervenisses in Bithyniam cognovi, Secunde carissime, litteris tuis. Provinciales, credo, prospectum sibi a me intelligent. Nam et tu dabis operam ut manifestum sit illis, electum te esse, qui ad eosdem mei loco mittereris. Rationes autem in primis tibi rerumpublicarum excutiendæ sunt : nam et esse eas vexatas satis constat. Mensores vix etiam iis operibus quæ

ce qu'ils doivent à cette république; et de l'autre, on la surcharge par des dépenses qui ne sont guère légitimes. Je vous ai écrit tout ceci, seigneur, presque en arrivant. Je suis entré dans la province le quinzième jour avant les calendes d'octobre. Je l'ai trouvée dans les sentimens de soumission et de dévouement pour vous, que vous méritez de tout le genre humain. Voyez, seigneur, s'il serait à propos que vous envoyassiez ici un architecte[34]. Il me semble que si les ouvrages publics sont fidèlement mesurés, on pourra obliger les entrepreneurs de rapporter des sommes considérables; au moins cela me paraît ainsi, par l'examen que je fais avec Maxime des comptes de cette république.

XXIX.

Trajan à Pline.

Je voudrais que vous eussiez pu arriver en Bithynie sans que votre santé en souffrît, non plus que celle de vos gens, et que votre route depuis Éphèse vous eût été aussi commode que votre navigation avait été heureuse. Votre lettre m'apprend, mon cher Pline, quel jour vous êtes entré dans la Bithynie. Je ne doute pas que ces peuples ne sentent bientôt que je m'occupe de leur bonheur. Car je suis sûr que vous n'oublierez rien de ce qui pourra prouver, qu'en vous choisissant j'ai choisi l'homme le plus propre à tenir ma place chez eux. Vous devez commencer par examiner les comptes des affaires publiques; elles sont certainement dans un grand

aut Romæ, aut in proximo fiunt, sufficientes habeo: sed in omni provincia invenientur, quibus credi possit, et ideo non deerunt tibi, modo velis diligenter excutere.

XXX.

Plinius Trajano imperatori s.

Rogo, domine, consilio me regas hæsitantem, utrum per publicos civitatum servos, quod usque adhuc factum, an per milites asservare custodias debeam. Vereor enim, ne et per servos publicos parum fideliter custodiantur, et non exiguum militum numerum hæc cura distringat. Interim publicis servis paucos milites addidi. Video tamen periculum esse, ne id ipsum utrisque negligentiæ causa sit; dum communem culpam hi in illos, illi in hos regerere posse confidunt.

XXXI.

Trajanus Plinio s.

Nihil opus est, mi Secunde carissime, ad continendas custodias plures commilitones converti. Perseveremus in ea consuetudine, quæ isti provinciæ est, ut per publicos servos custodiantur. Etenim ut fideliter hoc

désordre. Quant aux architectes, à peine en ai-je ici ce qu'il en faut pour les ouvrages publics qui se font à Rome et aux environs. Mais il n'y a point de province où il ne s'en trouve en qui l'on puisse prendre confiance. Vous n'en manquerez donc pas, si vous vous donnez bien la peine d'en chercher.

XXX.

Pline à l'empereur Trajan.

Je vous supplie, seigneur, d'éclairer mes doutes sur un point. Dois-je faire garder les prisons par des soldats, ou, comme on l'a pratiqué jusqu'ici, par des esclaves publics? Je crains qu'elles ne soient pas assez sûrement gardées par des esclaves, et que ce soin n'occupe un grand nombre de soldats. Cependant j'ai renforcé de quelques soldats la garde ordinaire des esclaves publics; mais je m'aperçois que cette précaution a ses inconvéniens, et qu'elle peut fournir aux esclaves et aux soldats une occasion de se négliger, dans l'espérance de pouvoir rejeter les uns sur les autres une faute commune.

XXXI.

Trajan à Pline.

Il n'est pas nécessaire d'employer les soldats à la garde des prisons. Tenons-nous-en à l'usage toujours observé dans cette province, d'en confier le soin à des esclaves publics. C'est à votre prudence et à votre sévérité à faire

faciant, in tua severitate ac diligentia positum est. In primis enim, sicut scribis, verendum est ne, si permisceantur servis publicis milites, mutua inter se fiducia negligentiores sint : sed et illud hæreat nobis, quam paucissimos milites a signis avocandos esse.

XXXII.

Plinius Trajano imperatori s.

Gabius Bassus, præfectus oræ Ponticæ, et reverentissime, et officiosissime, domine, venit ad me, et compluribus diebus fuit mecum. Quantum perspicere potui, vir egregius, et indulgentia tua dignus : cui ego notum feci, præcepisse te, ut ex cohortibus, quibus me præesse voluisti, contentus esset beneficiariis decem, equitibus duobus, centurione uno. Respondit non sufficere sibi hunc numerum, idque se scripturum tibi. Hoc in causa fuit, quominus statim revocandos putarem, quos habet supra numerum.

XXXIII.

Trajanus Plinio s.

Et mihi scripsit Gabius Bassus non sufficere sibi eum militum numerum, qui ut daretur illi, mandatis meis

en sorte qu'ils s'en acquittent fidèlement. Car il est surtout à craindre, comme vous me le mandez, que si on les mêle ensemble, ils ne s'en reposent les uns sur les autres, et n'en deviennent plus négligens. Souvenons-nous d'ailleurs qu'il faut, autant qu'on le peut, ne point éloigner les soldats de leurs drapeaux.

XXXII.

Pline à l'empereur Trajan.

GABIUS BASSUS, qui commande sur la côte Pontique avec zèle et dévouement pour votre service[35], m'est venu trouver, seigneur, et est demeuré plusieurs jours avec moi. C'est, autant que je l'ai pu connaître, un homme distingué et digne de votre bienveillance. Je lui ai communiqué l'ordre que j'avais de ne lui laisser, de toutes les troupes dont il vous a plû de me donner le commandement, que dix soldats bénéficiaires, deux cavaliers et un centurion. Il m'a répondu que ce nombre ne lui suffisait pas, et qu'il vous en écrirait : cela m'a empêché jusqu'ici de rappeler ceux qu'il a de plus.

XXXIII.

Trajan à Pline.

GABIUS BASSUS m'a écrit aussi que le nombre de soldats que je lui avais destiné ne lui suffisait pas. Vous de-

complexus sum. Quod, quæris, scripsisse me? Ut notum haberes, his litteris subjici jussi. Multum interest, res poscat, an homines imperare latius velint. Nobis autem utilitas demum spectanda est; et quantum fieri potest, curandum, ne milites a signis absint.

XXXIV.

Plinius Trajano imperatori s.

Prusenses, domine, balineum habent et sordidum et vetus. Id itaque indulgentia tua restituere desiderant : ego tamen æstimans novum fieri debere, videris mihi desiderio eorum indulgere posse. Erit enim pecunia ex qua fiat, primum ea, quam revocare a privatis et exigere jam cœpi; deinde, quam ipsi erogare in oleum soliti, parati sunt in opus balinei conferre. Quod alioquin et dignitas civitatis, et seculi tui nitor postulat.

XXXV.

Trajanus Plinio s.

Si instructio novi balinei oneratura vires Prusensium non est, possumus desiderio eorum indulgere; modo ne

mandez quelle a été ma réponse. Afin que vous en soyez bien informé, je la fais transcrire ici. Il faut distinguer ce qui est exigé par les circonstances, et ce qui est réclamé par les hommes avides d'étendre leur pouvoir; mais pour nous, l'utilité publique doit être notre seule règle, et nous devons surtout prendre garde que les soldats ne quittent point leurs enseignes.

XXXIV.

Pline à l'empereur Trajan.

Les Prusiens, seigneur, ont un bain vieux et en mauvais état. Ils voudraient le rétablir, si vous le permettez. Je crois, après examen, qu'il est nécessaire d'en construire un nouveau, et il me semble que vous pouvez leur accorder leur demande. Les fonds pour le construire se composeront d'abord des sommes que j'ai obligé les particuliers à restituer [17], et puis de l'argent qu'ils avaient coutume d'employer à l'huile du bain, et qu'ils ont résolu de consacrer à la construction. C'est ce que d'ailleurs semblent demander et la beauté de la ville, et la splendeur de votre règne.

XXXV.

Trajan à Pline.

Si la construction d'un nouveau bain n'est point à charge aux Prusiens, nous pouvons leur accorder ce

quid ideo aut intribuant, aut minus illis in posterum fiat ad necessarias erogationes.

XXXVI.

Plinius Trajano imperatori s.

Maximus, libertus et procurator tuus, domine, præter decem beneficiarios, quos assignari a me Gemellino, optimo viro, jussisti, sibi quoque confirmat necessarios esse milites. Ex his interim, sicut inveneram, in ministerio ejus relinquendos existimavi; præsertim quum ad frumentum comparandum iret in Paphlagoniam. Quin etiam tutelæ causa, quia desiderabat, addidi duos equites. In futurum quid servari velis, rogo rescribas.

XXXVII.

Trajanus Plinio s.

Nunc quidem proficiscentem ad comparationem frumentorum Maximum, libertum meum, recte militibus instruxisti: fungebatur enim et ipse extraordinario munere. Quum ad pristinum actum reversus fuerit, sufficient illi duo a te dati milites, et totidem a Virbio Gemellino, procuratore meo, quem adjuvat.

qu'ils souhaitent, pourvu qu'ils n'imposent aucune contribution pour cet ouvrage, et qu'ils ne prennent rien sur leurs besoins ordinaires.

XXXVI.

Pline à l'empereur Trajan.

Maximus, votre affranchi et votre intendant, m'assure qu'outre les dix soldats que, par votre ordre, j'ai donnés à Gemellinus, il en a besoin aussi pour lui. J'ai cru lui devoir laisser provisoirement ceux qui étaient déjà attachés à sa commission, surtout le voyant partir pour se procurer des blés en Paphlagonie. J'y ai même ajouté deux cavaliers qu'il m'a demandés pour sa garde. Je vous supplie de m'apprendre ce que vous voulez dans la suite que je fasse.

XXXVII.

Trajan à Pline.

Vous avez bien fait de donner des soldats à Maxime, qui partait pour aller chercher des blés; car il s'acquittait en cela d'une commission extraordinaire. Quand il sera revenu à son premier emploi, il aura assez des deux soldats que vous lui avez donnés, et des deux qu'il a reçus de Virbius Gemellinus, mon intendant, auquel il sert de second.

XXXVIII.

Plinius Trajano imperatori s.

Sempronius Coelianus, egregius juvenis, repertos inter tirones duos servos misit ad me; quorum ego supplicium distuli, ut te, conditorem disciplinæ militaris firmatoremque, consulerem de modo pœnæ. Ipse enim dubito ob hæc maxime, quod, ut jam dixerant, sacramento militari nondum distributi in numeros erant. Quid ergo debeam sequi, rogo, domine, scribas, præsertim quum pertineat ad exemplum.

XXXIX.

Trajanus Plinio s.

Secundum mandata mea fecit Sempronius Cœlianus, mittendo ad te eos de quibus cognosci oportebat, an capitale supplicium meruisse videantur. Refert autem voluntarii se obtulerint, an lecti sint, vel etiam vicarii dati. Lecti si sunt, inquisitor peccavit : si vicarii dati, penes eos culpa est, qui dederunt : si ipsi, quum haberent conditionis suæ conscientiam, venerunt, animadvertendum in illos erit. Neque enim multum inte-

XXXVIII.

Pline à l'empereur Trajan.

Sempronius Coelianus, jeune homme de mérite, m'a envoyé deux esclaves qu'il a trouvés parmi les soldats de recrue. J'ai différé leur supplice[38], afin de vous consulter sur le genre de peine à leur infliger, vous le créateur et le soutien de la discipline militaire. Pour moi, j'ai quelque scrupule, parce que, bien qu'ils eussent prêté serment, ils n'étaient encore enrôlés dans aucune légion. Ayez donc la bonté, seigneur, de me prescrire vos intentions dans une occasion qui doit faire exemple.

XXXIX.

Trajan à Pline.

Sempronius Coelianus a exécuté mes ordres, quand il vous a envoyé des hommes dont il fallait juger le crime en connaissance de cause, pour savoir s'il était capital. Mais il faut bien distinguer s'ils se sont offerts volontairement, ou s'ils ont été choisis, ou enfin s'ils ont été donnés pour en remplacer d'autres. S'ils ont été choisis, c'est la faute de l'officier chargé des levées; s'ils ont été donnés pour en remplacer d'autres, il faut s'en prendre à ceux qui les ont donnés. Que si, quoique instruits de leur état, ils sont venus volontairement s'offrir, il faut les punir. Il importe peu qu'ils n'aient été encore distri-

rest, quod nondum per numeros distributi sunt. Ille enim dies, quo primum probati sunt, veritatem ab his originis suæ exigit.

XL.

Plinius Trajano imperatori s.

SALVA magnitudine tua, domine, descendas oportet ad meas curas, quum jus mihi dederis referendi ad te de quibus dubito. In plerisque civitatibus, maxime Nicomediæ et Niceæ, quidam vel in opus damnati, vel in ludum, similiaque his genera pœnarum, publicorum servorum officio ministerioque funguntur, atque etiam, ut publici servi, annua accipiunt. Quod ego quum audissem, diu multumque hæsitavi quid facere deberem. Nam et reddere pœnæ post longum tempus plerosque jam senes, et, quantum affirmatur, frugaliter modesteque viventes, nimis severum arbitrabar; et in publicis officiis retinere damnatos, non satis honestum putabam : eosdem rursus a republica pasci otiosos, inutile; non pasci, etiam periculosum existimabam. Necessario ergo rem totam, dum te consulerem, in suspenso reliqui. Quæres fortasse quemadmodum evenerit, ut pœnis, in quas damnati erant, exsolverentur : et ego quæsivi, sed nihil comperi, quod affirmare tibi possim. Ut de-

bués dans aucune légion ; car le jour qu'ils ont été engagés, ils ont dû déclarer leur origine.

XL.

Pline à l'empereur Trajan.

Puisque vous m'avez donné, seigneur, le droit de vous consulter sur mes doutes, il faut, sans déroger à votre grandeur, que vous descendiez aux moindres soins qui m'embarrassent. Dans la plupart des villes, particulièrement à Nicomédie et à Nicée, des hommes condamnés, soit aux mines, soit aux combats de gladiateurs, soit à d'autres peines semblables, servent comme esclaves publics et reçoivent même des gages en cette qualité. J'en ai été averti; mais j'ai beaucoup hésité sur ce que je devais faire. D'un côté, je trouvais trop rigoureux de renvoyer au supplice, après un long temps, des hommes dont la plupart sont vieux maintenant, et dont la conduite, m'assure-t-on, est sage et réglée; de l'autre, je ne croyais pas convenable de retenir au service de la république des criminels condamnés; mais aussi je jugeais qu'il lui serait onéreux de les nourrir oisifs, et dangereux de ne les nourrir pas. J'ai donc été contraint de suspendre ma décision jusqu'à la vôtre. Vous demanderez peut-être comment il a pu se faire qu'ils se soient dérobés à leur condamnation [39]. Je m'en suis informé, sans en avoir pu rien découvrir que j'ose vous certifier [40]. Les décrets de leur condamnation m'ont été représentés;

creta, quibus damnati erant, proferebantur, ita nulla monumenta, quibus liberati probarentur. Erant tamen qui dicerent, deprecantes jussu proconsulum legatorumve dimissos. Addebat fidem, quod credibile erat, neminem hoc ausum sine auctore.

XLI.

Trajanus Plinio s.

Memineris idcirco te in istam provinciam missum, quoniam multa in ea emendanda apparuerint. Erit autem vel hoc maxime corrigendum, quod qui damnati ad pœnam erant, non modo ea sine auctore, ut scribis, liberati sunt; sed etiam in conditionem proborum ministrorum retrahuntur. Qui igitur intra hos proximos decem annos damnati, nec ullo idoneo auctore liberati sunt, hos oportebit pœnæ suæ reddi : si qui vetustiores invenientur, et senes, ante annos decem damnati, distribuamus illos in ea ministeria, quæ non longe a pœna sint. Solent enim ejusmodi ad balineum, ad purgationes cloacarum, item munitiones viarum, et vicorum dari.

mais je n'ai vu nul acte par lequel il paraisse que la peine leur ait été remise. Il y en a pourtant quelques-uns qui m'ont dit qu'à leurs très-instantes supplications, les gouverneurs ou leurs lieutenans les avaient fait mettre en liberté; ce qui pourrait donner lieu de le penser, c'est qu'il n'est pas croyable que personne eût osé l'entreprendre sans y être autorisé.

XLI.

Trajan à Pline.

Souvenez-vous que si vous avez été envoyé dans cette province, c'est surtout parce qu'il y avait beaucoup d'abus à réformer. L'un des plus grands que l'on puisse concevoir, c'est que des criminels condamnés à des peines capitales, non-seulement en aient été affranchis sans ordre supérieur, mais encore qu'on leur rende les priviléges des esclaves irréprochables. Il faut donc faire subir leur condamnation à ceux qui ont été jugés dans le cours des dix dernières années, et qui n'en ont pas été valablement déchargés. S'il s'en trouve de plus anciennement jugés, des vieillards, dont la condamnation remonte à plus de dix ans, il faut les employer à des travaux qui se rapprochent de leurs peines. Ordinairement on charge ces malheureux de soigner les bains, de nétoyer les égouts, de travailler aux réparations des grands chemins et des rues.

XLII.

Plinius Trajano imperatori s.

Quum diversam partem provinciæ circumirem, Nicomediæ vastissimum incendium multas privatorum domos, et duo publica opera, quanquam via interjacente, Gerusian et Isson, absumpsit. Est autem latius sparsum, primum violentia venti, deinde inertia hominum; quod satis constat otiosos et immobiles tanti mali spectatores perstitisse : et alioquin nullus usquam in publico sipho, nulla hama, nullum denique instrumentum ad incendia compescenda. Et hæc quidem, ut jam præcepi, parabuntur. Tu, domine, dispice, an instituendum putes collegium fabrorum, duntaxat hominum centum quinquaginta. Ego attendam ne quis, nisi faber, recipiatur, neve jure concesso in aliud utatur. Nec erit difficile custodire tam paucos.

XLIII.

Trajanus Plinio s.

Tibi quidem, secundum exempla complurium, in mentem venit, posse collegium fabrorum apud Nicome-

XLII.

Pline à l'empereur Trajan.

Pendant que je visitais une autre partie de ma province, un incendie affreux a consumé à Nicomédie, non-seulement plusieurs maisons particulières, mais même deux édifices publics, la Maison-de-Ville et le temple d'Isis [41], quoique la voie les séparât. Ce qui a contribué à porter le feu si loin, c'est d'abord la violence du vent, ensuite l'insouciance du peuple : car il paraît certain que, dans un si grand désastre, il est demeuré spectateur oisif et immobile. D'ailleurs, il n'y a dans la ville, pour le service public, ni pistons, ni crocs, enfin aucun des instrumens nécessaires pour arrêter les embrasemens [42]. On aura soin qu'il y en ait à l'avenir. J'en ai donné l'ordre. C'est à vous, seigneur, d'examiner s'il serait bon d'établir une communauté de cent cinquante artisans [43] ; j'aurai soin que l'on n'y reçoive en effet que des artisans, et qu'on ne fasse point servir à autre chose le privilège accordé. Il ne serait pas difficile de surveiller une association si peu nombreuse.

XLIII.

Trajan à Pline.

Vous avez pensé qu'on pouvait établir une communauté à Nicomédie, à l'exemple de plusieurs autres villes.

denses constitui : sed meminerimus provinciam istam, et præcipue eas civitates, ab ejusmodi factionibus esse vexatas. Quodcunque nomen ex quacunque causa dederimus iis, qui in idem contracti fuerint, hetæriæ, quamvis breves, fient. Satius itaque est comparari ea, quæ ad coercendos ignes auxilio esse possint, admonerique dominos prædiorum, ut et ipsi inhibeant, ac, si res poposcerit, accursu populi ad hoc uti.

XLIV.

Plinius Trajano imperatori s.

Solennia vota pro incolumitate tua, qua publica salus continetur, et suscipimus, domine, pariter et solvimus, precati deos ut velint ea semper solvi, semperque signari.

XLV.

Trajanus Plinio s.

Et solvisse vos cum provincialibus diis immortalibus vota pro mea salute et incolumitate, et nuncupasse, libenter, mi Secunde carissime, cognovi ex litteris tuis.

Mais n'oublions pas combien cette province, et ces villes surtout ont été troublées par des sociétés de ce genre. Quelque nom que nous leur donnions, quelque raison que nous ayons de former un corps de plusieurs personnes, il s'y établira, au moins passagèrement, des intelligences de confrérie. Il sera donc plus prudent de se procurer tout ce qui peut servir à éteindre le feu, d'engager les possesseurs des biens de ville à en arrêter eux-mêmes les ravages, et, si l'occasion le demande, d'y employer la foule du peuple assemblé.

LXIV.

Pline à l'empereur Trajan.

Nous avons acquitté, seigneur, et renouvelé nos vœux solennels pour votre conservation, à laquelle est attaché le salut de l'empire; et nous avons prié les dieux de permettre que ces vœux soient toujours accomplis, et que le témoignage en subsiste toujours.

XLV.

Trajan à Pline.

J'ai appris avec plaisir, par votre lettre, mon cher Pline, que vous aviez acquitté, avec le peuple de votre gouvernement, les vœux faits aux dieux immortels pour ma santé, et que vous en aviez fait de nouveaux.

XLVI.

Plinius Trajano imperatori s.

In aquaeductum, domine, Nicomedenses impenderunt sestertium tricies trecenta viginti novem millia, qui imperfectus adhuc relictus, atque etiam destructus est : rursus in alium ductum erogata sunt ducenta millia. Hoc quoque relicto, novo impendio est opus, ut aquam habeant, qui tantam pecuniam male perdiderunt. Ipse perveni ad fontem purissimum, ex quo videtur aqua debere perduci, sicut initio tentatum erat, arcuato opere, ne tantum ad plana civitatis et humilia perveniat. Manent adhuc paucissimi arcus : possunt et erigi quidam lapide quadrato, qui ex superiore opere detractus est : aliqua pars, ut mihi videtur, testaceo opere agenda erit : id enim et facilius et vilius. Et in primis necessarium est mitti a te vel aquilegem vel architectum, ne rursus eveniat quod accidit. Ego illud unum affirmo, et utilitatem operis et pulchritudinem seculo tuo esse dignissimam.

XLVI.

Pline à l'empereur Trajan.

Les habitans de Nicomédie, seigneur, ont dépensé, pour se construire un aquéduc, trois millions trois cent vingt-neuf mille sesterces, et cet ouvrage a été laissé imparfait, et même est détruit. On en a depuis commencé un autre, et l'on y a dépensé deux millions de sesterces. Il a été encore abandonné; et après avoir si mal employé tout cet argent, il faut faire une nouvelle dépense, si l'on veut avoir de l'eau. J'ai trouvé une source très-pure, d'où il semble que l'on en pourra tirer, ainsi que l'on avait d'abord tenté de le faire par un ouvrage voûté, afin que l'eau ne soit pas seulement portée aux lieux bas de la ville. Il nous reste encore quelques arcades de cet ouvrage. On peut en élever d'autres, les unes avec de la pierre carrée, tirée du premier édifice; d'autres, je crois, pourront être bâties de briques; ce qui sera plus aisé et moins coûteux. Il est surtout nécessaire que vous veuilliez bien nous envoyer un fontainier ou un architecte pour éviter ce qui est arrivé. Je puis seulement vous répondre que, par son utilité et par sa beauté, cette entreprise est tout à fait digne de votre règne.

XLVII.

Trajanus Plinio s.

Curandum est, ut aqua in Nicomedensem civitatem perducatur. Vere credo te ea, qua debebis, diligentia hoc opus aggressurum. Sed me Dius fidius ad eamdem diligentiam tuam pertinet inquirere, quorum vitio ad hoc tempus tantam pecuniam Nicomedenses perdiderint, ne, quum inter se gratificantur, et inchoaverint aquaeductus, et reliquerint. Quid itaque compereris, perfer in notitiam meam.

XLVIII.

Plinius Trajano imperatori s.

Theatrum, domine, Niceae maxima jam parte constructum, imperfectum tamen, sestertium, ut audio (neque enim ratio plus excussa est), amplius centies hausit: vereor ne frustra. Ingentibus enim rimis descendit et hiat, sive in causa solum humidum et molle, sive lapis ipse gracilis et putris: dignum est certe deliberatione, sitne faciendum, an sit relinquendum, an etiam destruendum. Nam fulturae ac substructiones, quibus subinde suscipitur, non tam firmae mihi, quam sumptuosae videntur. Huic theatro ex privatorum pollicita-

XLVII.

Trajan à Pline.

Il faut avoir soin de faire conduire de l'eau à Nicomédie. Je suis très-persuadé que vous dirigerez cette entreprise avec tout le zèle nécessaire. Mais en vérité, vous n'en devez pas moins apporter à découvrir par la faute de qui les habitans de Nicomédie ont perdu de si grandes sommes, et si ces ouvrages commencés et laissés ne leur ont point servi de prétexte à se faire des gratifications mutuelles. Vous me ferez savoir ce que vous en aurez appris.

XLVIII.

Pline à l'empereur Trajan.

Le théâtre de Nicée, bâti en très-grande partie, mais encore inachevé, a déjà coûté, seigneur, plus de dix millions de sesterces : c'est du moins ce que l'on me dit; car je n'en ai pas vérifié le compte. Je crains que cette dépense ne soit inutile. Il s'affaisse et s'entr'ouvre déjà, soit par la faute du terrain, qui est humide et mou, soit par celle de la pierre, qui est mince et sans consistance. Il y a lieu de délibérer si on l'achèvera, si on l'abandonnera, ou même s'il le faut détruire. Car les appuis et les constructions dont on l'étaye de temps en temps me paraissent peu solides et fort coûteux. Des particuliers ont promis nombre d'utiles accessoires, des basiliques[44] au-

tionibus multa debentur, ut basilicæ circa, ut porticus supra caveam : quæ nunc omnia differuntur, cessante eo, quod ante peragendum est. Iidem Nicenses gymnasium, incendio amissum, ante adventum meum, restituere cœperunt longe numerosius laxiusque, quam fuerat, et jam aliquantum erogaverunt; periculum est ne parum utiliter. Incompositum enim et sparsum est. Præterea architectus, sane æmulus ejus a quo opus inchoatum est, affirmat parietes (quanquam viginti et duos pedes latos) imposita onera sustinere non posse, quia sine cæmento medio farti, nec testaceo opere præcincti. Claudiopolitani quoque in depresso loco, imminente etiam monte, ingens balineum defodiunt magis quam ædificant, et quidem ex ea pecunia quam buleutæ addidi beneficio tuo, aut jam obtulerunt ob introitum, aut nobis exigentibus conferent. Ergo quum timeam ne illic publica pecunia, hic, quod est omni pecunia pretiosius, munus tuum male collocetur, cogor petere a te, non solum ob theatrum, verum etiam ob hæc balinea, mittas architectum, dispecturum utrum sit utilius, post sumptum qui factus est, quoquo modo consummare opera, ut inchoata sunt; an quæ videntur emendanda, corrigere, quæ transferenda, transferre; ne, dum servare volumus quod impensum est, male impendamus quod addendum est.

tour du théâtre, des galeries qui en couronnent les derniers gradins : mais ces travaux sont ajournés, depuis qu'on a suspendu la construction du théâtre, qu'il faut d'abord achever. Les mêmes habitans de Nicée ont commencé, avant mon arrivée, à rétablir un gymnase que le feu a détruit; mais ils le rétablissent beaucoup plus ample et plus vaste qu'il n'était. Cela leur coûte encore, et il est à craindre que ce ne soit sans utilité; car il est irrégulier et les parties en sont mal ordonnées[45]. Outre cela, un architecte (à la vérité, c'est le rival de l'entrepreneur) assure que les murs, quoiqu'ils aient vingt-deux pieds de large, ne peuvent soutenir la charge qu'on leur destine, parce qu'ils ne sont point liés avec du ciment et par des chaînes de brique. Les habitans de Claudiopolis[46] creusent aussi, plutôt qu'ils ne bâtissent, un fort grand bain dans un lieu très-bas et commandé par une montagne. Ils y emploient l'argent que les sénateurs surnuméraires que vous avez daigné agréger à leur sénat, ou ont déjà offert pour leur entrée, ou paieront dès que je leur en ferai la demande. Comme je crains que les deniers publics dans une de ces entreprises, et que dans l'autre vos bienfaits (ce qui est plus précieux que tout l'argent du monde) ne soient mal placés, il faut que je vous supplie d'envoyer ici un architecte pour déterminer le parti à prendre à l'égard et du théâtre et des bains. Il examinera s'il est plus avantageux, après la dépense qui a été faite, d'achever ces ouvrages d'après le premier plan, ou bien de changer ce qui doit l'être, de déplacer ce qui doit être déplacé : car il faut craindre, en voulant conserver ce que nous avons déjà dépensé, de perdre ce que nous dépenserons encore.

XLIX.

Trajanus Plinio s.

Quid oporteat fieri circa theatrum quod inchoatum apud Nicenses est, in re præsenti optime deliberabis et constitues: mihi sufficiet indicari cui sententiæ accesseris. Tunc autem e privatis exigi opera tibi curæ sit, quum theatrum, propter quod illa promissa sunt, factum erit. Gymnasiis indulgent Græculi: ideo forsitan Nicenses majore animo constructionem ejus aggressi sunt: sed oportet illos eo contentos esse, quod possit illis sufficere. Quid Claudiopolitanis circa balineum, quod parum, ut scribis, idoneo loco inchoaverunt, suadendum sit, tu constitues. Architecti tibi deesse non possunt. Nulla provincia est, quæ non peritos et ingeniosos homines habeat: modo ne existimes brevius esse ab urbe mitti, quum ex Græcia etiam ad nos venire soliti sunt.

L.

Plinius Trajano imperatori s.

Intuenti mihi et fortunæ tuæ et animi magnitudinem, convenientissimum videtur demonstrare opera non minus æternitate tua, quam gloria digna, quantumque

XLIX.

Trajan à Pline.

C'est à vous, qui êtes sur les lieux, d'examiner et de régler ce qu'il convient de faire relativement au théâtre de Nicée. Il me suffira de savoir à quel parti vous vous êtes arrêté. Le théâtre achevé, n'oubliez pas de réclamer des particuliers les accessoires qu'ils ont promis d'y ajouter. Les Grecs aiment beaucoup les gymnases, et ce goût excessif pourrait bien leur avoir fait entreprendre indiscrètement celui-ci : mais il faut sur ce point qu'ils se contentent du nécessaire. Quant aux habitans de Claudiopolis, vous leur ordonnerez ce que vous jugerez le plus à propos sur le bain dont ils ont, dites-vous, si mal choisi l'emplacement. Vous ne pouvez manquer d'architectes. Il n'est point de province où l'on ne trouve des gens entendus et habiles; à moins que vous ne pensiez qu'il soit plus court de vous en envoyer d'ici, quand nous sommes obligés de les faire venir de Grèce [48].

L.

Pline à l'empereur Trajan.

En songeant à l'élévation de votre fortune, et surtout à celle de votre âme, il me semble que c'est un devoir de vous proposer des ouvrages dignes de votre gloire et de l'immortalité de votre nom, des ouvrages dont l'uti-

pulchritudinis, tantum utilitatis habitura. Est in Nicomedensium finibus amplissimus lacus : per hunc marmora, fructus, ligna, materiæ, et sumptu modico et labore usque ad viam navibus, inde magno labore, majore impendio, vehiculis ad mare devehuntur. Sed hoc opus multas manus poscit : at hæ pro re non desunt. Nam et in agris magna copia est hominum, et maxima in civitate, certaque spes omnes libentissime aggressuros opus omnibus fructuosum. Superest ut tu libratorem vel architectum, si tibi videbitur, mittas, qui diligenter exploret, sitne lacus altior mari, quem artifices regionis hujus quadraginta cubitis altiorem esse contendunt. Ego per eadem loca invenio fossam a rege percussam : sed incertum, utrum ad colligendum humorem circumjacentium agrorum, an ad committendum flumini lacum; est enim imperfecta. Hoc quoque dubium, intercepto rege mortalitate, an desperato operis effectu. Sed hoc ipso (feres enim me ambitiosum) pro tua gloria incitor et accendor, ut cupiam peragi a te, quæ tantum cœperant reges.

LI.

Trajanus Plinio s.

Potest nos sollicitare lacus iste, ut committere illum mari velimus : sed plane explorandum est diligenter, ne,

lité égale la magnificence. Sur les confins du territoire de Nicomédie est un lac immense dont on se sert pour transporter jusqu'au grand chemin, à peu de frais et sans beaucoup de peine, le marbre, les fruits, le bois et toute sorte de matériaux : de là on les conduit jusqu'à la mer sur des chariots, ce qui coûte et des peines et de l'argent. Pour remédier à cet inconvénient [49], il faudrait beaucoup de bras : mais ils ne manquent pas ici : la campagne et la ville surtout sont fort peuplées, et on peut compter que tout le monde s'empressera de travailler à un ouvrage utile à tout le monde. Il faudrait seulement, si vous le jugez à propos, envoyer ici un niveleur ou un architecte, qui examinât de près si le lac est plus haut que la mer. Les experts de ce pays soutiennent qu'il est plus élevé de quarante coudées. J'ai trouvé près de là un très-vaste bassin, creusé autrefois par un roi; mais on ne sait pas trop si c'était pour recevoir les eaux des champs d'alentour, ou pour joindre le lac à un fleuve voisin ; car ce bassin est demeuré imparfait. On ne sait pas mieux si cet ouvrage a été abandonné, ou parce que ce roi fut surpris par la mort, ou parce qu'il désespéra du succès. Mais je désire ardemment pour votre gloire (vous excuserez une telle ambition) de vous voir achever ce que les rois n'ont fait que commencer.

LI.

Trajan à Pline.

La jonction de ce lac à la mer peut me tenter; mais il faut avant tout s'assurer complètement qu'en l'y joignant

si immissus in mare fuerit, totus effluat; certe, quantum aquarum, et unde accipiat. Poteris a Calpurnio Macro petere libratorem : et ego hinc aliquem tibi, peritum ejus modi operum, mittam.

LII.

Plinius Trajano imperatori s.

Requirenti mihi Byzantiorum reipublicæ impendia, quæ maxima fecit, indicatum est, domine, legatum ad te salutandum annis omnibus cum psephismate mitti, eique dari nummorum duodena millia. Memor ergo propositi tui, legatum quidem retinendum, psephisma autem mittendum putavi, ut simul et sumptus levaretur, et impleretur publicum officium. Eidem civitati imputata sunt terna millia, quæ viatici nomine annua dabantur legato eunti ad eum, qui Mœsiæ præest, publice salutandum. Hæc ego in posterum circumcidenda existimavi. Te, domine, rogo ut, quid sentias rescribendo, aut consilium meum confirmare, aut errorem emendare digneris.

il ne s'y écoulera pas tout entier. Instruisez-vous de la quantité d'eau qu'il reçoit, et d'où elle lui vient. Vous pourrez demander à Calpurnius Macer un niveleur ; et moi, je vous enverrai d'ici quelque artiste habile dans ces sortes d'ouvrages [50].

LII.

Pline à l'empereur Trajan.

En examinant les dépenses publiques des Byzantins, dépenses qui se montent très-haut, j'ai appris, seigneur, que pour vous offrir leurs hommages et vous en porter le décret, ils vous envoyaient tous les ans un député auquel ils donnaient douze mille sesterces. Attentif à l'exécution de vos desseins, j'ai retenu le député, et je vous envoie le décret, épargnant ainsi les deniers de la province, sans nuire à l'accomplissement des devoirs publics. La même ville est chargée de trois mille sesterces qu'elle paie tous les ans pour frais de voyage à celui qui va de sa part saluer le gouverneur de Mœsie. J'ai cru qu'il fallait retrancher ces dépenses à l'avenir. Je vous supplie, seigneur, de vouloir bien me faire connaître votre avis, et de daigner ou me confirmer dans ma pensée, ou corriger mon erreur.

LIII.

Trajanus Plinio s.

Optime fecisti, Secunde carissime, duodena ista Byzantiis, quæ ad salutandum me in legatum impendebantur, remittendo. Fungetur his partibus, etsi solum eorum psephisma per te missum fuerit. Ignoscet illis et Mœsiæ præses, si minus illum sumptuose coluerint.

LIV.

Plinius Trajano imperatori s.

Diplomata, domine, quorum dies præterita, an omnino observari, et quandiu velis, rogo scribas, meque hæsitatione liberes. Vereor enim, ne in alterutram partem ignorantia lapsus, aut illicita confirmem, aut necessaria impediam.

LV.

Trajanus Plinio s.

Diplomata, quorum præteritus est dies, in usu esse non debent: ideo inter prima injungo mihi, ut per om-

LIII.

Trajan à Pline.

Vous avez très-bien fait, mon cher Pline, d'épargner aux Byzantins les douze mille sesterces alloués au député qu'ils m'envoient tous les ans, pour me renouveler les assurances de leur soumission. Leur décret seul, que vous m'adressez, y suppléera suffisamment. Le gouverneur de Mœsie voudra bien aussi leur pardonner, s'ils ne lui font pas leur cour à si grands frais.

LIV.

Pline à l'empereur Trajan.

Je vous supplie, seigneur, de me marquer vos intentions sur les passeports dont le terme est expiré; si c'est votre volonté qu'ils continuent, et pour combien de temps. Dans l'incertitude où je suis, je crains de me tromper dans l'un ou dans l'autre sens, soit que j'autorise des choses défendues, soit que j'en défende de permises.

LV.

Trajan à Pline.

Les passeports dont le terme est expiré ne doivent plus servir, et je me fais un devoir particulier d'en en-

nes provincias ante mittam nova diplomata, quam desiderari possint.

LVI.

Plinius Trajano imperatori s.

Quum vellem Apameæ, domine, cognoscere publicos debitores, et reditum et impendia, responsum est mihi, cupere quidem universos, ut a me rationes coloniæ legerentur; nunquam tamen esse lectas ab ullo proconsulum: habuisse privilegium et vetustissimum morem arbitrio suo rempublicam administrare. Exegi ut quæ dicebant, quæque recitabant, libello complecterentur; quem tibi, qualem acceperam, misi, quamvis intelligerem, pleraque ex illo ad id, de quo quæritur, non pertinere. Te rogo, ut mihi præcipere digneris, quid me putes observare debere. Vereor enim, ne aut excessisse, aut non implesse officii mei partes videar.

LVII.

Trajanus Plinio s.

Libellus Apameorum, quem epistolæ tuæ junxeras, remisit mihi necessitatem perpendendi qualia essent, propter quæ videri volunt eos, qui pro consulibus hanc

voyer dans toutes les provinces, avant qu'elles puissent en avoir besoin.

LVI.

Pline à l'empereur Trajan.

Lorsque j'ai voulu, seigneur, connaître les débiteurs publics d'Apamée, ses revenus et ses dépenses, on m'a représenté qu'ils souhaitaient tous que je discutasse les comptes de leur ville; que cependant aucun des proconsuls ne l'avait fait avant moi; que c'était pour eux un privilège et une ancienne coutume d'administrer à leur discrétion les affaires publiques. J'ai voulu qu'ils exposassent dans une requête tout ce qu'ils ont dit et rappelé : je vous l'ai adressée telle que je l'ai reçue, quoiqu'ils l'aient remplie de détails dont la plupart sont étrangers à la question. Je vous supplie de vouloir bien me prescrire ce que je dois faire; car j'ai peur, ou d'avoir passé les bornes, ou de n'avoir pas rempli toute l'étendue de mon devoir.

LVII.

Trajan à Pline.

La requête des habitans d'Apamée, jointe à votre lettre, m'a dispensé de l'obligation d'examiner les raisons qui ont empêché, disent-ils, les proconsuls d'examiner

provinciam obtinuerunt, abstinuisse inspectione rationum suarum, quum ipsum te, ut eas inspiceres, non recusaverint. Remuneranda est igitur probitas eorum, ut jam nunc sciant hoc, quod inspecturus es, ex mea voluntate, salvis quæ habent privilegiis, esse facturum.

LVIII.

Plinius Trajano imperatori s.

Ante adventum meum, domine, Nicomedenses priori foro novum adjicere cœperunt, cujus in angulo est ædes vetustissima Matris Magnæ, aut reficienda, aut transferenda; ob hoc præcipue, quod est multo depressior opere eo, quod quum maxime surgit. Ego quum quærerem num esset aliqua lex dicta templo, cognovi alium hic, alium apud nos esse morem dedicationis. Dispice ergo, domine, an putes ædem, cui nulla lex dicta est, salva religione posse transferri : alioquin commodissimum est, si religio non impedit.

LIX.

Trajanus Plinio s.

Potes, mi Secunde carissime, sine sollicitudine religionis, si loci positio videtur hoc desiderare, ædem Ma-

leurs comptes, puisqu'ils ne refusent pas de vous les communiquer. Je veux donc récompenser leur droiture, et qu'ils sachent que l'examen que vous en ferez par mon ordre ne dérogera ni ne préjudiciera point à leurs privilèges.

LVIII.

Pline à l'empereur Trajan.

Avant mon arrivée, les habitans de Nicomédie avaient entrepris d'ajouter une nouvelle place publique à l'ancienne. Dans un angle se trouve un temple de Cybèle[51] qu'il faut ou reconstruire ou transférer ailleurs, par la raison surtout qu'il se trouve aujourd'hui trop bas, auprès du nouvel ouvrage dont l'élévation est considérable. Je me suis informé s'il y avait eu quelque acte de consécration, et j'ai appris qu'elle se faisait ici autrement qu'à Rome. Je vous supplie donc, seigneur, d'examiner si un temple, qui n'a point été solennellement consacré, peut être transféré sans offenser la religion : rien ne sera plus facile, si la religion le permet.

LIX.

Trajan à Pline.

Vous pouvez sans scrupule, mon très-cher Pline, si la situation des lieux le demande, transporter le temple

tris deum transferre in eam, quæ est accommodatior : nec te moveat, quod lex dedicationis nulla reperitur, quum solum peregrinæ civitatis capax non sit dedicationis, quæ fit nostro jure.

LX.

Plinius Trajano imperatori s.

Diem, domine, quo servasti imperium, dum suscipis, quanta mereris lætitia celebravimus, precati deos, ut te generi humano, cujus tutela et securitas saluti tuæ innisa est, incolumen florentemque præstarent. Præivimus et commilitonibus jusjurandum more solenni præstantibus, et provincialibus, qui eadem certarunt pietate, jurantibus.

LXI.

Trajanus Plinio s.

Quanta religione ac lætitia commilitones cum provincialibus, te præeunte, diem imperii mei celebraverint, libenter, mi Secunde carissime, cognovi ex litteris tuis.

de Cybèle de l'endroit où il est à celui qui lui convient mieux. S'il ne se trouve point d'acte de consécration, c'est une circonstance qui ne doit pas vous arrêter. Le sol d'une ville étrangère ne comporte pas la consécration selon les rites de notre patrie.

LX.

Pline à l'empereur Trajan.

Nous avons célébré, seigneur, avec tout l'enthousiasme que vous devez inspirer, ce jour où, vous chargeant de l'empire, vous l'avez sauvé. Nous avons prié les dieux de conserver votre personne sacrée et vos vertus au genre humain, dont elles font le repos et la sûreté. Vos troupes et tout le peuple ont renouvelé entre mes mains leur serment de fidélité, dont je leur ai dicté la formule en la manière ordinaire, et tous ont à l'envi signalé leur zèle.

LXI.

Trajan à Pline.

J'ai appris avec plaisir par votre lettre, mon très-cher Pline, que vous avez, à la tête des troupes et du peuple, célébré avec autant de joie que de zèle le jour de mon avènement à l'empire.

LXII.

Plinius Trajano imperatori s.

Pecuniæ publicæ, domine, providentia tua et ministerio nostro et jam exactæ sunt, et exiguntur, quæ vereor ne otiosæ jaceant. Nam et prædiorum comparandorum aut nulla, aut rarissima occasio est; nec inveniuntur qui velint debere reipublicæ, præsertim duodenis assibus, quanti a privatis mutuantur. Dispice ergo, domine, numquid minuendam usuram, ac per hoc idoneos debitores invitandos, putes; et, si ne sic quidem reperiuntur, distribuendum inter decuriones pecuniam, ita ut recte reipublicæ caveant : quod, quanquam invitis et recusantibus, minus acerbum erit, leviore usura constituta.

LXIII.

Plinio Trajanus s.

Et ipse non aliud remedium dispicio, mi Secunde carissime, quam ut quantitas usurarum minuatur, quo facilius pecuniæ publicæ collocentur. Modum ejus ex copia eorum qui mutuabuntur, tu constitues. Invitos ad accipiendum compellere, quod fortassis ipsis otiosum futurum sit, non est ex justitia nostrorum temporum.

LXII.

Pline à l'empereur Trajan.

Je crains, seigneur, que les deniers publics que j'ai déjà fait recouvrer par vos ordres, et que l'on recouvre encore actuellement, ne demeurent sans emploi. On ne trouve pas l'occasion d'acheter des fonds de terre, et l'on trouve encore moins de personnes qui veuillent devoir à une république[52], principalement pour lui payer des intérêts à douze pour cent par an, et sur le même pied qu'aux particuliers. Examinez donc, seigneur, s'il serait à propos de les prêter à un intérêt plus bas, et d'inviter par-là des débiteurs solvables à les prendre. Ou si, à supposer qu'avec cette facilité on n'en puisse encore trouver, il ne faudrait point obliger les décurions à s'en charger, chacun pour sa part, sous bonne et suffisante caution. Quelque fâcheux qu'il soit de les contraindre, il le sera toujours moins quand l'intérêt sera plus modique.

LXIII.

Trajan à Pline.

Je ne vois comme vous, mon très-cher Pline, d'autre remède que de baisser le taux de l'intérêt pour trouver à placer plus aisément les deniers publics. Vous en réglerez le cours sur le nombre de ceux qui se présenteront pour les demander. Mais il ne convient pas à la justice qui doit honorer mon règne, de forcer quelqu'un à emprunter un argent qui pourrait lui être inutile.

LXIV.

Plinius Trajano imperatori s.

Summas, domine, gratias ago, quod inter maximas occupationes, in iis, de quibus te consului, me quoque regere dignatus es; quod nunc quoque facias rogo. Adiit enim me quidam, indicavitque, adversarios suos a Servilio Calvo, clarissimo viro, in triennium relegatos, in provincia morari : illi contra, ab eodem se restitutos affirmaverunt, edictumque recitaverunt : qua causa necessarium credidi, rem integram ad te referre. Nam sicut mandatis tuis cautum est, ne restituam ab alio, aut a me relegatos, ita de iis, quos alius relegaverit et restituerit, nihil comprehensum est. Ideo tu, domine, consulendus fuisti, quid observare me velles, tam hercule de his, quam de illis qui in perpetuum relegati nec restituti, in provincia deprehenduntur. Nam hæc quoque species incidit in cognitionem meam. Est enim adductus ad me in perpetuum relegatus a Julio Basso proconsule. Ego, quia sciebam acta Bassi rescissa, datumque a senatu jus omnibus, de quibus ille aliquid constituisset, ex integro agendi duntaxat per biennium, interrogavi hunc quem relegaverat, an adiisset, docuissetque proconsulem : negavit. Per quod effectum est, ut te con-

LXIV.

Pline à l'empereur Trajan.

Je vous rends grâce, seigneur, d'avoir daigné, au milieu de tant d'importantes affaires, m'éclairer sur celles que j'ai soumises à vos lumières. Je vous demande encore aujourd'hui la même faveur. Un homme est venu me trouver, et m'a fait connaître que ses adverses parties, condamnées par l'illustre Servilius Calvus à un bannissement de trois ans, séjournaient encore dans la province. Ceux-ci ont soutenu au contraire qu'ils avaient été réhabilités par Calvus lui-même, et m'en ont lu le décret. En conséquence, j'ai cru nécessaire d'en référer à votre sagesse; car vos instructions portent bien que je ne dois pas relever de leur condamnation ceux qui auront été condamnés, soit par moi, soit par un autre; mais il n'y est rien dit de ceux qu'un autre aura condamnés et rétablis. J'ai donc cru, seigneur, qu'il fallait savoir de vous ce qu'il vous plaisait que je fisse, non-seulement de ces gens, mais même de ceux qui, après avoir été bannis à perpétuité hors de la province, y sont toujours demeurés, quoiqu'ils n'aient point été relevés de la condamnation; car j'ai à décider aussi sur cette espèce. On m'a amené un homme banni à perpétuité par Julius Bassus. Comme je sais que tout ce qui a été fait par Bassus a été cassé, et que le sénat a donné à tous ceux que Bassus avait condamnés le droit de réclamer et de demander un nouveau jugement dans les deux ans, j'ai demandé au banni, si dans les deux ans il s'était adressé au gouverneur, et l'avait instruit de l'affaire. Il

sulerem, reddendum eum poenae suae, an gravius aliquid, et quid potissimum constituendum putares et in hunc, et in eos, si qui forte in simili conditione invenirentur. Decretum Calvi et edictum, item decretum Bassi his litteris subjeci.

LXV.

Trajanus Plinio s.

Quid in personam eorum statuendum sit, qui a Publio Servilio Calvo proconsule in triennium relegati, et mox ejusdeme dicto restituti, in provincia remanserunt, proxime tibi rescribam, quum causas hujus facti a Calvo requisiero. Qui a Julio Basso in perpetuum relegatus est, quum per biennium agendi facultatem habuerit, si existimabat se injuria relegatum, neque id fecerit, atque in provincia morari perseveraverit, vinctus mitti ad praefectos praetorii mei debet. Neque enim sufficit, eum poenae suae restitui, quam contumacia elusit.

m'a répondu que non. J'ai donc à vous consulter sur ceci : dois-je le rendre à la peine qui lui était destinée, ou lui faire subir une peine plus grande? et, dans ce dernier cas, quelle peine lui imposer, à lui et à ceux qui se trouveront dans une pareille position? Je joins à cette lettre le jugement rendu par Calvus, et l'acte qui l'annulle, Vous y trouverez aussi le jugement prononcé par Bassus.

LXV.

Trajan à Pline.

Je vous manderai prochainement ce qu'il faut faire de ceux qui ont été bannis pour trois ans par P. Servilius Calvus, et qui, après avoir été réhabilités par ses édits, sont restés dans la province. Je veux apprendre d'abord, de Calvus même, les motifs qui l'ont fait agir ainsi. Quant à celui qui, banni à perpétuité par Julius Bassus, pouvait, s'il se croyait injustement condamné, réclamer pendant deux ans, et qui, sans l'avoir fait, est toujours demeuré dans la province, vous l'enverrez lié aux préfets du prétoire; car il ne suffit pas de faire exécuter contre un coupable la condamnation à laquelle il a eu l'audace de se soustraire.

LXVI.

Plinius Trajano imperatori s.

Quum citarem judices, domine, conventum inchoaturus, Flavius Archippus vacationem petere cœpit, ut philosophus. Fuerunt qui dicerent non modo liberandum eum judicandi necessitate, sed omnino tollendum de judicum numero, reddendumque pœnæ, quam fractis vinculis evasisset. Recitata est sententia Velii Pauli proconsulis, qua probatur Archippus crimine falsi damnatus in metallum : ille nihil proferebat, quo restitutum se doceret. Allegabat tamen pro restitutione et libellum a se Domitiano datum, et epistolas ejus ad honorem suum pertinentes, et decretum Prusensium. Addebat his et tuas litteras scriptas sibi : addebat et patris tui edictum, et epistolam, quibus confirmasset beneficia a Domitiano data. Itaque, quamvis eidem talia crimina applicarentur, nihil decernendum putavi, donec te consulerem de eo, quod mihi constitutione tua dignum videbatur. Ea quæ sunt utrinque recitata, his litteris subjeci.

EPISTOLA DOMITIANI AD TERENTIUM MAXIMUM.

« Flavius Archippus philosophus impetravit a me,
« ut agrum ei DC circa Prusiadem, patriam suam, emi
« juberem, cujus reditu suos alere posset. Quod ei præ-

LXVI.

Pline à l'empereur Trajan.

Comme je convoquais des juges pour tenir ma séance, Flavius Archippus a demandé une dispense en qualité de philosophe. Quelques personnes ont prétendu qu'il fallait, non pas l'affranchir de l'obligation de juger, mais le retrancher tout à fait du nombre des juges, et le rendre au supplice auquel il s'était dérobé en se sauvant de prison. On rapportait la sentence de Velius Paulus, proconsul, qui le condamne aux mines comme faussaire. Archippus ne présentait aucun acte qui l'eût réhabilité, mais il prétendait y suppléer, et par une requête qu'il avait adressée à Domitien, et par des lettres honorables de ce prince qui le réhabilitaient, et par une délibération des habitans de Pruse. Il joignait à tout cela des lettres que vous lui aviez écrites, un édit de votre auguste père, et une de ses lettres, par laquelle il confirmait toutes les grâces que Domitien avait accordées. Ainsi, malgré les crimes qu'on lui imputait, j'ai cru devoir ne rien résoudre sans avoir su vos intentions sur une affaire qui me paraît digne d'être décidée par vous-même. Je renferme dans ce paquet tout ce qui a été dit de part et d'autre.

LETTRE DE DOMITIEN A TÉRENCE MAXIME.

« Flavius Archippus, philosophe, a obtenu de moi
« qu'on lui achetât, aux environs de Pruse, une terre de
« six cent mille sesterces, avec le revenu de laquelle il

« stari volo : summam expensam liberalitati meæ feres. »

EJUSDEM AD L. APPIUM MAXIMUM.

« Archippum philosophum, bonum virum, et profes-
« sioni suæ, etiam majoribus, respondentem, commenda-
« tum habeas velim, mi Maxime, et plenam ei humani-
« tatem tuam præstes in iis quæ verecunde a te deside-
« raverit. »

EDICTUM DIVI NERVÆ.

« Quædam sine dubio, Quirites, ipsa felicitas tempo-
« rum edicit, nec spectandus est in iis bonus princeps,
« quibus illum intelligi satis est, quum hoc sibi quisque
« civium meorum spondere possit, me securitatem om-
« nium quieti meæ prætulisse, ut et libenter nova bene-
« ficia conferrem, et ante me concessa servarem. Ne ta-
« men aliquam gaudiis publicis afferat hæsitationem vel
« eorum qui impetraverunt, diffidentia, vel ejus me-
« moria, qui præstitit, necessarium pariter credidi ac
« lætum, obviam dubitantibus indulgentiam meam mit-
« tere. Nolo existimet quisquam, quæ alio principe vel
« privatim vel publice consecutus, ideo saltem a me
« rescindi, ut potius mihi debeat. Sint illa rata et certa.
« Nec gratulatio ullius instauratis eget precibus, quem

« pût nourrir sa famille. Je vous ordonne de lui faire
« payer cette somme, et de la porter en dépense dans le
« compte de mes libéralités. »

LETTRE DU MÊME A LUCIUS APPIUS MAXIMUS.

« Je vous recommande Archippus, philosophe, homme
« de bien, qui n'est point au dessous de sa profession,
« et qui soutiendrait même une plus grande élévation [53].
« Accordez-lui une entière bienveillance pour toutes les
« demandes raisonnables qu'il pourra vous adresser. »

EDIT DE NERVA.

« Il est certaines choses dont le bonheur seul de nos
« temps fait un devoir, et dont il ne faut pas faire hon-
« neur à la bonté du prince. Il suffit de me connaître ; il
« suffit de s'interroger : il n'est pas un citoyen qui ne puisse
« répondre que j'ai préféré le repos public à mon repos
« particulier, pour être en état de répandre à pleines
« mains de nouvelles grâces, et de maintenir celles qui
« ont été déjà faites. Cependant, pour que la joie pu-
« blique ne soit pas troublée, ou par la crainte de ceux
« qui les ont obtenues, ou par la mémoire de celui qui les
« a données, j'ai cru avantageux et nécessaire de prévenir
« tous ces doutes par une explication publique de ma
« volonté. Je ne veux pas que personne pense que, s'il
« a obtenu de mes prédécesseurs quelque privilège ou pu-
« blic ou particulier, je puisse l'annuler pour qu'on me
« doive de l'avoir rétabli. Tous ces privilèges sont recon-
« nus et confirmés. Il ne faudra pas renouveler les re-

« fortuna imperii vultu meliore respexit. Me novis bene-
« ficiis vacare patiantur; et ea demum sciant roganda
« esse, quæ non habent. »

EPISTOLA EJUSDEM AD TULLIUM JUSTUM.

« Quum rerum omnium ordinatio, quæ prioribus tem-
« poribus inchoatæ consummatæ sunt, observanda sit,
« tum epistolis etiam Domitiani standum est. »

LXVII.

Plinius Trajano imperatori s.

Flavius Archippus per salutem tuam æternitatemque petiit a me, ut libellum, quem mihi dedit, mitterem tibi. Quod ego sic roganti præstandum putavi, ita tamen ut, missurum me, notum accusatrici ejus facerem, a qua et ipsa acceptum libellum his epistolis junxi, quo facilius, velut audita utraque parte, dispiceres quid statuendum putares.

LXVIII.

Trajanus Plinio s.

Potuit quidem ignorasse Domitianus in quo statu esset Archippus, quum tam multa ad honorem ejus per-

« mercîmens pour une grâce déjà obtenue de la bien-
« veillance d'un empereur. Que je puisse m'occuper de
« bienfaits nouveaux, et qu'on ne sollicite que ce qu'on
« n'a pas [54]. »

LETTRE DU MÊME A TULLIUS JUSTUS.

« LA résolution que j'ai prise de ne toucher à rien de
« ce qui a été fait par mes prédécesseurs, veut que l'on
« défère aussi aux lettres de Domitien. »

LXVII.

Pline à l'empereur Trajan.

FLAVIUS ARCHIPPUS m'a conjuré, par vos jours sacrés et par votre immortalité, de vous envoyer la requête qu'il m'a présentée. Je lui ai accordé ce qu'il demandait, mais après en avoir averti celle qui l'accuse. De son côté, elle m'a donné une requête, que je joins aussi à cette lettre, afin que vous puissiez prononcer et décider comme si vous aviez entendu les deux parties.

LXVIII.

Trajan à Pline.

DOMITIEN a bien pu ignorer le véritable état d'Archippus, lorsqu'il écrivait tant de choses honorables pour

tinentia scriberet : sed meæ naturæ accommodatius est credere, etiam statui ejus subventum interventu principis : præsertim quum etiam statuarum ei honor toties decretus sit, ab iis qui non ignorabant quid de illo Paulus proconsul pronuntiasset. Quæ tamen, mi Secunde carissime, non eo pertinent, ut, si quid illi novi criminis objiciatur, minus de eo audiendum putes. Libellos Furiæ Primæ accusatricis, item ipsius Archippi, quos alteri epistolæ tuæ junxeras, legi.

LXIX.

Plinius Trajano imperatori s.

Tu quidem, domine, providentissime vereris ne, commissus flumini, atque ita mari, lacus effluat : sed ego in re præsenti invenisse videor, quemadmodum huic periculo occurrerem. Potest enim lacus fossa usque ad flumen adduci, nec tamen in flumen emitti, sed relicto quasi margine contineri pariter et dirimi : sic consequemur, ut nec vicino videatur flumini mistus, et sit perinde ac si misceatur. Erit enim facile per illam brevissimam terram, quæ interjacebit, advecta fossa onera transponere in flumen. Quod ita fiet, si necessitas coget; et, spero, non coget. Est enim et lacus ipse satis altus, et nunc in contrariam partem flumen emittit;

lui; mais il est plus conforme à mon caractère de croire que ce prince, par ces marques d'estime, a voulu le réhabiliter. Ce qui me confirme dans cette opinion, c'est de voir que l'honneur des statues lui ait été tant de fois décerné par ceux qui n'ignoraient pas le jugement que Paulus, leur gouverneur, avait rendu[55]. Ce que je vous écris ne doit pourtant pas vous empêcher de le poursuivre si on l'accuse de quelque nouveau crime. J'ai lu les requêtes de Furia Prima, accusatrice, et celles d'Archippus, que vous aviez jointes à votre lettre.

LXIX.

Pline à l'empereur Trajan.

Votre sage prévoyance, seigneur, vous fait craindre que le lac, une fois uni au fleuve et par conséquent à la mer, ne s'y écoule tout entier[56]; mais moi, qui suis sur les lieux, je crois avoir trouvé un moyen de prévenir ce danger. On peut, par un canal, conduire le lac jusqu'au fleuve, mais sans l'y introduire : il restera une côte qui l'en séparera, et qui contiendra les eaux. Ainsi, sans le réunir au fleuve, nous jouirons du même avantage que si leurs eaux se confondaient; car il sera très-aisé de transporter sur le fleuve, par cette rive étroite, tout ce qui aura été chargé sur le canal. C'est le parti qu'il faudra prendre si la nécessité nous y force; mais je ne crois pas que nous devions le craindre. Le lac de lui-même est assez profond, et de l'extrémité opposée à la mer sort un fleuve. Si l'on en arrête le cours dans cette direc-

quod interclusum inde, et quo volumus aversum, sine ullo detrimento, lacui tantum aquæ, quantum nunc portat, adfundet. Præterea per id spatium, per quod fossa facienda est, incidunt rivi, qui, si diligenter colligantur, augebunt illud quod lacus dederit. Enimvero si placeat fossam longius ducere, et arctius pressam mari æquare, nec in flumen, sed in ipsum mare emittere, repercussus maris servabit et reprimet quidquid e lacu veniet. Quorum si nihil nobis loci natura præstaret, expeditum tamen erat, cataractis aquæ cursum temperare. Verum et hæc et alia multo sagacius conquiret explorabitque librator, quem plane, domine, debes mittere, ut polliceris. Est enim res digna et magnitudine tua et cura. Ego interim Calpurnio Macro, clarissimo viro, auctore te, scripsi, ut libratorem quam maxime idoneum mitteret.

LXX.

Trajanus Plinio s.

MANIFESTUM est, mi Secunde carissime, nec prudentiam nec diligentiam tibi defuisse circa istum lacum, quum tam multa provisa habeas, per quæ nec periclitetur exhauriri, et magis in usus nobis futurus sit. Elige igitur id, quod præcipue res ipse suaserit. Calpurnium Macrum

tion pour le porter du côté où nous en avons besoin, il versera dans le lac, sans aucune perte, toute l'eau qu'il en détourne aujourd'hui [57]. D'ailleurs, sur la route qu'il faut creuser au canal, coulent des ruisseaux qui, recueillis avec soin, augmenteront encore la masse d'eaux fournies par le lac. Que si l'on aimait mieux prolonger et resserrer le canal, le mettre au niveau de la mer, et, au lieu de le conduire dans le fleuve, le verser dans la mer même, le reflux de la mer arrêterait les eaux du lac, et les lui conserverait. Si la situation du lieu ne nous permettait aucun de ces expédiens, il nous en resterait un dernier infaillible : ce serait de nous rendre maîtres du cours des eaux par des écluses. Tout cela sera mieux conçu et calculé par le niveleur que vous devez m'envoyer, seigneur, comme vous me l'avez promis, car cette entreprise est digne de votre magnificence et de vos soins. J'ai écrit, suivant vos ordres, à l'illustre Calpurnius Macer de m'envoyer le niveleur le plus propre à ces travaux.

LXX.

Trajan à Pline.

Il paraît, mon cher Pline, que vous n'avez négligé ni soins ni recherches pour le succès de l'entreprise du lac, puisque vous avez rassemblé tant d'expédiens pour éviter qu'il ne s'épuise, et pour nous le rendre d'un usage plus commode. Choisissez donc celui que la nature des choses vous fera juger le plus convenable. Je compte que

credo facturum, ut te libratore instruat : neque enim provinciae istae his artificibus carent.

LXXI.

Plinius Trajano imperatori s.

Magna, domine, et ad totam provinciam pertinens quaestio est de conditione et alimentis eorum quos vocant θρεπτές. In qua ego, auditis constitutionibus principum, quia nihil inveniebam aut proprium, aut universale, quod ad Bithynos ferretur, consulendum te existimavi, quid observari velles. Neque enim putavi posse me, in eo quod auctoritatem tuam posceret, exemplis esse contentum. Recitabatur autem apud me edictum, quod dicebatur divi Augusti, ad Anniam pertinens : recitatae et epistolae divi Vespasiani ad Lacedaemonios, et divi Titi ad eosdem, dein ad Achaeos; et Domitiani ad Avidium Nigrinum et Armenium Brocchum, proconsules, item ad Lacedaemonios : quae ideo tibi non misi, quia et parum emendata, et quaedam non certae fidei videbantur, et quia vera et emendata in scriniis tuis esse credebam.

Calpurnius Macer vous fournira un niveleur; car ces provinces ne manquent pas de ces sortes d'ouvriers.

LXXI.

Pline à l'empereur Trajan.

L'ÉTAT et l'entretien des enfans, appelés ici du nom de θρεπτοί (nourris) [58], sont la matière d'une grande question qui intéresse toute la province. Comme je n'ai trouvé, dans les constitutions de vos prédécesseurs, aucune décision sur ce sujet, ni générale ni particulière, qui s'appliquât à la Bithynie, j'ai cru devoir vous consulter sur vos intentions à cet égard : car je ne pense point qu'il me soit permis de me régler par des exemples dans ce qui ne doit être décidé que par votre autorité. On m'a lu un édit que l'on disait être d'Auguste pour Annia, des lettres de Vespasien aux Lacédémoniens, de Titus aux mêmes et aux Achéens, et enfin de Domitien aux proconsuls Avidius Nigrinus, Armenius Brocchus, et aux Lacédémoniens. Je ne vous les envoie point, parce que ces pièces ne me paraissent pas en assez bonne forme; quelques-unes même ne me semblent pas authentiques. Je sais d'ailleurs que les véritables originaux sont en bon état dans vos archives.

LXXII.

Trajanus Plinio s.

Quæstio ista, quæ pertinet ad eos qui liberi nati, expositi, deinde sublati a quibusdam, et in servitute educati sunt, sæpe tractata est : nec quidquam invenitur in commentariis eorum principum, qui ante me fuerunt, quod ad omnes provincias sit constitutum. Epistolæ sane sunt Domitiani ad Avidium Nigrinum et Armenium Brocchum, quæ fortasse debeant observari : sed inter eas provincias de quibus rescripsit, non est Bithynia : et ideo nec assertionem denegandam iis qui ex ejusmodi causa in libertatem vindicabuntur, puto, neque ipsam libertatem redimendam pretio alimentorum.

LXXIII.

Plinius Trajano imperatori s.

Petentibus quibusdam ut sibi reliquias suorum, aut propter injuriam vetustatis, aut propter fluminis incursum, aliaque his similia quæcunque, secundum exemplum proconsulum, transferre permitterem, quia sciebam in urbe nostra ex ejusmodi causis collegium pontificum adiri solere, te, domine, maximum pontificem, consulendum putavi quid observare me velis.

LXXII.

Trajan à Pline.

On a souvent traité la question relative aux enfans nés libres, exposés, recueillis ensuite par quelque citoyen, et élevés dans la servitude. Mais, parmi les constitutions de mes prédécesseurs, il ne s'en trouve sur ce sujet aucune qui regarde toutes les provinces. Il est vrai qu'il existe des lettres de Domitien à Avidius Nigrinus et à Armenius Brocchus, sur lesquelles on pouvait peut-être se régler; mais entre les provinces dont elles parlent il n'est point fait mention de la Bithynie. Je ne crois donc pas, ni que l'on doive refuser la liberté à ceux qui la réclameront sur un tel fondement, ni qu'on les puisse obliger à la racheter par le remboursement des alimens qu'on leur aura fournis.

LXXIII.

Pline à l'empereur Trajan.

Plusieurs personnes m'ont demandé permission de transporter d'un lieu dans un autre les cendres de leurs parens, dont les tombeaux ont été renversés, ou par l'injure des temps, ou par des inondations, ou par d'autres accidens; et elles se sont fondées sur les exemples de mes prédécesseurs. Mais comme je sais qu'à Rome on n'entreprend rien de semblable sans en avoir référé au collège des pontifes, j'ai cru devoir vous consulter,

LXXIV.

Trajanus Plinio s.

Durum est injungere necessitatem provincialibus pontificum adeundorum, si reliquias suorum propter aliquas justas causas transferre ex loco in alium locum velint. Sequenda ergo potius tibi exempla sunt eorum, qui isti provinciæ præfuerunt, et ex causa cuique ita aut permittendum, aut negandum.

LXXV.

Plinius Trajano imperatori s.

Quærenti mihi, domine, Prusæ ubi posset balineum, quod indulsisti fieri, placuit locus in quo fuit aliquando domus (ut audio) pulchra, nunc deformis ruinis. Per hoc enim consequemur, ut fœdissima facies civitatis ornetur, atque etiam ut ipsa civitas amplietur, nec ulla ædificia tollantur; sed quæ sunt vetustate sublapsa, reparentur in melius. Est autem hujus domus conditio talis. Legaverat eam Claudius Polyænus Claudio Cæsari, jusseratque in peristylio templum ei fieri, reliqua ex

seigneur, vous souverain pontife, pour conformer ma conduite à vos volontés.

LXXIV.

Trajan à Pline.

Il y aurait de la dureté à contraindre ceux qui demeurent dans les provinces de s'adresser aux pontifes, lorsque, par de justes raisons, ils désireront transporter, d'un lieu dans un autre, les cendres de leurs parens. Vous ferez donc bien mieux de suivre l'exemple de vos prédécesseurs, et d'accorder ou de refuser cette autorisation, suivant la justice des demandes.

LXXV.

Pline à l'empereur Trajan.

Je cherchais à Pruse, seigneur, une place où l'on pût commodément élever le bain que vous avez permis à ses habitans de bâtir. J'en ai trouvé une qui me convient : on y voit encore les ruines d'une maison qui, dit-on, a été fort belle. Je trouve ainsi le moyen d'embellir la ville que ces ruines défigurent, et même d'en accroître la grandeur : je ne démolis aucun bâtiment, et je répare au contraire ceux que le temps a détruits. Voici ce que j'ai appris de cette maison. Claudius Polyénus l'avait léguée à l'empereur Claude, auquel il voulut que l'on dressât un temple dans une cour qui est environnée de colonnes, et que le reste fût loué : la ville en a touché

domo locari, ex quo reditum aliquandiu civitas percepit. Deinde paulatim partim spoliata, partim neglecta, cum peristylio domus tota collapsa est; ac jam pene nihil ex ea, nisi solum superest. Quod tu, domine, sive donaveris civitati, sive vænire jusseris, propter opportunitatem loci, pro summo munere accipiet. Ego, si permiseris, cogito in area vacua balineum collocare; eum autem locum, in quo ædificia fuerunt, exhedra et porticibus amplecti, atque tibi consecrare, cujus beneficio elegans opus, dignumque nomine tuo fiet. Exemplar testamenti, quanquam mendosum, misi tibi; ex quo cognosces, multa Polyænum in ejusdem domus ornatum reliquisse, quæ, ut domus ipsa, perierunt. A me tamen, in quantum potuerit, requirentur.

LXXVI.

Trajanus Plinio s.

Possumus apud Prusenses area ista cum domo collapsa, quam vacare scribis, ad exstructionem balinei uti. Illud tamen parum expressisti, an ædes in peristylio Claudio facta esset. Nam si facta ædes esset, licet collapsa sit, religio ejus occupavit solum.

quelque temps le revenu. Ensuite le pillage et la négligence ruinèrent peu à peu toute cette maison, ainsi que le péristyle; de sorte qu'il n'en reste presque plus rien que la place. Si vous daignez, seigneur, ou la donner ou la faire vendre aux Prusiens, qui y trouveront un emplacement commode, ils en seront reconnaissans comme du plus grand bienfait. S'ils obtiennent ce qu'ils demandent, je me propose de placer le bain dans cette cour, vide aujourd'hui, d'entourer de galeries et de sièges les lieux où étaient autrefois les bâtimens, enfin de vous consacrer cet ouvrage, dont la ville sera redevable à vos bontés, et qui, par sa magnificence, sera digne de votre nom. Je vous envoie une copie du testament, quoiqu'elle soit peu correcte : vous verrez que Poleynus, outre la maison, avait laissé, pour l'embellir, bien des choses qui ont péri comme elle. J'en ferai pourtant la plus exacte recherche que je pourrai.

LXXVI.

Trajan à Pline.

On peut se servir, pour bâtir le bain des Prusiens, de cet emplacement, et de cette maison tombée en ruine, que vous me mandez être vide. Mais vous ne me marquez point assez nettement si l'on a élevé un temple à Claude dans la cour environnée de colonnes : car si le temple a été élevé, quoique depuis il ait été détruit, la place demeure toujours consacrée.

LXXVII.

Plinius Trajano imperatori s.

Postulantibus quibusdam, ut de agnoscendis liberis restituendisque natalibus, et secundum epistolam Domitiani scriptam Minutio Rufo, et secundum exempla proconsulum, ipse cognoscerem, respexi ad senatusconsultum pertinens ad eadem genera causarum, quod de his tantum provinciis loquitur, quibus proconsules præsunt: ideoque rem integram distuli, dum tu, domine, præceperis quid observare me velis.

LXXVIII.

Trajanus Plinio s.

Si mihi senatusconsultum miseris, quod hæsitationem tibi fecit, æstimabo an debeas cognoscere de agnoscendis liberis, et natalibus suis restituendis.

LXXVII.

Pline à l'empereur Trajan.

Plusieurs personnes m'ont pressé de prononcer sur les questions d'état relatives à la reconnaissance des enfans et à leur rétablissement dans tous les droits de leur naissance, suivant une lettre de Domitien à Minutius Rufus, et conformément à l'exemple de mes prédécesseurs. Mais, ayant examiné le décret du sénat sur cette matière, j'ai trouvé qu'il ne parle que des provinces qui sont gouvernées par des proconsuls. Par cette raison, j'ai tout suspendu, jusqu'à ce qu'il vous ait plu, seigneur, de me faire savoir vos intentions.

LXXVIII.

Trajan à Pline.

Quand vous m'aurez envoyé le décret du sénat qui a causé vos doutes, je déciderai s'il vous appartient de prononcer sur ce qui regarde les reconnaissances des enfans, et leur rétablissement dans tous les droits de leur naissance [59].

LXXIX.

Plinius Trajano imperatori s.

Julius, domine, Largus ex Ponto, nondum mihi visus, ac ne auditus quidem, sed judicio tuo credens dispensationem quamdam mihi erga te pietatis suæ ministeriumque mandavit. Rogavit enim testamento, ut hereditatem suam adirem, cerneremque; ac deinde, præceptis quinquaginta millibus nummum, reliquum omne Heracleotarum et Thianorum civitatibus redderem; ita ut esset arbitrii mei, utrum opera facienda, quæ honori tuo consecrarentur, putarem, an instituendos quinquennales agonas, qui Trajani appellentur. Quod in notitiam tuam perferendum existimavi, ob hoc maxime, ut dispiceres quid eligere debeam.

LXXX.

Trajanus Plinio s.

Julius Largus fidem tuam, quasi te bene nosset, elegit. Quid ergo potissimum ad perpetuitatem memoriæ ejus faciat, secundum cujusque loci conditionem ipse dispice, et quod optimum existimaveris sequere.

LXXIX.

Pline à l'empereur Trajan.

Julius Largus, de la province de Pont, que je n'avais jamais vu, dont je n'avais même jamais entendu parler, estimant en moi l'homme de votre choix, seigneur, m'a chargé, en mourant, des derniers hommages qu'il a voulu rendre à votre personne sacrée. Il m'a prié, par son testament, d'accepter sa succession, d'en faire le partage; et, après en avoir retiré pour moi cinquante mille sesterces, de remettre le surplus aux villes d'Héraclée et de Thiane, pour qu'il soit employé, selon que je le trouverais plus à propos, ou à des ouvrages qui vous seraient consacrés, ou à des jeux publics que l'on célébrerait tous les cinq ans, et que l'on appellerait *les jeux de Trajan*. J'ai cru, seigneur, vous en devoir informer, pour savoir ce qu'il faut choisir.

LXXX.

Trajan à Pline.

Julius Largus vous a choisi pour placer en vous sa confiance, comme s'il vous eût parfaitement connu. C'est donc à vous, pour éterniser sa mémoire, à examiner et à faire ce qui conviendra le mieux, selon les mœurs du pays.

LXXXI.

Plinius Trajano imperatori s.

Providentissime, domine, fecisti, quod præcepisti Calpurnio Macro, clarissimo viro, ut legionarium centurionem Byzantium mitteret. Dispice an etiam Juliopolitanis simili ratione consulendum putes; quorum civitas, quum sit perexigua, onera maxima sustinet, tantoque graviores injurias, quanto est infirmior, patitur. Quidquid autem Juliopolitanis præstiteris, id etiam toti provinciæ proderit. Sunt enim in capite Bithyniæ, plurimisque per eam commeantibus transitum præbent.

LXXXII.

Trajanus Plinio s.

Ea conditio est civitatis Byzantiorum, confluente undique in eam commeantium turba, ut, secundum consuetudinem præcedentium temporum, honoribus ejus præsidio centurionis legionarii consulendum habuerimus. Si Juliopolitanis succurrendum eodem modo putaverimus, onerabimus nos exemplo: plures enim tanto magis eadem requirent, quanto infirmiores erunt. Tibi eam fiduciam diligentiæ habeo, ut credam te omni ra-

LXXXI.

Pline à l'empereur Trajan.

Votre sage prévoyance, seigneur, vous a fait ordonner à Calpurnius Macer d'envoyer un centurion légionnaire à Byzance. Daignez examiner si les habitans de Juliopolis ne mériteraient point une pareille grâce. C'est une très-petite ville, qui supporte pourtant de très-grandes charges, et qui est d'autant plus foulée, qu'elle est plus faible. D'ailleurs, le bien que vous ferez aux habitans de Juliopolis, vous le ferez à toute la province; car ils sont à l'entrée de la Bithynie, et fournissent le passage aux nombreux voyageurs qui la traversent.

LXXXII.

Trajan à Pline.

La ville de Byzance est si considérable par le concours de ceux qui y abordent de toutes parts, que nous n'avons pu nous dispenser, à l'exemple de nos prédécesseurs, de lui accorder un centurion légionnaire pour veiller à la conservation des privilèges de ses habitans. Accorder la même grâce à ceux de Juliopolis, ce serait nous engager par un exemple imprudent. D'autres villes nous demanderaient la même faveur avec d'autant plus d'instances qu'elles seraient plus faibles. J'ai confiance

tione id acturum, ne sint obnoxii injuriis. Si qui autem se contra disciplinam meam gesserint, statim coerceantur; aut, si plus admiserint, quam ut in re praesenti satis puniantur, si milites erunt, legatis eorum quae deprehenderis notum facies; aut, si in urbem versus venturi erunt, mihi scribes.

LXXXIII.

Plinius Trajano imperatori s.

Cautum est, domine, Pompeia lege, quae Bithynis data est, ne quis capiat magistratum, neve sit in senatu minor annorum triginta. Eadem lege comprehensum est, ut qui ceperint magistratum, sint in senatu. Secutum est dein edictum divi Augusti, quo permisit minores magistratus ab annis duobus et viginti capere. Quaeritur ergo an, qui minor triginta annorum gessit magistratus, possit a censoribus in senatum legi, et, si potest, an ii quoque, qui non gesserint, possint per eamdem interpretationem ab ea aetate senatores legi, a qua illis magistratum gerere permissum est. Quod alioquin factitatum adhuc et esse necessarium dicitur, quia sit aliquanto melius honestorum hominum liberos, quam e plebe in curiam admitti. Ego a destinatis censoribus quid sentirem inter-

dans vos soins; et vous n'oublierez rien, j'en suis certain, pour préserver les habitans de Juliopolis de toute injustice. Si quelqu'un agit contre mes ordonnances, qu'il soit réprimé aussitôt. Sa faute est-elle trop grave pour qu'on le punisse sur-le-champ; s'il est soldat, vous informerez ses chefs de ce qui est arrivé; s'il doit venir à Rome, vous m'en donnerez avis [60].

LXXXIII.

Pline à l'empereur Trajan.

La loi Pompeia, donnée à la Bithynie, défend d'exercer aucune magistrature, et d'entrer au sénat avant trente ans [61]. La même loi veut que ceux qui auront été magistrats, soient de plein droit sénateurs. Auguste a publié depuis un édit qui permet, à vingt-deux ans accomplis, d'exercer les magistratures inférieures. On demande donc si les censeurs peuvent donner place au sénat à celui qui a été magistrat avant trente ans. Et, en cas qu'ils le puissent, si, par une suite naturelle de la même interprétation, il ne leur est pas permis d'y donner entrée à ceux qui ont atteint l'âge auquel ils pourraient avoir été créés magistrats. C'est ce qu'on prétend être autorisé par l'usage, et même par la nécessité [62], puisqu'il est plus convenable de remplir le sénat de jeunes gens de grande famille, que de personnes d'une naissance obscure. Les censeurs m'ont demandé ce que j'en pensais. Je leur ai dit qu'il me semblait que, selon l'édit

rogatus, eos quidem, qui minores triginta annis gessissent magistratum, putabam posse in senatum, et secundum edictum Augusti, et secundum legem Pompeiam, legi; quoniam Augustus gerere magistratus minoribus annis triginta permisisset, lex senatorem esse voluisset, qui gessisset magistratum. De his autem qui non gessissent, quamvis essent aetatis ejusdem, cujus illi quibus gerere permissum est, haesitabam. Per quod effectum est ut te, domine, consulerem quid observari velles. Capita legis, tum edictum Augusti, litteris subjeci.

LXXXIV.

Trajanus Plinio s.

INTERPRETATIONI tuae, mi Secunde carissime, idem existimo; hactenus edicto divi Augusti novatam esse legem Pompeiam, ut magistratum quidem capere possent ii, qui non minores duorum et viginti annorum essent; et qui accepissent, in senatum cujusque civitatis pervenirent. Ceterum non capto magistratu, eos qui minores triginta annorum sint, quia magistratum capere possent, in curiam etiam loci cujusque non existimo legi posse.

d'Auguste et la loi Pompéia, rien n'empêchait ceux qui, avant trente ans, avaient été magistrats, d'avoir entrée au sénat avant leur trentième année, parce qu'Auguste permettait d'exercer la magistrature avant trente ans, et que la loi Pompéia voulait que ceux qui avaient exercé la magistrature fussent sénateurs. Mais j'ai plus longtemps hésité sur ceux qui ont atteint l'âge où les autres ont été magistrats, sans pourtant l'avoir été eux-mêmes. C'est ce qui m'oblige, seigneur, à vous soumettre cette question. Je joins à cette lettre les titres de la loi et l'édit d'Auguste.

LXXXIV.

Trajan à Pline.

J'approuve votre interprétation, mon cher Pline, et je pense que l'édit d'Auguste a dérogé à la loi Pompéia, en permettant à ceux qui ont vingt-deux ans accomplis, d'exercer la magistrature, et à ceux qui l'auraient exercée, d'entrer dans le sénat de chaque ville. Mais je ne crois pas que ceux qui sont au dessous de trente ans, et qui n'ont point été magistrats, puissent, sous prétexte qu'ils pourraient l'avoir été, demander entrée dans le sénat.

LXXXV.

Plinius Trajano imperatori s.

Quum Prusæ, ad Olympum, domine, publicis negotiis intra hospitium, eodem die exiturus, vacarem, Asclepiades magistratus indicavit appellatum me a Claudio Eumolpo. Quum Cocceianus Dion in bule assignari civitatis opus, cujus curam egerat, vellet, tum Eumolpus assistens Flavio Archippo dixit exigendam esse a Dione rationem operis, antequam reipub. traderetur, quod aliter fecisset ac debuisset. Adjecit etiam esse in eodem opere positam tuam statuam, et corpora sepultorum, uxoris Dionis, et filii; postulavitque ut cognoscerem pro tribunali. Quod quum ego me protinus facturum, dilaturumque profectionem dixissem, ut longiorem diem ad instruendam causam darem, utque in alia civitate cognoscerem, petiit. Ego me auditurum Niceæ respondi : ubi quum sedissem cogniturus, idem Eumolpus, tanquam adhuc parum instructus, dilationem petere cœpit : contra Dion, ut audiretur, exigere. Dicta sunt utrinque multa, etiam de causa. Ego quum dandam dilationem, et consulendum existimarem in re ad exemplum pertinente, dixi utrique parti, ut postulationum suarum libellos darent. Volebam enim te ip-

LXXXV.

Pline à l'empereur Trajan.

Pendant que j'étais à Pruse, près du mont Olympe, seigneur, et que j'expédiais quelques affaires dans la maison où je logeais, me disposant à partir ce jour-là même, Asclépiade, magistrat, m'apprit que Claudius Eumolpe demandait à paraître devant mon tribunal[63]. Cocceianus Dion avait demandé, dans le sénat de cette ville, que l'on reçût l'ouvrage qu'il avait exécuté. Alors Eumolpe, plaidant pour Flavius Archippus, dit qu'il fallait faire rendre compte à Dion de l'ouvrage avant de le recevoir, parce qu'il l'avait exécuté autrement qu'il ne le devait. Il ajouta que dans le même lieu on avait élevé votre statue, et enterré les corps de la femme et des fils de Dion[64] : il demandait que je voulusse bien décider la cause en audience publique. Je déclarai que j'étais tout prêt, et que je différerais mon départ. Alors il me pria de remettre à en juger dans un autre temps et dans une autre ville. J'indique Nicée. Comme j'y prenais séance, pour connaître de cette affaire, Eumolpe, sous prétexte de n'être pas encore préparé, me supplia d'accorder un nouveau délai. Dion, au contraire, insista pour être jugé. On dit de part et d'autre beaucoup de choses, même sur le fond de l'affaire. Mais comme je pensai qu'il ne fallait rien précipiter, et qu'il était à propos de vous consulter sur une question si importante pour l'exemple, je dis aux parties de me remettre entre les mains leurs requêtes. Je voulais que vous

sorum potissimum verbis ea, quæ erant proposita, cognoscere. Et Dion quidem se daturum dixit : et Eumolpus respondit complexurum se libello, quæ reipublicæ peteret. Ceterum, quod ad sepultos pertinet, non accusatorem se, sed advocatum Flavii Archippi, cujus mandata pertulisset. Archippus, cui Eumolpus, sicut Prusæ, assistebat, dixit se libellum daturum. Ita nec Eumolpus, nec Archippus, quam plurimis diebus exspectati, adhuc mihi libellos dederunt : Dion dedit, quem huic epistolæ junxi. Ipse in re præsenti fui, et vidi tuam quoque statuam in bibliotheca positam : id autem, in quo dicuntur sepulti filius et uxor Dionis, in area collocatum, quæ porticibus includitur. Te, domine, rogo, ut me in hoc præcipue genere cognitionis regere digneris, quum alioquin magna sit exspectatio, ut necesse sit in ea re, quæ et in confessum venit, et exemplis defenditur, deliberare.

LXXXVI.

Trajanus Plinio s.

POTUISTI non hærere, mi Secunde carissime, circa id, de quo me consulendum existimasti, quum propositum meum optime nosses, non ex metu nec terrore hominum, aut criminibus majestatis, reverentiam no-

fussiez instruit, par elles-mêmes, de leurs prétentions et de leurs raisons. Dion déclara qu'il me donnerait la sienne; et Eumolpe dit qu'il expliquerait ce qu'il demandait pour la république; que du reste, quant aux sépultures, il n'était point l'accusateur de Dion, mais l'avocat de Flavius Archippus, auquel il avait seulement prêté son ministère. Archippus, pour qui Eumolpe plaidait aussi bien que pour la ville de Pruse, dit qu'il me remettrait ses mémoires. Cependant, quoiqu'un temps considérable se soit écoulé depuis, Eumolpe et Archippus ne m'ont rien donné. Dion seul m'a remis son mémoire, que j'ai joint à cette lettre. Je me suis transporté sur le lieu : on m'y a montré votre statue dans une bibliothèque. Quant à l'endroit où la femme et les fils de Dion sont enterrés, c'est une grande cour, enfermée de galeries. Je vous supplie, seigneur, de vouloir bien m'éclairer dans le jugement d'une affaire de ce genre. Tout le monde en attend ici la décision, qui, d'ailleurs, est nécessaire, soit parce que le fait est certain et publiquement reconnu, soit parce qu'on allègue pour le défendre plus d'un exemple.

LXXXVI.

Trajan à Pline.

Vous ne deviez pas hésiter, mon cher Pline, sur la question que vous me proposez. Vous savez fort bien que mon intention n'est point de m'attirer le respect par la crainte et par la terreur, ou par des accusations de lèse-majesté. Laissez donc là cette information, que

mini meo acquiri. Omissa ergo ea quæstione, quam non admitterem, etiamsi exemplis adjuvaretur, ratio totius operis effecti sub cura tua Cocceiano Dioni excutiatur, quum et utilitas civitatis exigat, nec aut recuset Dion, aut debeat recusare.

LXXXVII.

Plinius Trajano imperatori s.

Rogatus, domine, a Nicensibus publice per ea quæ mihi et sunt et debent esse sanctissima, id est, per æternitatem tuam salutemque, ut preces suas ad te perferrem, fas non putavi negare; acceptumque ab his libellum huic epistolæ junxi.

LXXXVIII.

Trajanus Plinio s.

Nicensibus, qui intestatorum civium suorum concessam vindicationem bonorum a divo Augusto affirmant, debebis vacare, contractis omnibus personis ad idem negotium pertinentibus, adhibitis Virbio Gemellino, et Epimacho liberto meo, procuratoribus, ut, æstimatis etiam iis, quæ contra dicuntur, quod optimum credideritis statuatis.

je ne permettrais pas quand il y en aurait des exemples. Mais prenez connaissance de ce qui regarde l'ouvrage entrepris par Cocceianus Dion, et réglez les contestations formées sur ce point, puisque l'utilité de la ville le demande, et que Dion s'y soumet, ou s'y doit soumettre.

LXXXVII.

Pline à l'empereur Trajan.

Les Nicéens, seigneur, m'ont conjuré, par tout ce que j'ai et dois avoir de plus sacré, c'est-à-dire par vos jours et par votre gloire immortelle, de vous faire connaître leurs prières : je n'ai pas cru qu'il me fût permis de refuser. J'ai joint à cette lettre la requête qu'ils m'ont remise.

LXXXVIII.

Trajan à Pline.

Les Nicéens prétendent tenir d'Auguste le privilège de recueillir la succession de ceux de leurs citoyens qui meurent sans avoir fait de testament. Examinez cette affaire en présence des parties intéressées, avec Virbius Gemellimus, et Épimachus, mon affranchi, tous deux mes intendans. Et après avoir pesé toutes les raisons, de part et d'autre, ordonnez ce qui vous paraîtra le plus juste.

LXXXIX.

Plinius Trajano imperatori s.

Opto, domine, et hunc natalem, et plurimos alios quam felicissimos agas; æternaque laude florentem virtutis tuæ gloriam, incolumis et fortis, aliis super alia operibus augeas.

XC.

Trajanus Plinio s.

Agnosco vota tua, mi Secunde carissime, quibus precaris, ut plurimos et felicissimos natales, florente statu reipubl. nostræ, agam.

XCI.

Plinius Trajano imperatori s.

Sinopenses, domine, aqua deficiuntur; quæ videtur et bona et copiosa ab sextodecimo milliario posse perduci. Est tamen statim ab capite paulo amplius mille passibus locus suspectus et mollis, quem ego interim

LXXXIX.

Pline à l'empereur Trajan.

Je souhaite, seigneur, que cet heureux anniversaire de votre naissance soit suivi de beaucoup d'autres aussi heureux; que vous jouissiez, dans une longue et parfaite santé, de cette immortelle gloire que vous ont méritée vos vertus; qu'elle puisse croître de plus en plus par des exploits sans nombre.

XC.

Trajan à Pline.

Je suis sensible, mon cher Pline, aux vœux que vous faites le jour de ma naissance, pour m'en obtenir une longue suite d'autres, au milieu de la gloire et du bonheur de la république.

XCI.

Pline à l'empereur Trajan.

Les habitans de Sinope, seigneur, manquent d'eau. Il y en a de fort bonne et en grande abondance, environ à seize milles de là, que l'on y pourrait conduire. Il se trouve cependant, près de la source, un endroit long de mille pas environ, dont le terrain humide ne me pa-

explorari modico impendio jussi, an recipere et sustinere opus possit. Pecunia curantibus nobis contracta non deerit, si tu, domine, hoc genus operis et salubritati et amœnitati valde sitientis coloniæ indulseris.

XCII.

Trajanus Plinio s.

Ut cœpisti, Secunde carissime, explora diligenter, an locus ille, quem suspectum habes, sustinere opus aquæductus possit. Neque enim dubitandum puto, quin aqua perducenda sit in coloniam Sinopensem, si modo et viribus suis ipsa id assequi potest, quum plurimum ea res et salubritati et voluptati ejus collatura sit.

XCIII.

Plinius Trajano imperatori s.

Amisenorum civitas et libera et fœderata beneficio indulgentiæ tuæ legibus suis utitur: in hac datum mihi publice libellum ad eranos pertinentem his litteris subjeci, ut tu, domine, despiceres quid et quatenus aut permittendum aut prohibendum putares.

raît pas sûr. J'ai donné ordre que l'on examinât, ce qu'il est aisé de faire à peu de frais, s'il peut soutenir un ouvrage solide. J'ai rassemblé l'argent nécessaire ; il ne nous manquera pas, si vous approuvez, seigneur, ce dessein, en faveur de l'embellissement et de la commodité de la colonie, qui a vraiment besoin d'eau.

XCII.

Trajan à Pline.

Examinez avec soin, comme vous avez commencé, mon très-cher Pline, si ce lieu qui vous est suspect, peut porter l'ouvrage d'un aquéduc ; car il n'est point douteux que l'on doive fournir de l'eau à la colonie de Sinope, si, par ses propres moyens, elle peut se procurer un avantage qui doit contribuer beaucoup à son agrément et à sa salubrité.

XCIII.

Pline à l'empereur Trajan.

La ville d'Amise, libre et alliée de Rome, se gouverne par ses propres lois, grâce à votre indulgence. J'y ai reçu une requête relative à leurs contributions volontaires. Je l'ai jointe à cette lettre, afin que vous vissiez, seigneur, ce que l'on pouvait sur cela tolérer ou défendre.

XCIV.

Trajanus Plinio s.

Amisenos, quorum libellum epistolae tuae junxeras, si legibus istorum, quibus de officio foederis utuntur, concessum est eranos habere, possumus quominus habeant non impedire, eo facilius, si tali collatione, non ad turbas et illicitos coetus, sed ad sustinendam tenuiorum inopiam utuntur. In ceteris civitatibus, quae nostro jure obstrictae sunt, res hujusmodi prohibenda est.

XCV.

Plinius Trajano imperatori s.

Suetonium Tranquillum, probissimum, honestissimum, eruditissimum virum, et mores ejus secutus et studia, jampridem, domine, in contubernium assumpsi; tantoque magis deligere coepi, quanto hunc propius inspexi. Huic jus trium liberorum necessarium faciunt duae causae. Nam et judicia amicorum promeretur, et parum felix matrimonium expertus est; impetrandumque a bonitate tua per nos habet, quod illi fortunae malignitas denegavit. Scio, domine, quantum beneficium petam. Sed peto a te, cujus in omnibus desideriis meis

XCIV.

Trajan à Pline.

Si les habitans d'Amise, dont vous avez joint la requête à votre lettre, peuvent, aux termes de leurs lois autorisées par le traité d'alliance, s'imposer des contributions, nous ne pouvons les empêcher de le faire, et moins encore s'ils emploient les impôts qu'ils lèvent, non à former des cabales et à tenir des assemblées illicites, mais à soulager les pauvres. Dans toutes les autres villes sujettes à notre obéissance, il ne faut point le souffrir.

XCV.

Pline à l'empereur Trajan.

Suétone, le plus intègre, le plus honorable, le plus savant de nos Romains, seigneur, partage depuis longtemps ma maison : j'aimais en lui ses mœurs, son érudition ; et plus je l'ai vu de près, plus je me suis attaché à lui. Il peut appuyer d'un double motif ses droits au privilège dont jouissent ceux qui ont trois enfans. Il mérite d'abord tout l'intérêt de ses amis ; et ensuite, son mariage n'a pas été heureux. Il faut qu'il obtienne de votre bonté ce que lui a refusé l'injustice de la fortune. Je sais, seigneur, combien est importante la grâce que je vous demande. Mais c'est à vous que je la demande ; à vous dont j'ai toujours trouvé la bienveillance si facile

plenissimam indulgentiam experior. Potes autem colligere, quantopere cupiam, quod non rogarem absens, si mediocriter cuperem.

XCVI.

Trajanus Plinio s.

Quam parce hæc beneficia tribuam, utique, me Secunde carissime, hæret tibi, quum etiam in senatu affirmare soleam, non excessisse me numerum, quem apud amplissimum ordinem suffecturum mihi professus sum. Tuo tamen desiderio subscripsi; et ut scias dedisse me jus trium liberorum Suetonio Tranquillo, ea conditione qua assuevi, referri in commentarios meos jussi.

XCVII.

Plinius Trajano imperatori s.

Solenne est mihi, domine, omnia, de quibus dubito, ad te referre. Quis enim potest melius vel cunctationem meam regere, vel ignorantiam instruere? Cognitionibus de christianis interfui numquam: ideo nescio quid et quatenus aut puniri soleat, aut quæri. Nec mediocriter hæsitavi, sitne aliquod discrimen ætatum, an quamlibet teneri nihil a robustioribus differant: de-

à mes désirs. Vous pouvez juger à quel point je souhaite cette faveur : si je ne la désirais que médiocrement, je ne la demanderais pas de si loin.

XCVI.

Trajan à Pline.

Vous savez, mon cher Pline, combien je suis avare de ces sortes de grâces ; vous m'avez entendu souvent assurer le sénat que je n'ai point encore passé le nombre dont je lui ai déclaré que je me contenterais. Je vous ai pourtant accordé ce que vous désiriez. Et afin que vous ne puissiez douter [65] que vous n'ayez obtenu pour Suétone le privilège de ceux qui ont trois enfans, sous la condition accoutumée, j'ai ordonné que le brevet en fût enregistré.

XCVII.

Pline à l'empereur Trajan.

Je me suis fait un devoir, seigneur, de vous consulter sur tous mes doutes ; car qui peut mieux que vous me guider dans mes incertitudes ou éclairer mon ignorance ? Je n'ai jamais assisté aux informations contre les chrétiens ; aussi j'ignore à quoi et selon quelle mesure s'applique ou la peine ou l'information. Je n'ai pas su décider s'il faut tenir compte de l'âge, ou confondre dans le même châtiment l'enfant et l'homme fait ; s'il faut pardonner au repentir, ou si celui qui a été une fois

turne poenitentiæ venia, an ei qui omnino christianus fuit, desiisse non prosit : nomen ipsum, etiamsi flagitiis careat, an flagitia cohærentia nomini puniantur. Interim in iis qui ad me tanquam christiani deferebantur, hunc sum secutus modum. Interrogavi ipsos, an essent christiani : confitentes iteram ac tertio interrogavi, supplicium minatus : perseverantes duci jussi. Neque enim dubitabam, qualecunque esset quod faterentur, pervicaciam certe, et inflexibilem obstinationem debere puniri. Fuerunt alii similis amentiæ, quos, quia cives romani erant, annotavi in urbem remittendos. Mox ipso tractatu, ut fieri solet, diffundente se crimine, plures species inciderunt. Propositus est libellus sine auctore, multorum nomina continens, qui negarent se esse christianos, aut fuisse. Quum, præeunte me, deos appellarent, et imagini tuæ, quam propter hoc jusseram cum simulacris numinum afferri, thure ac vino supplicarent, præterea maledicerent Christo (quorum nihil cogi posse dicuntur, qui sunt re vera christiani), dimittendos esse putavi. Alii ab indice nominati, esse se christianos dixerunt, et mox negaverunt : fuisse quidem, sed desiisse, quidam ante triennium, quidam ante plures annos, non nemo etiam ante viginti quoque. Omnes et imaginem tuam, deorumque simulacra venerati sunt; ii et Christo maledixerunt. Affirmabant autem, hanc fuisse summam vel culpæ

chrétien ne doit pas trouver de sauve-garde à cesser de l'être ; si c'est le nom seul, fût-il pur de crime, ou les crimes attachés au nom, que l'on punit. Voici toutefois la règle que j'ai suivie à l'égard de ceux que l'on a déférés à mon tribunal comme chrétiens. Je leur ai demandé s'ils étaient chrétiens. Ceux qui l'ont avoué, je leur ai fait la même demande une seconde et une troisième fois, et les ai menacés du supplice. Quand ils ont persisté, je les y ai envoyés. Car de quelque nature que fût l'aveu qu'ils faisaient, j'ai pensé qu'on devait punir au moins leur opiniâtreté et leur inflexible obstination. J'en ai réservé d'autres, entêtés de la même folie, pour les envoyer à Rome ; car ils sont citoyens romains. Bientôt après, les accusations se multipliant, selon l'usage, par l'attention qu'on leur donnait, le délit se présenta sous un plus grand nombre de formes. On publia un écrit sans nom d'auteur, où l'on dénonçait nombre de personnes qui nient être ou avoir été attachées au christianisme. Elles ont, en ma présence, et dans les termes que je leur prescrivais, invoqué les dieux, et offert de l'encens et du vin à votre image ; que j'avais fait apporter exprès avec les statues de nos divinités ; elles ont même prononcé des imprécations contre le Christ : c'est à quoi, dit-on, l'on ne peut jamais forcer ceux qui sont véritablement chrétiens. J'ai donc cru qu'il les fallait absoudre. D'autres, déférés par un dénonciateur, ont d'abord reconnu qu'ils étaient chrétiens, et se sont rétractés aussitôt, déclarant que véritablement ils l'avaient été, mais qu'ils ont cessé de l'être, les uns depuis plus de trois ans, les autres depuis un plus grand nombre d'années, quelques-uns depuis plus de vingt ans. Tous ont adoré votre image et les statues des dieux. Tous ont

suæ, vel erroris, quod essent soliti stato die ante lucem convenire; carmenque Christo, quasi deo, dicere secum invicem: seque sacramento non in scelus aliquod obstringere, sed ne furta, ne latrocinia, ne adulteria committerent, ne fidem fallerent, ne depositum appellati abnegarent; quibus peractis morem sibi discedendi fuisse, rursusque coeundi ad capiendum cibum, promiscuum tamen, et innoxium : quod ipsum facere desiisse post edictum meum, quo secundum mandata tua hetærias esse vetueram. Quo magis necessarium credidi, ex duabus ancillis, quæ ministræ dicebantur, quid esset veri et per tormenta quærere. Sed nihil aliud inveni, quam superstitionem pravam et immodicam. Ideo dilata cognitione, ad consulendum te decurri. Visa est enim mihi res digna consultatione, maxime propter periclitantium numerum. Multi enim omnis ætatis, omnis ordinis, utriusque sexus, et jam vocantur in periculum, et vocabuntur. Neque enim civitates tantum, sed vicos etiam atque agros superstitionis istius contagio pervagata est; quæ videtur sisti et corrigi posse. Certe satis constat prope jam desolata templa cœpisse celebrari; et sacra solennia diu intermissa repeti; passimque vænire victimas, quarum adhuc rarissimus emptor inveniebatur. Ex quo facile est opinari, quæ turba hominum emendari possit, si fiat pœnitentiæ locus.

chargé le Christ de malédictions. Au reste, ils assuraient que leur faute ou leur erreur n'avait jamais consisté qu'en ceci : ils s'assemblaient à jour marqué avant le lever du soleil ; ils chantaient tour-à-tour des vers à la louange du Christ, comme d'un dieu; ils s'engageaient par serment, non à quelque crime, mais à ne point commettre de vol, de brigandage, d'adultère, à ne point manquer à leur promesse, à ne point nier un dépôt : après cela ils avaient coutume de se séparer, et se rassemblaient de nouveau pour manger des mets communs et innocens. Depuis mon édit, ajoutaient-ils, par lequel, suivant vos ordres, j'avais défendu les associations, ils avaient renoncé à toutes ces pratiques. J'ai jugé nécessaire, pour découvrir la vérité, de soumettre à la torture deux femmes esclaves qu'on disait initiées à leur culte : mais je n'ai rien trouvé qu'une superstition ridicule et excessive. J'ai donc suspendu l'information pour recourir à vos lumières : l'affaire m'a paru digne de réflexion, surtout par le nombre des personnes que menace le même danger. Une multitude de gens de tout âge, de tout ordre, de tout sexe, sont et seront chaque jour impliqués dans cette accusation. Ce mal contagieux n'a pas seulement infecté les villes ; il a gagné les villages et les campagnes. Je crois pourtant que l'on y peut remédier, et qu'il peut être arrêté. Ce qu'il y a de certain, c'est que les temples, qui étaient presque déserts, sont fréquentés ; et que les sacrifices, long-temps négligés, recommencent. On vend partout des victimes, qui trouvaient auparavant peu d'acheteurs. De là, on peut juger combien de gens peuvent être ramenés de leur égarement, si l'on fait grâce au repentir [66].

XCVIII.

Trajanus Plinio s.

Actum quem debuisti, mi Secunde, in excutiendis causis eorum qui christiani ad te delati fuerant, secutus es. Neque enim in universum aliquid, quod quasi certam formam habeat, constitui potest. Conquirendi non sunt : si deferantur et arguantur, puniendi sunt; ita tamen, ut qui negaverit se christianum esse, idque re ipsa manifestum fecerit, id est, supplicando diis nostris, quamvis suspectus in præteritum fuerit, veniam ex pœnitentia impetret. Sine auctore vero propositi libelli, nullo crimine locum habere debent. Nam est pessimi exempli, nec nostri seculi est.

XCIX.

Plinius Trajano imperatori s.

Amastrianorum civitas, domine, et elegans et ornata, habet inter præcipua opera pulcherrimam, eamdemque longissimam plateam; cujus a latere per spatium omne porrigitur nomine quidem flumen, re vero cloaca fœdissima; quæ, sicut turpis et immundissima adspectu, ita pestilens est odore teterrimo. Quibus ex cau-

XCVIII.

Trajan à Pline.

Vous avez fait ce que vous deviez faire, mon cher Pline, dans l'examen des poursuites dirigées contre les chrétiens. Il n'est pas possible d'établir une forme certaine et générale dans cette sorte d'affaires. Il ne faut pas faire de recherches contre eux : s'ils sont accusés et convaincus, il faut les punir; si pourtant l'accusé nie qu'il soit chrétien, et qu'il le prouve par sa conduite, je veux dire en invoquant les dieux, il faut pardonner à son repentir, de quelque soupçon qu'il ait été auparavant chargé. Au reste, dans nul genre d'accusation, il ne faut recevoir de dénonciation sans signature : cela serait d'un pernicieux exemple et contraire aux maximes de notre règne[67].

XCIX.

Pline à l'empereur Trajan.

La ville d'Amastris, seigneur, qui est belle et bien bâtie, compte parmi ses principaux ornemens une place magnifique et d'une vaste étendue, le long de laquelle se trouve ce qu'on appelle une rivière, mais ce qui n'est en effet qu'un cloaque impur, dont l'aspect est aussi choquant que les exhalaisons en sont dangereuses. Il n'importe donc pas moins à la santé des habitans, qu'à la

sis, non minus salubritatis quam decoris interest, eam contegi, quod fiet, si permiseris, curantibus nobis, ne desit quoque pecunia operi tam magno quam necessario.

C.

Trajanus Plinio s.

RATIONIS est, mi Secunde carissime, contegi aquam istam, quæ per civitatem Amastrianorum fluit, si intecta salubritati obest. Pecunia ne huic operi desit, curaturum te secundum diligentiam tuam certum habeo.

CI.

Plinius Trajano imperatori s.

VOTA, domine, priorum annorum nuncupata alacres lætique persolvimus; novaque rursus, curante commilitonum et provincialium pietate, suscepimus; precati deos, ut te remque publicam florentem et incolumem ea benignitate servarent, quam, super magnas plurimasque virtutes, præcipua sanctitate consequi et deorum honore meruisti.

beauté de leur ville, de le couvrir d'une voûte : c'est ce que l'on fera, si vous le permettez. J'aurai soin que l'argent ne manque pas pour un ouvrage si grand et si nécessaire.

C.

Trajan à Pline.

Il est juste, mon cher Pline, de couvrir d'une voûte ce cloaque, dont les exhalaisons sont préjudiciables à la santé des habitans d'Amastris. Je suis très-persuadé que votre diligence ordinaire ne laissera pas manquer l'argent nécessaire à cet ouvrage.

CI.

Pline à l'empereur Trajan.

Nous nous sommes acquittés, seigneur, avec beaucoup d'ardeur et de joie, des vœux que nous avions faits pour vous les années précédentes, et nous en avons fait de nouveaux. Les troupes et les peuples y ont également signalé leur zèle. Nous avons prié les dieux pour votre santé et pour la prospérité de votre empire; et nous les avons conjurés de veiller à votre conservation, avec cette bonté que vous avez méritée d'eux par tant de hautes vertus, mais particulièrement par votre piété et par le culte religieux que vous leur rendez.

CII.

Trajanus Plinio s.

Solvisse vota diis immortalibus, te præeunte, pro mea incolumitate, commilitones cum provincialibus lætissimo consensu, in futurumque nuncupasse, libenter, mi Secunde carissime, cognovi litteris tuis.

CIII.

Plinius Trajano imperatori s.

Diem, in quem tutela generis humani felicissima successione translata est, debita religione celebravimus, commendantes diis, imperii tui auctoribus, et vota publica et gaudia.

CIV.

Trajanus Plinio s.

Diem imperii mei debita lætitia et religione a commilitonibus et provincialibus, præeunte te, celebratum, libenter, mi Secunde carissime, cognovi litteris tuis.

CII

Trajan à Pline.

J'apprends avec plaisir par votre lettre, mon cher Pline, qu'à la tête des troupes et des peuples vous avez, avec empressement et avec joie, acquitté vos anciens vœux, et que vous en avez formé de nouveaux pour ma santé.

CIII.

Pline à l'empereur Trajan.

Nous avons solennisé avec zèle le jour où une heureuse succession vous a chargé de la tutelle du genre humain; et nous avons recommandé aux dieux, qui vous ont donné l'empire, l'accomplissement des vœux publics, auquel est attachée toute notre joie.

CIV.

Trajan à Pline.

J'ai appris avec plaisir par votre lettre, mon cher Pline, qu'à la tête des troupes et des peuples vous avez célébré avec zèle et avec joie le jour de mon avènement à l'empire.

CV.

Plinius Trajano imperatori s.

Valerius, domine, Paulinus, excepto uno, jus Latinorum suorum mihi reliquit : ex quibus rogo tribus interim jus Quiritium des. Vereor enim, ne sit immodicum, pro omnibus pariter invocare indulgentiam tuam; qua debeo tanto modestius uti, quanto pleniorem experior. Sunt autem, pro quibus peto, C. Valerius Æstiæus, C. Valerius Dionysius, C. Valerius Aper.

CVI.

Trajanus Plinio s.

Quum honestissime iis, qui apud fidem tuam à Valerio Paulino depositi sunt, consultum velis mature per me, iis interim, quibus nunc petisti, ut scias dedisse me jus Quiritium, referri in commentarios meos jussi, idem facturus in ceteris pro quibus petieris.

CVII.

Plinius Trajano imperatori s.

Rogatus, domine, à P. Accio Aquila, centurione cohortis sextæ equestris, ut mitterem tibi libellum, per

CV.

Pline à l'empereur Trajan.

Valerius Paulinus[68], seigneur, m'a laissé ses affranchis, un seul excepté, avec droit pour eux de cité latine[69]. Je vous supplie aujourd'hui de vouloir bien accorder le droit de cité romaine seulement à trois d'entre eux. Car je craindrais qu'il n'y eût trop d'indiscrétion à demander à la fois la même grâce pour tous. Plus vous me prodiguez votre bienveillance, plus je dois la ménager. Ceux pour qui je vous adresse ma prière, sont C. Valerius Æstiæus, C. Valerius Dionysius, C. Valerius Aper.

CVI.

Trajan à Pline.

La prière que vous m'adressez, en faveur de ceux que Valerius Paulinus a confiés à votre foi, fait honneur à vos sentimens. J'ai donné le droit de cité romaine à ceux pour qui vous l'avez demandé, et j'en ai fait enregistrer l'acte[70], prêt à accorder même grâce à tous les autres, si vous la demandez pour eux.

CVII.

Pline à l'empereur Trajan.

Publius Accius Aquila, centurion de la sixième cohorte à cheval, m'a prié de vous envoyer sa requête, où

quem indulgentiam pro statu filiae suae implorat, durum putavi negare, quum scirem quantam soleres militum precibus patientiam humanitatemque praestare.

CVIII.

Trajanus Plinio s.

Libellum P. Accii Aquilae, centurionis cohortis sextae equestris, quem mihi misisti, legi: cujus precibus motus, dedi filiae ejus civitatem romanam. Libellum rescripti, quem illi redderes, misi tibi.

CIX.

Plinius Trajano imperatori s.

Quid habere juris velis et Bithynas et Ponticas civitates in exigendis pecuniis, quae illis vel ex locationibus, vel ex venditionibus aliisve causis debeantur, rogo, domine, rescribas. Ego inveni, à plerisque proconsulibus concessam ei protopraxian, eamque pro lege valuisse. Existimo tamen tua providentia constituendum aliquid et sanciendum, per quod utilitatibus eorum in perpetuum consulatur. Nam quae sunt ab aliis instituta, sint licet sapienter indulta, brevia tamen et infirma sunt, nisi illis tua contingat auctoritas.

il implore votre bienveillance pour sa fille. J'ai cru qu'il y aurait de la dureté à le refuser, sachant avec quelle douceur et avec quelle bonté vous écoutez les prières des soldats.

CVIII.

Trajan à Pline.

J'ai lu la requête que vous m'avez envoyée au nom de Publius Accius Aquila, centurion de la sixième cohorte à cheval. J'ai accordé, à sa prière, le droit de cité romaine pour sa fille, et je vous en ai envoyé le brevet pour le lui remettre.

CIX.

Pline à l'empereur Trajan.

Je vous supplie, seigneur, de m'apprendre quel droit il vous plaît que l'on accorde aux villes de Bithynie et de Pont, pour le recouvrement des sommes qui leur sont dues, soit pour loyers, soit pour prix de ventes ou autres causes. Je trouve que la plupart des proconsuls leur ont accordé la préférence sur tous les créanciers, et que cela s'est établi comme une loi. Je crois pourtant qu'il serait à propos que vous voulussiez bien établir sur cela quelque règlement certain, qui assurât à l'avenir leur état. Car ce que d'autres ont ordonné, quoique avec sagesse, ne se soutiendra pas, si votre autorité ne le confirme.

CX.

Trajanus Plinio s.

Quo jure uti debeant Bithynæ vel Ponticæ civitates in iis pecuniis, quæ ex quaque causa reipublicæ debebuntur, ex lege cujusque animadvertendum est. Nam sive habent privilegium, quo ceteris creditoribus anteponantur, custodiendum est; sive non habent, in injuriam privatorum id dari a me non oportebit.

CXI.

Plinius Trajano imperatori s.

Ecdicus, domine, Amisenorum civitatis petebat apud me a Julio Pisone denariorum circiter quadraginta millia, donata ei publice ante viginti annos, et bule et ecclesia consentiente; utebaturque mandatis tuis, quibus ejusmodi donationes vetantur. Piso contra plurima se in rempublicam contulisse, ac prope totas facultates erogasse dicebat. Addebat etiam temporis spatium, postulabatque ne id, quod pro multis et olim accepisset, cum eversione reliquæ dignitatis reddere cogeretur. Quibus ex causis integram cognitionem differendam existimavi, ut te, domine, consulerem, quid sequendum putares.

CX.

Trajan à Pline.

Le droit à accorder aux villes de Bithynie et de Pont sur les biens de leurs débiteurs, doit être déterminé par les lois particulières à chacune d'elles. Car si elles ont un privilège qui leur assure une préférence sur tous les autres créanciers, il le leur faut conserver; que si elles n'en ont pas, je ne dois pas le leur donner au préjudice des particuliers.

CXI.

Pline à l'empereur Trajan.

Le procureur-syndic de la ville des Amiséniens a poursuivi devant moi Jules Pison, pour la restitution de quarante mille deniers qui lui ont été donnés par la ville, du consentement de leur sénat, et s'est fondé sur vos édits, qui défendent ces sortes de donations. Pison a soutenu, au contraire, que la ville lui devait beaucoup, et qu'il avait presque épuisé tout son bien pour elle. Il s'est retranché d'ailleurs dans l'espace de temps qui s'est écoulé depuis, et a demandé qu'on ne lui arrachât pas, avec l'honneur, ce qui lui avait été donné depuis tant d'années, et ce qui lui avait tant coûté. J'ai cru, par ces raisons, que je devais suspendre mon jugement jusqu'à ce que j'eusse appris, seigneur, vos intentions.

CXII.

Trajanus Plinio s.

Sicut largitiones ex publico fieri mandata probibent, ita, ne multorum securitas subruatur, factas ante aliquantum temporis retractari atque in irritum vindicari non oportet. Quidquid ergo ex hac causa actum ante viginti annos erit, omittamus. Non minus enim hominibus cujusque loci, quam pecuniæ publicæ consultum volo.

CXIII.

Plinius Trajano imperatori s.

Lex Pompeia, domine, qua Bithyni et Pontici utuntur, eos, qui in bulen a censoribus leguntur, dare pecuniam non jubet : sed ii, quos indulgentia tua quibusdam civitatibus super legitimum numerum adjicere permisit, et singula millia denariorum, et bina intulerunt. Anicius deinde Maximus proconsul eos etiam qui a censoribus legerentur, duntaxat in paucissimis civitatibus, aliud aliis, jussit inferre. Superest ergo ut ipse dispicias, an in omnibus civitatibus certum aliquid omnes, qui deinde

CXII.

Trajan à Pline.

Il est vrai que mes édits défendent les largesses qui se font des deniers publics : mais, d'un autre côté, la tranquillité du grand nombre de particuliers dont la fortune serait dérangée, si l'on révoquait toutes les donations de cette espèce, faites depuis un certain temps, exige qu'elles soient respectées. Laissons donc subsister les actes de cette nature, faits il y a plus de vingt ans. Car je ne veux pas prendre moins de soin du repos des habitans de chaque ville, que de la conservation des deniers publics.

CXIII.

Pline à l'empereur Trajan.

La loi Pompéia, seigneur, qui s'observe dans la Bithynie et dans le royaume de Pont, n'assujettit point ceux qui sont choisis par les censeurs pour être admis au sénat, à donner de l'argent; mais ceux qui n'y sont entrés que par votre faveur, et par la permission que vous avez accordée à quelques villes d'ajouter de nouveaux sénateurs aux anciens, ont payé au trésor public, les uns mille deniers, les autres deux mille. Dans la suite, le proconsul Anicius Maximus a voulu que ceux mêmes qui seraient choisis par les censeurs, payassent en quelques villes une certaine somme, les uns plus, les autres moins. C'est à vous, seigneur, à régler si à l'avenir tous

buleutæ leguntur, debeant pro introitu dare. Nam quod in perpetuum mansurum est, a te constitui decet, cujus factis dictisque debetur æternitas.

CXIV.

Trajanus Plinio s.

HONORARIUM decurionatus omnes, qui in quaque civitate Bithyniæ decuriones fiunt, inferre debeant, necne, in universum a me non potest statui. Id ergo quod semper tutissimum est, sequendum cujusque civitatis legem puto, scilicet adversus eos, qui inviti fiunt decuriones. Id existimo acturos, ut erogatio ceteris præferatur.

CXV.

Plinius Trajano imperatori s.

LEGE, domine, Pompeia, permissum Bithynicis civitatibus, adscribere sibi quos vellent cives, dum civitatis non sint alienæ, sed suarum quisque civitatium, quæ sunt in Bithynia. Eadem lege sancitur, quibus de

ceux qui seront choisis pour sénateurs paieront également dans toutes les villes une somme fixe et certaine pour leur entrée. Il vous appartient d'établir les lois destinées à subsister toujours ; vous, seigneur, dont les paroles et les actions sont réservées à l'immortalité qu'elles méritent.

CXIV.

Trajan à Pline.

JE ne puis faire pour toutes les villes de la Bithynie une loi générale, qui décide que pour être admis au sénat il faut, ou non, payer une certaine somme, et en déterminer la quotité. Il me semble donc que, pour nous tenir à ce qui est toujours le plus sûr, il faut suivre la coutume de chaque ville, contre ceux qui sont nommés sénateurs malgré eux. Je pense que les censeurs feront en sorte que ceux qui sont disposés à contribuer volontairement soient préférés aux autres [71].

CXV.

Pline à l'empereur Trajan.

LA loi Pompéia, seigneur, permet aux villes de Bithynie de donner le droit de cité à leur gré, pourvu que ce soit à des citoyens, non d'une ville étrangère, mais de quelque autre ville de la province. La même loi énonce les raisons qui autorisent les censeurs à exclure

causis senatu a censoribus ejiciantur; inter quas nihil de cive alieno cavetur. Inde me quidam ex censoribus consulendum putaverunt, an ejicere deberent eum, qui esset alterius civitatis. Ego, quia lex sicut adscribi civem alienum vetabat, ita ejici e senatu ob hanc causam non jubebat, praeterea quia ab aliquibus affirmabatur mihi, in omni civitate plurimos esse buleutas ex aliis civitatibus, futurumque ut multi homines, multaeque civitates concuterentur ea parte legis, quae jampridem consensu quodam exolevisset, necessarium existimavi consulere te, quid servandum putares. Capita legis his litteris subjeci.

CXVI.

Trajanus Plinio s.

MERITO haesisti, Secunde carissime, quid a te rescribi oporteret censoribus consulentibus, an legerent in senatum aliarum civitatium, ejusdem tamen provinciae, cives. Nam et legis auctoritas, et longa consuetudo usurpata contra legem, in diversum movere te potuit. Mihi hoc temperamentum ejus placuit, ut ex praeterito nihil novaremus, sed manerent, quamvis contra legem adsciti, quarumcunque civitatium cives; in futurum autem

quelqu'un du sénat, et il n'y est point fait mention de celui qui n'est pas citoyen du lieu. Quelques censeurs ont pris de là occasion de demander s'ils devaient exclure un homme qui était citoyen d'une ville étrangère. J'ai cru, seigneur, qu'il fallait savoir vos intentions sur cette affaire : car si la loi défend d'agréger un citoyen qui n'est pas d'une ville de la province, elle n'ordonne pas que l'on retranche du sénat celui qui n'est pas citoyen. D'ailleurs, plusieurs personnes m'ont assuré qu'il n'y avait point de ville où il ne se trouvât grand nombre de sénateurs dans ce cas, et que l'on troublerait beaucoup de villes et de familles, sous prétexte d'une loi qui, dans ce chef, semblerait depuis long-temps abolie par un consentement tacite. J'ai joint à cette lettre les divers titres de la loi.

CXVI.

Trajan à Pline.

C'EST avec raison, mon cher Pline, que vous avez balancé sur la réponse à faire aux censeurs qui vous demandaient s'ils pouvaient choisir pour sénateurs des citoyens d'autres villes que de la leur, mais de la même province. Car vous pouviez être partagé entre l'autorité de la loi, et l'ancienne coutume qui avait prévalu. Voici le tempérament que je crois devoir prendre. Ne touchons point au passé; laissons dans leur état ceux qui ont été faits sénateurs, quoique contre la disposition de la loi, et de quelque ville qu'ils soient. Mais suivons exactement, à l'avenir, la loi Pompéia, dont nous ne

lex Pompeia observaretur; cujus vim si retro quoque velimus custodire, multa necesse est perturbari.

CXVII.

Plinius Trajano imperatori s.

Qui virilem togam sumunt, vel nuptias faciunt, vel ineunt magistratum, vel opus publicum dedicant, solent totam bulen, atque etiam e plebe non exiguum numerum vocare, binosque denarios, vel singulos dare; quod an celebrandum, et quatenus putes, rogo scribas. Ipse enim, sicut arbitror, non imprudenter, præsertim ex solennibus causis, concedendum ipsis invitationes, ita vereor, ne ii qui mille homines, interdum etiam plures, vocant, modum excedere, et in speciem dianomes incidere videantur.

CXVIII.

Trajanus Plinio s.

Merito vereris, ne in speciem dianomes incidat invitatio, quæ et in numero modum excedit, et quasi per corpora, non viritim singulos ex notitia, ad solennes sportulas contrahit. Sed ego ideo prudentiam tuam elegi,

pourrions faire remonter l'observation aux temps passés, sans causer beaucoup de troubles.

CXVII.

Pline à l'empereur Trajan.

Ceux qui prennent la robe virile, qui célèbrent un mariage, qui entrent en exercice d'une charge, ou qui consacrent quelque ouvrage public, ont coutume d'y inviter tout le sénat de la ville, même un grand nombre de personnes du peuple, et de donner à chacun un ou deux deniers. Je vous supplie de m'apprendre si vous approuvez ces cérémonies, et jusqu'à quel point on doit les souffrir. Pour moi, comme j'ai cru, et peut-être avec raison, qu'il fallait permettre d'inviter, principalement en ces occasions solennelles, je crains aussi que ceux qui invitent quelquefois jusqu'à mille personnes et plus, ne passent toutes les bornes permises, et ne donnent lieu à l'accusation de former un attroupement défendu [72].

CXVIII.

Trajan à Pline.

Vous n'avez pas tort, mon cher Pline, de craindre que ces assemblées si nombreuses, où l'on invite, pour des rétributions publiques, non les personnes que l'on connaît, mais pour ainsi dire des corps entiers de ci-

ut formandis istius provinciæ moribus ipse moderareris, et ea constituas, quæ ad perpetuam ejus provinciæ quietem essent profutura.

CXIX.

Plinius Trajano imperatori s.

Athletæ, domine, ea quæ pro iselasticis certaminibus constituisti, deberi sibi putant statim ex eo die quo sunt coronati. Nihil enim referre, quando sint patriam invecti, sed quando certamine vicerint, ex quo invehi possint. Ego contra iselasticorum nomine vehementer addubitem, an sit potius id tempus, quo εἰσήλασαν, intuendum. Iidem obsonia petunt pro eo agone, qui a te iselasticus factus est, quamvis vicerint, antequam fieret. Aiunt enim congruens esse, sicut non datur sibi pro his certaminibus quæ esse iselastica, postquam vicerunt, desierunt, ita pro iis dari, quæ esse cœperunt. Hic quoque non mediocriter hæreo, ne cujusquam retro habeatur ratio, dandumque quod tunc, quum vincerent, non debebatur. Rogo ergo, ut dubitationem meam regere, id est, beneficia tua interpretari ipse digneris.

toyens, ne semblent bientôt dégénérer en attroupemens. J'ai fait choix de votre prudence pour réformer les abus de cette province, et y fonder les institutions qui peuvent lui procurer une perpétuelle tranquillité.

CXIX.

Pline à l'empereur Trajan.

Les athlètes, seigneur, prétendent que le prix que vous avez établi pour les vainqueurs, dans les combats isélastiques [73], leur est dû dès le jour qu'ils ont reçu leur couronne; qu'il importe peu quel jour ils font leur entrée solennelle dans leur patrie; qu'il ne faut songer qu'au jour où ils ont vaincu, et à celui par conséquent où ils ont pu la faire. Pour moi, au contraire, le nom même d'isélastique me fait pencher à croire qu'il ne faut compter que du jour où ils ont fait leur entrée [74]. Ces athlètes demandent encore leur rétribution pour le combat que vous avez depuis rendu isélastique, quoiqu'il ne le fût pas encore au temps où ils ont remporté la victoire. Ils allèguent que, si on ne leur donne rien pour ces combats, qui ont cessé d'être isélastiques depuis qu'ils ont vaincu, il est juste de leur donner pour ceux qui le sont devenus. Je me trouve encore fort embarrassé sur ce point. Je doute que l'on doive faire remonter les prix avant leur établissement, et les donner à ceux à qui ils n'avaient point été proposés, quand ils ont vaincu. Je vous supplie donc, seigneur, de résoudre mes doutes, ou plutôt de vouloir bien interpréter vos grâces.

CXX.

Trajanus Plinio s.

Iselasticum tunc primum mihi videtur incipere deberi, quum quis in civitatem suam ipse εἰσήλασεν. Obsonia eorum certaminum quæ iselastica esse placuit mihi, si ante iselastica non fuerunt, retro non debentur. Nec proficere pro desiderio athletarum potest, tam eorum quæ postea iselastica lege constitui, quam quæ, quum vincerent, esse desierunt. Mutata enim conditione certaminum, nihilominus, quæ ante perceperant, non revocantur.

CXXI.

Plinius Trajano imperatori s.

Usque in hoc tempus, domine, neque cuiquam diplomata commodavi, neque in rem ullam, nisi tuam, misi : quam perpetuam servationem meam quædam necessitas rupit. Uxori enim meæ, audita morte avi, volenti ad amitam suam excurrere, usum eorum negare durum putavi, quum talis officii gratia in celeritate consisteret; sciremque te rationem itineris probaturum, cujus causa erat pietas. Hæc scripsi, quia mihi parum gra-

CXX.

Trajan à Pline.

La récompense assignée au vainqueur, dans les combats isélastiques, ne me paraît due que du jour où il a fait son entrée dans sa ville. Les rétributions pour les combats, qui, avant que je les eusse rendus isélastiques, ne l'étaient point, ne peuvent remonter au temps où elles n'étaient point établies. Et les changemens survenus, soit dans les combats qui ont commencé à être isélastiques, soit dans ceux qui ont cessé de l'être, ne décident rien en faveur des athlètes. Car, bien que la nature de ces combats change, on ne leur fait point rendre ce qu'ils ont une fois reçu.

CXXI.

Pline à l'empereur Trajan.

Jusqu'a présent, seigneur, je n'ai accordé aucun passeport de faveur, ni pour d'autres affaires que pour les vôtres. Une nécessité imprévue m'a forcé de violer cette loi que je m'étais faite. Sur la nouvelle que ma femme a reçue de la mort de son aïeul, elle a souhaité de se rendre au plus tôt auprès de sa tante [75]. J'ai cru qu'il y aurait de la dureté à lui refuser des passeports : le mérite d'un devoir si légitime consiste dans l'empressement à le remplir; et je savais d'ailleurs que vous ne désapprouveriez pas un voyage entrepris par piété. Je vous

tus tibi fore videbar, si dissimulassem inter alia beneficia hoc unum me debere indulgentiæ tuæ, quod fiducia ejus, quasi consulto te, non dubitavi facere, quem si consuluissem, sero fecissem.

CXXII.

Trajanus Plinio s.

Merito habuisti, Secunde carissime, fiduciam animi mei. Nec dubitandum fuisset, si exspectasses donec me consuleres, an iter uxoris tuæ diplomatibus, quæ officio tuo dedi, adjuvandum esset, usum eorum intentioni non profuisse, quum apud amitam suam uxor tua deberet etiam celeritate gratiam adventus sui augere.

mande ces détails, seigneur, parce que je me serais accusé d'ingratitude, si parmi tant de grâces que je dois à votre bienveillance, j'avais dissimulé celle-ci. C'est la confiance que j'ai en elle qui m'a fait faire, comme si vous me l'aviez permis, ce que j'eusse fait trop tard, si j'eusse attendu votre permission.

CXXII.

Trajan à Pline.

Vous avez eu raison, mon cher Pline, de compter sur mon affection. S'il vous eût fallu me consulter et attendre ma réponse, pour délivrer à votre femme les passeports nécessaires à son voyage, et que vous pouvez accorder par un privilège que j'ai attaché à vos fonctions, ces passeports, sans contredit, eussent mal servi son dessein : c'était une obligation pour elle d'ajouter par sa diligence au plaisir que son arrivée devait faire à sa tante.

NOTES.

Les notes, en petit nombre, suivies des lettres D. S. sont de De Sacy, ou ont été empruntées du moins aux précédentes éditions de sa traduction. Toutes les autres sont nouvelles, et appartiennent à l'édition que nous publions.

LIVRE X.

1. *Livre dixième.* Ce livre est exclusivement consacré à la correspondance de Trajan et de Pline : il contient les lettres de l'un et de l'autre.

2. *Lettre première.* On a suivi, dans l'ordre des lettres de ce livre, l'édition donnée par Boxhornius.   D. S.

3. *Je fais des vœux, etc.* Ces félicitations de Pline à Trajan sur son avènement à l'empire ont été écrites dans les commencemens de l'année 98 après J.-C. Domitien avait été tué le 18 septembre de l'an 96 : Nerva qui lui succéda, et qui adopta Trajan, mourut le 27 janvier 98.

4. *Seigneur.* Il faut remarquer que Trajan souffrait qu'on lui donnât ce titre de seigneur, *domine*, qu'Auguste et Tibère avaient refusé. Mais les mœurs étaient changées, et l'habitude avait prévalu. Cependant cet orgueil de Trajan et cette flatterie de Pline s'accordent mal avec plusieurs passages du Panégyrique, où l'orateur établit toujours une distinction entre *prince* et *seigneur* : « Nusquam ut deo, dit Pline, nusquam ut numini blandiamur : non enim de tyranno, sed de cive, non de *domino*, sed de parente loquimur. » *Voyez* aussi c. XLV. Peut-être faut-il dire, pour la justification de Trajan, qu'il ne souffrait un pareil titre que dans

le commerce intime, lorsque la complaisance d'un ami le lui donnait; mais qu'il ne le prenait jamais dans les actes publics. Au temps de Rome libre, les cliens donnaient à leurs patrons le nom de *rois*, et ce titre, réservé aux entretiens familiers, ne tirait nullement à conséquence.

5. *Julius Servianus, etc.* Avait la confiance de Trajan, qui songea même à le désigner pour son successeur.

6. *Voconius Romanus.* Voyez 11, 13.

7. *Votre auguste père.* Le texte porte *divin*, parce qu'on déifiait les empereurs après leur mort.   D. S.

8. *Quarante millions de sesterces.* Cette somme a paru si forte, qu'on a proposé plusieurs corrections. Quelques critiques ont lu *quaterdecies*; d'autres CCCCHS, c'est-à-dire quatre cent mille sesterces. Ernesti ne se croit pas assez autorisé à changer le texte des manuscrits : il n'ôte rien aux quarante millions de sesterces (7,750,000 francs de notre monnaie), qui, dit-il, au temps de Pline et dans les temps qui suivirent, n'étaient pas une somme extraordinaire.

9. *Que j'ose croire honorables.* De Sacy ne me paraît pas avoir entendu ce passage. *Ut spero* se rapporte exclusivement à *honestis* : l'arrangement des mots le prouve assez.

10. *Un médecin.* Ou plutôt un homme qui fait des frictions et applique des topiques. *Iatraliptes* vient des deux mots grecs ἰατρὸς et ἀλείφω.

11. *Au premier degré.* Dans les divers degrés du droit de cité, le *jus Quiritium* était au premier rang. (*Voyez* Spanheim.)

12. *Le droit de cité, etc.* Cette lettre est une réponse à la lettre 23ᵉ du même livre, dans laquelle Trajan accorde à Pline sa demande en faveur d'Harpocras.

13. *Nome de Memphis.* C'est le nom qu'on donnait aux districts ou gouvernemens d'Égypte (νέμω, *rego*). Pline l'Ancien, v, 9, parlant de l'Égypte : *Summa pars contermina Æthiopiæ Thebais vocatur : dividitur in præfecturas oppidorum, quas Nomos vocant, duodecim.*

14. *Leurs patrons.* On appelait *patron*, le maître qui avait donné la liberté à son esclave. D. S.

15. *De septemvir.* C'était un des sept prêtres de Jupiter qui avait soin des festins qu'on lui offrait. D. S.

16. *De la victoire, etc.* C'était sans doute la première victoire de Trajan sur les Daces.

17. *Nicomédie.* Capitale de la Bithynie. Pline avait été nommé par Trajan gouverneur de cette province et de celle du Pont. Cette lettre est donc écrite de son gouvernement, ainsi que presque toutes les suivantes.

18. *Un passeport.* Ces passeports donnaient le droit d'exiger sur la route des chevaux et des voitures aux frais publics.

19. *Les lettres de Lycormas.* De Sacy traduisait *les lettres de ce prince* (le roi de Sarmatie) : ce ne peut-être qu'une distraction du traducteur; car aucune leçon ne justifie un pareil sens.

20. *Susagus.* Général de Décébale. Sous Domitien, les Daces pénétraient souvent dans la Mœsie. (*Voyez* SUÉTONE, *Domit.* VI.)

21. *De s'en louer, etc.* Le texte joint à la traduction de De Sacy portait *pertribuerunt* : c'est une correction de Cortius. Ernesti a rétabli la leçon des manuscrits, *retribuerunt*, qui est d'une latinité moins suspecte que *pertribuerunt*, et dont le sens est d'ailleurs très-satisfaisant.

22. *C'est ce que je vous certifie, etc.* L'édition de M. Lemaire a *perferre*, qu'il n'est pas facile d'expliquer. J'ai laissé la leçon du texte joint à la traduction.

23. *Le primipilaire.* Ernesti ne voit pas comment Lupus est appelé *primipilaire*, s'il était commandant de cohorte, quand Pline était tribun des soldats. Schæfer croit lever cette difficulté, en mettant deux points après *habui*, et en sous-entendant *fuit* devant *præfectus*.

24. *Julius Ferox et Fuscus Salinator. Voyez* II, 11; VI, 11 et 26.

25. *Je trouverai, etc.* J'ai adopté la leçon de Gesner et de Schæfer.

26. *Le consul désigné eût déclaré.....* De Sacy, lisant *censuisses*, avait traduit : *Depuis que, désigné consul, vous eutes déclaré, etc.*

27. *A quel nome, etc.* Le texte se sert du mot *nomo*, qui répond assez bien à nos petits gouvernemens, dépendant des grands dans lesquels ils sont renfermés. D. S.

28. *Ma ville adoptive.* Sans doute *Tifernum*, sur le Tibre. *Voyez* IV, I.

29. *Mon mois de service.* Les collègues se succédaient de mois en mois dans l'exercice de la charge. L'emploi dont Pline parle ici était celui de gardien du trésor de Saturne.

30. *Vous intéresse.* J'ai donné un autre sens que De Sacy à *curam tuam*. Il traduisait, *la pensée où je suis qu'il peut être important à votre service.* Le latin m'a semblé se prêter assez mal à cette interprétation. La réponse de Trajan, *pertinet ad animum meum*, justifie d'ailleurs celle que j'ai préférée.

31. *Dans mon gouvernement.* En Bithynie.

32. (Même page, ligne 21.) *Les vents Étésiens.* Vents du nord-est, qui soufflent huit jours avant la canicule.

33. *Des Prusiens.* Il y avait en Bithynie deux villes du nom de Pruse ; l'une près du mont Olympe, et l'autre près du mont Hypius : c'est de la première qu'il s'agit ici.

34. *Un architecte.* C'est ici le sens de *mensor*. On appelait *mensor œdificiorum* celui qui mesurait un édifice dans tous les sens, pour apprécier la matière et la main-d'œuvre qui avaient été nécessaires à sa construction. De Sacy a traduit à tort par *arpenteur*.

35. *Avec zèle et dévouement, etc.* De Sacy avait lu *reverentissimæ et officiosissimæ*.

36. (Renvoi de note omis page 43, ligne 16.) — *Soldats bénéficiaires.* J'ai été obligé de hasarder cette expression pour rendre le latin. On appelait *beneficiarii* les soldats auxquels le général ou

le tribun accordait, par privilège, l'exemption des parties les plus pénibles du service, comme de porter des fardeaux, de creuser la terre, etc.

37. *Que j'ai obligé, etc. Voyez* plus haut, lett. 28 : *Multæ pecuniæ a privatis detinentur, etc.*

38. *Leur supplice.* Le service militaire était interdit aux esclaves sous peine de mort.

39. *A leur condamnation.* J'ai lu, avec Schæfer, *damnati*. D'autres textes ont *dati*.

40. *Que j'ose vous certifier.* De Sacy avait traduit : *Sans avoir rien pu découvrir, ce que je puis vous certifier.* Son texte portait en effet *possum*. Ernesti lisait *possem*; Gesner et Schæfer, que j'ai suivis, ont préféré *possim*.

41. *La Maison-de-Ville, etc. Gerusia*, de γέρων, conseil de vieillards.

42. *Ni pistons, etc.—Sipho, hama,* instrumens destinés à éteindre et arrêter les incendies.

43. *Une communauté, etc.* Destinée à donner des secours dans les incendies.   D. S.

44. *Des basiliques.* Vastes édifices où se traitait toute espèce de négoce, où l'on se rendait pour parler de ses affaires, pour acheter une foule de menus objets qui s'y vendaient, et où il y avait un tribunal du haut duquel on rendait la justice. — *Des galeries, etc.* Sorte de portique qui s'étendait au dessus des gradins.

45. *Car il est irrégulier, etc.* De Sacy traduisait : *Il est vaste et le dessein en est mal entendu.* C'est sans doute *sparsum* qu'il rendait par *vaste* : j'ai attribué un autre sens à ce mot.

46. *Claudiopolis.* Cette ville s'appelait aussi Bithynium (Ptol., v, 1).

47. (Renvoi de note omis page 63, ligne 17.) *Les sénateurs surnuméraires.* Ces sénateurs (ou décurions) avaient été nommés par Trajan, et non choisis par leurs propres censeurs.

48. *De les faire venir de Grèce.* Voilà la seconde fois que Pline demande un architecte à l'empereur, et la seconde fois qu'il n'obtient pas ce qu'il demande. On a remarqué même que Trajan laissait percer dans cette lettre un peu d'impatience et d'humeur.

49. *Pour remédier à cet inconvénient.* Il y a ici une lacune, ou une négligence de langage. *Sed hoc opus* semble se rapporter par la construction latine à *devehuntur magno labore*, et cependant il doit évidemment s'entendre de l'ouvrage proposé par Pline pour joindre le lac à la mer. Ernesti remplissait la lacune par les mots : *Itaque mari committere cupiunt.*

50. *Vous pourrez demander*, etc. Cette traduction est conforme au texte de Gronovius, suivi par Lallemand. M. De Sacy avait traduit, d'après un autre texte : « Vous saurez de Calpurnius Macer ce qu'il contient d'eau, et d'où elle lui vient; et moi, je vous enverrai d'ici un niveleur versé, etc. » (Note de l'édition de la Traduction de Pline par De Sacy.)

51. *Un temple de Cybèle.* Le texte dit *de la Grande Mère.* D. S. Le temple principal de Cybèle était en Phrygie, dont la Bithynie est voisine. De cette terre, qui lui était consacrée, on transporta son culte à Rome.

52. *Devoir à une république.* J'ai rétabli le texte d'après lequel De Sacy avait traduit *debere reipublicæ, præsertim duodenis assibus*, etc., au lieu de *debere, reipublicæ præsertim, duodenis assibus*, etc. La ponctuation que j'ai adoptée est d'ailleurs conseillée par Schæfer. Le même critique, ainsi qu'Ernesti et Gesner, voudrait retrancher *duodenis assibus*, qu'ils regardent comme une glose du texte, *debere reipublicæ, quanti a privatis mutuantur*. Ils se fondent sur ce que, chez les Romains, le taux de l'usure se calculait par mois, et sur la nouveauté de cette forme, inusitée chez les Romains, *debere duodenis assibus.*

53. *Qui n'est point au dessous*, etc. J'ai rétabli *professioni suæ*, et j'ai laissé *majoribus*. De Sacy avait évidemment traduit sur un texte portant, d'après la conjecture de Rittershusius, *professioni suæ moribus respondentem.* Cette correction est inutile. Archippus, dit Pline, est capable de ses fonctions de juge, et même de fonctions plus élevés.

54. *Tous ces privilèges, etc.* J'ai admis le texte proposé par Gesner et par Ernesti, le seul dont le sens me paraisse clair et naturel. *Fecero* et *qui non habent me* sont des interpolations que l'on ne trouve pas dans les premières éditions. Quant à *fortuna imperii*, on peut très-bien l'entendre des empereurs mêmes, qui seuls pouvaient dispenser les bienfaits. «Il ne faudra plus que ceux qui ont déjà obtenu une grâce *de la fortune de l'empire*, c'est-à-dire, de la bienveillance d'un empereur, viennent me renouveler leurs remercîmens pour cette même grâce.»

55. *Qui n'ignoraient pas, etc.* Le texte portait *qui ignorabant*. Ernesti et Schæfer ont senti qu'il fallait *qui non ignorabant*. C'est d'après ce dernier texte que De Sacy a traduit.

56. *Vous fait craindre que le lac, etc. Voyez* lett. LI de ce livre.

57. *Il versera dans le lac, sans aucune perte, etc.* Au lieu de *detrimento lacus*, j'ai lu avec Schæfer *detrimento, lacui*. J'ai remplacé aussi, d'après la même autorité, *effundet* par *adfundet*.

58. *Du nom de* Θρεπτοί (*nourris*). La réponse de l'empereur explique assez le sens qu'il faut attacher à ce mot.

59. *Leur rétablissement, etc.* L'édition de Schæfer porte *restituendis*, que j'ai dû préférer pour une double raison à *restituendo*. Il y a, en faveur de la première de ces leçons, autorité et supériorité de sens.

60. *Sa faute est-elle trop grave, etc.* De Sacy avait traduit d'après un autre texte que celui que nous adoptons. Je ne vois pas trop quelle différence il lui était possible d'établir entre *envoyer en prison* et *punir* : car la prison est une punition, ce me semble. Avec notre leçon, la phrase s'explique sans difficulté. On conçoit qu'il ait pu se présenter des cas où il était impossible de punir sur-le-champ : la qualité de soldat ou de citoyen romain dans ceux qu'il fallait punir obligeait à des formalités particulières. C'est ainsi que nous avons vu, X, 97, que les chrétiens qui étaient citoyens romains devaient être renvoyés à Rome.

61. *La loi Pompeia, etc.* Pompée avait donné cette loi à la Bithynie, lorsqu'après sa victoire sur Mithridate, il réduisit ce royaume en province romaine, en y ajoutant le royaume de Pont.

SUR LE LIVRE X.

62. *C'est ce qu'on prétend, etc.* J'ai lu avec les meilleures éditions *factitatum adhuc et esse necessarium dicitur*, au lieu de *factitatum et adhuc esse necessarium*.

63. *Demandait à paraître, etc.* J'ai suivi la ponctuation conseillée par Ernesti et Schæfer. Toutes les éditions portent *appellatum me a Claudio Eumolpo, quum Cocceianus*, etc.

64. *Élevé votre statue, et enterré, etc.* Les accusateurs voulaient qu'on regardât comme un crime de lèse-majesté d'avoir souillé la statue de l'empereur du contact d'un cadavre.

65. *Et afin que vous ne puissiez douter, etc.* Gesner a laissé dans le texte les mots *ut scias*, supprimés dans plusieurs éditions. Ils sont employés en pareille occasion lettre 106, *ut scias dedisse me jus Quiritium*.

66. *Si l'on fait grâce au repentir.* Cette lettre célèbre et si souvent commentée est un monument précieux qui atteste le nombre, l'innocence et la ferveur des premiers chrétiens. Pline y montre quelques sentimens humains et un certain regret de punir.

67. *Aux maximes de notre règne.* C'est à l'occasion de cette lettre que Tertullien s'écrie : « Ordonnance impériale, pourquoi « vous combattez-vous vous-même? si vous ordonnez la condam- « nation d'un crime, pourquoi n'en ordonnez-vous pas la recher- « che? et si vous en défendez la recherche, pourquoi n'en ordon- « nez-vous pas l'absolution? »

68. *Valerius Paulinus. Voyez* 11, 2.

69. *Cité latine.* Le droit de cité appelé *jus Latinorum* était moins étendu que celui qu'on nommait *jus Civitatis*; mais plus important que le *jus Italicum* : la distinction précise est incertaine.

70. *J'ai donné, etc.* J'ai rétabli le texte d'après lequel De Sacy avait traduit. C'est d'ailleurs celui de Schæfer.

71. *Contre ceux qui sont nommés, etc.* J'ai suivi le sens adopté par Gesner.

72. *Un attroupement défendu.* Le texte portait *diamœries.* J'ai substitué *dianomes* d'après les dernières éditions, et même d'après d'anciens textes, qui, après avoir admis *diamœries* dans la lettre de Pline, le remplacent par *dianomes* dans la réponse de Trajan. Les deux mots offrent au reste le même sens. Le texte des dernières phrases de cette lettre avait été fort altéré par les copistes : j'ai suivi les leçons approuvées par Gesner et par Schæfer.

73. *Les combats isélastiques.* Combats, d'où celui qui sortait vainqueur était conduit dans sa ville, et y rentrait par une brèche, couronné et monté sur un cheval blanc.   D. S.

74. *Le nom même d'isélastique,* etc. Εἰσελαύνειν, entrer à cheval. Le texte était encore fort altéré en cet endroit. Les corrections de Gesner ont rendu la phrase latine beaucoup plus intelligible. De Sacy avait traduit d'après d'autres leçons; et il a par conséquent donné à ce passage un sens tout différent.

75. *Son aïeul,* etc. *Voyez* sur Fabatus, aïeul de la femme de Pline, IV, 1. Sur Hispulla, sa tante, *voyez* IV, 19. De Sacy a rendu *amita* par *grand'tante ;* c'est *amita magna* qui signifie sœur de l'aïeul ou grand'tante. On sait d'ailleurs qu'Hispulla était sœur de Corellius, père de Calpurnie, seconde épouse de Pline.

PANÉGYRIQUE
DE TRAJAN.

AVERTISSEMENT

SUR LA TRADUCTION

DU PANÉGYRIQUE DE TRAJAN.

Les qualités et les défauts de Pline le Jeune ont été convenablement appréciés dans les divers morceaux qui précèdent ses Lettres : cependant j'ai cru devoir placer à la tête du Panégyrique de Trajan le jugement que Thomas en a porté dans son Essai sur les éloges. Personne n'a mieux senti combien l'ouvrage de Pline exprimait avec fidélité les habitudes morales de son siècle. Il faut en convenir, il y a dans ces remercîmens, si pleins de reconnaissance et de surprise, quelque chose qui révèle la longue servitude des Romains : à ces louanges fastueuses, qui s'efforcent de donner du prix et du mérite aux moindres actions de Trajan, on reconnaît le peuple instruit à la flatterie par le despotisme ombra-

geux de quatre empereurs : il est esclave encore en louant la liberté. Si l'on songe que six mois après la mort de Néron, Othon acceptait, comme titre d'honneur [1], le nom de ce monstre, qui depuis a paru *aux plus cruels tyrans une cruelle injure;* si, en parcourant les Satires de Juvénal, on se retrace à l'esprit cette bassesse d'adulation où la fierté romaine s'était ravalée sous Domitien, alors même que les règnes de Vespasien et de Titus semblaient avoir dû rendre quelque générosité au caractère public, on s'étonnera moins que, parmi tant d'éloges prodigués sans pudeur à la puissance coupable, un homme de bien comme Pline le Jeune n'ait pas su louer un bon prince avec plus de mesure et de dignité.

On a reproché à ses Lettres de manquer de simplicité et d'abandon; mais elles paraîtront d'un naturel exquis, si on les compare au Panégyrique. Pline trouvait dans cet éloge d'apparat une matière assortie à son goût pour la parure du style : servi par les libertés du genre académique, il donne carrière à son esprit ingénieux, et accumule les oppositions, les alliances de mots, les tours symétriques, tous

---

[1] Suet., Oth., c. 7.

les jeux du langage, avec un art qui ne se cache jamais, et qui, pour s'appliquer à une infinie variété d'objets, n'en fatigue pas moins par la monotonie des formes. Nous l'avons dit ailleurs, cette recherche n'ajoutait rien aux difficultés de la traduction; mais De Sacy rencontrait dans le tour plus soutenu et plus périodique des phrases du Panégyrique des difficultés nouvelles, qu'il n'a pas toujours vaincues. C'est à resserrer son style, à lui donner plus de fermeté et de précision que j'ai employé mes soins : je ne me flatte pas d'avoir tout corrigé; car toutes les fautes ne venaient pas de la négligence de l'écrivain, et l'obstacle était quelquefois dans la nature des choses. J. P.

SUR

LE PANÉGYRIQUE DE TRAJAN

PAR

PLINE LE JEUNE.

(THOMAS, *Essai sur les éloges*, chap. 14.)

PLINE est assez connu : on sait qu'il fut un des premiers orateurs de son siècle. Il était trop vertueux pour n'avoir rien à craindre sous Domitien ; mais la mort du tyran le sauva. Nerva et Trajan le chérirent ; et, ce qui met le comble à sa gloire, il fut le rival et l'ami de Tacite. Tous deux également célèbres, et tous deux jouissant de la gloire l'un de l'autre, ils goûtaient ensemble, dans le commerce de l'amitié et des lettres, ce bonheur si pur que ne donnent ni les dignités, ni la gloire, et qu'on trouve encore moins dans ce commerce d'amour-propre et de caresses, d'affection apparente et d'indifférence réelle, qu'on a nommé si faussement du nom de société ; commerce trompeur qui peut satisfaire les âmes vaines, qui amuse les âmes indifférentes et légères, mais repousse les âmes sensibles, et qui sépare et isole les hommes, bien plus encore qu'il ne paraît les

unir. Il faut voir dans les Lettres de Pline même, tous les détails de cette union si douce; on partage et l'on envie les charmes de leur amitié : ils voulaient vivre, ils voulaient mourir ensemble; ils désiraient, quand ils ne seraient plus, que la postérité unît encore leurs noms, comme leurs âmes l'avaient été pendant la vie. Qu'on me pardonne de m'être arrêté un moment sur le spectacle d'une amitié si touchante; il est doux, même en écrivant, de pouvoir se livrer quelquefois aux mouvemens de son cœur; et j'aime encore mieux un sentiment qui me console, qu'une vérité qui m'éclaire.

Pline était consul quand il prononça le panégyrique de Trajan. On a dit que, pour le mériter, il n'avait manqué à Trajan que de ne pas l'entendre. Heureusement il ne fut pas prononcé comme il est écrit. Ce n'était d'abord qu'un remercîment, avec quelques éloges; mais Pline, avant que de le publier, le travailla. Il en fit presque un nouvel ouvrage, et lui donna par degrés cette étendue que la plupart des hommes ne pardonneraient pas même à une satire. Pour bien juger de son mérite ou de ses défauts, il faudrait le lire soi-même. Ceux qui ont reçu de la nature une âme forte, ceux qui ont le bonheur ou le malheur de sentir tout avec énergie, ceux qui admirent avec transport et qui s'indignent de même, ceux qui voient tous les objets de très-haut, qui les mesurent avec rapidité et s'élancent ensuite ailleurs, qui s'occupent beaucoup plus de l'ensemble des choses que de leurs détails; ceux dont les idées naissent en foule, tombent et se précipitent les unes sur les autres, et qui veulent un genre d'éloquence fait pour leur

manière de sentir et de voir, ceux-là sans doute ne seront pas contens de l'ouvrage de Pline; ils y trouveront peut-être peu d'élévation, peu de chaleur, peu de rapidité, presqu'aucun de ces traits qui vont chercher l'âme, et y laissent une impression forte et profonde. Mais aussi il y a des hommes dont l'imagination est douce et l'âme tranquille, qui sont plus sensibles à la grâce qu'à la force, qui veulent des mouvemens légers et point de secousses, que l'esprit amuse, et qu'un sentiment trop vif fatigue; ceux-là ne manqueront pas de porter un jugement différent. Ils aimeront dans Pline la grâce du style, la finesse des éloges, souvent l'éclat des idées. Ils ne seront pas entraînés; mais ils s'arrêteront partout avec plaisir. Si chaque idée n'est pas nouvelle, ils la trouveront chaque fois présentée d'une manière piquante. Souvent elle ressemblera pour eux à ces figures qui s'embellissent encore par le demi-voile qui les couvre. Alors ils goûteront le plaisir d'entendre ce que l'orateur ne dit pas, et de lui surprendre, pour ainsi dire, son secret. On sent que c'est là en même temps et un plaisir de l'esprit, parce qu'il exerce sans fatiguer, et un plaisir d'amour-propre, parce qu'on travaille avec l'orateur, et qu'on se rend compte de ses forces, en faisant avec lui une partie de son ouvrage. Mais aussi ce genre d'agrément tient à des défauts : plus on veut être piquant, et moins on est naturel. Il arrive dans les ouvrages ce qu'on voit en société : le désir éternel de plaire rapetisse l'âme, et lui ôte le sentiment et l'énergie des grandes choses. Cette recherche importune des agrémens arrête les mouvemens libres et fiers de l'imagination, et l'oblige sans

cesse à ralentir sa marche : le style devient agréable et froid. Ajoutez la monotonie même que produit l'effort continuel de plaire, et le contraste marqué entre une petite manière et de grands objets.

Il serait à souhaiter qu'on ne fût pas en droit de faire à Pline une partie de ces reproches; peut-être en mérite-t-il à d'autres égards. Jusque dans les louanges que le consul donne au prince, il y a un détail minutieux de petits objets; j'ose même dire que le ton n'a pas toujours la noblesse qu'il devrait avoir. Les Romains, dans ce panégyrique, ont l'air d'esclaves à peine échappés de leurs fers, qui s'étonnent eux-mêmes de leur liberté, qui tiennent compte à leur maître de ce qu'il veut bien ne les pas écraser, et daigne les compter au rang des hommes; mais c'est bien plus la faute du temps que de l'orateur. Telle est l'influence du gouvernement sur l'éloquence et sur les arts. Des âmes qui ont été long-temps abattues ne se relèvent pas aisément, et l'habitude d'avoir été courbé sous des chaînes, se remarque même quand on peut marcher en liberté. Tacite lui-même, Tacite, dont l'âme était si fière et si haute, sentait ce malheur, et il s'en plaignait : « Telle est la faiblesse humaine, di-
« sait-il; partout les remèdes sont plus lents que les
« maux, et il est bien plus facile d'étouffer le génie que
« de le ranimer. »

Malgré ces remarques générales, il y a dans le Panégyrique de Pline plusieurs endroits d'une véritable éloquence, et où l'on remarque de l'élévation et de la force. Tel est celui où il parle de la vie farouche et solitaire de Domitien, qu'il peint « enfermé dans son palais, comme

« une bête féroce dans son antre, tantôt s'y abreuvant,
« pour ainsi dire, du sang de ses proches, tantôt médi-
« tant le meurtre des plus illustres citoyens, et s'élan-
« çant au dehors pour le carnage. L'horreur et la me-
« nace gardaient les portes du palais, et l'on tremblait
« également d'être admis et d'être exclus. On n'osait ap-
« procher, on n'osait même adresser la parole à un prince
« toujours caché dans l'ombre et fuyant les regards, et
« qui ne sortait de sa profonde solitude que pour faire
« de Rome un désert. Cependant, dans ces murs mêmes,
« et dans ces retraites profondes auxquelles il avait con-
« fié sa sûreté, il enferma avec lui un dieu vengeur des
« crimes[1]. » Et, un moment après, il nous peint les statues de Domitien abattues, une foule empressée, le fer et la hache à la main, ardente à mutiler ces images d'or, comme si leurs coups tombaient sur le tyran. Il nous montre ces figures autrefois menaçantes, dévorées par les flammes, et l'objet de l'effroi public, changeant de forme, pour servir désormais à l'usage et aux plaisirs des citoyens[2].

Pour achever de faire connaître le caractère et le genre d'éloquence de Pline, je vais citer quelques pensées détachées de ce panégyrique, qui, avec ses défauts, est encore un des ouvrages les plus estimables de l'antiquité.

« Notre empereur, dit-il, est d'autant plus grand,
« qu'il croit n'être qu'un citoyen comme nous. Il se sou-

[1] Chapitres 48 et 49.
[2] Chapitre 52.

« vient qu'il est homme, il se souvient qu'il commande
« à des hommes[1].

« Les riches ont d'assez grands motifs pour donner
« des citoyens à l'état ; il n'y a qu'un bon gouvernement
« qui puisse encourager les pauvres à devenir pères. Que
« les bienfaits du prince soutiennent ceux que la con-
« fiance de ses vertus a fait naître ; négliger le peuple
« pour les grands, c'est croire que la tête peut subsister
« en affamant le corps ; c'est hâter la chute de l'état[2].

« Les libéralités et les secours peuvent sans doute beau-
« coup pour exciter à avoir des enfans ; mais l'espérance
« de la liberté et de la sûreté peut encore plus. Que le
« prince ne donne rien, pourvu qu'il n'ôte rien ; qu'il ne
« nourrisse pas, mais aussi qu'il ne tue point ; et les en-
« fans naîtront en foule[3].

« En détruisant ces délateurs, votre sage sévérité a
« empêché qu'une ville fondée sur les lois, ne fût renver-
« sée par les lois[4].

« Ce serait déjà bien assez que la vertu ne fût pas fu-
« neste à ceux qui l'ont : vous faites plus, elle leur est
« utile[5].

« Vos prédécesseurs aimaient mieux voir autour d'eux
« le spectacle des vices que des vertus ; d'abord parce
« qu'on désire que les autres soient ce qu'on est soi-
« même ; ensuite, parce qu'ils croyaient trouver plus de

---

[1] Chapitre 2.
[2] Chapitre 26.
[3] Chapitre 27.
[4] Chapitre 34.
[5] Chapitre 44.

« soumission à l'esclavage dans ceux qui ne méritaient
« en effet que d'être esclaves[1].

« Le prince qui permet d'être vertueux, fait peut-être
« plus pour les mœurs que celui qui l'ordonne[2].

« Du moment qu'on est prince, on est condamné à
« l'immortalité; mais il y en a deux, celle des vertus et
« celle du crime; le prince n'a que le choix[3].

« Prince, pour juger des hommes, rapportez-vous-en
« à la renommée: c'est elle qu'il faut croire, et non pas
« quelques hommes : car quelques hommes peuvent et
« séduire et être séduits, mais personne n'a trompé un
« peuple entier, et un peuple entier n'a jamais trompé
« personne[4].

« Sous un prince plus grand que ses aïeux, ceux qui
« ont créé leur noblesse seraient-ils donc moins honorés
« que ceux qui n'ont qu'hérité de la leur[5]?

« Quand on est dans la première place du monde, on
« ne peut plus s'élever qu'en abaissant sa propre gran-
« deur[6].

« Trop long-temps les sujets et le prince ont eu des
« intérêts différens : aujourd'hui le prince ne peut plus
« être heureux sans les sujets, ni les sujets sans le prince[7].

« Dans certaines assemblées, ce qui est approuvé avec
« transport de tous, est ce qui déplaît le plus souvent à
« tous[8].

« Vous avez des amis, parce que vous l'êtes vous-

[1] Chapitre 45.
[2] Ibid.
[3] Chapitre 55.
[4] Chapitre 62.
[5] Chapitre 70.
[6] Chapitre 71.
[7] Chapitre 72.
[8] Chapitre 76.

« même; car on commande tout aux sujets, excepté
« l'amour. De tous les sentimens, l'amour est le plus
« fier, le plus indépendant et le plus libre. Un prince,
« peut-être, peut inspirer la haine sans la mériter et la
« sentir; mais, à coup sûr, il ne peut être aimé, s'il
« n'aime lui-même[1]. »

On voit dans tous ces morceaux quelle est l'âme et le tour d'esprit de l'orateur : ce sont des pensées toujours vraies, et quelquefois fortes, aiguisées en épigrammes, et relevées toujours par un contraste ou de mots ou d'idées. On peut assurément blâmer ce genre d'éloquence, qui n'est point le meilleur; mais il n'en faut pas moins estimer les vérités nobles et utiles dont cet ouvrage est rempli. Gardons-nous de pousser trop loin cette attention subalterne qui pèse les phrases dans une balance, et fait plus d'attention aux mots qu'aux idées. Il importe encore plus, je crois, d'être bon citoyen qu'excellent orateur, et s'il est utile de ne pas corrompre le goût, il vaut encore mieux ne pas corrompre les hommes et les princes.

[1] Chapitre 85.

PRÉFACE

DU TRADUCTEUR.

Après avoir traduit les dix livres des Lettres de Pline le Jeune, il ne me restait plus, pour donner une traduction complète de tout ce que nous avons de lui, qu'à traduire le panégyrique qu'il a fait de Trajan. J'ai cru qu'il ne convenait point que l'on trouvât dans un seul volume tous les ouvrages d'un même auteur traduits par différentes personnes. On m'assurait que les imprimeurs de Hollande avaient déjà fait ce mélange, et l'on m'avertissait de ne pas attendre que les libraires de Paris en fissent autant. Cette raison seule n'aurait pu m'engager dans une entreprise aussi pénible et aussi dangereuse, si d'ailleurs un goût naturel ne m'y eût porté : mais elle a eu assez de force pour vaincre la répugnance que j'avais à travailler sur un sujet qui il y a trente ans a été manié par un fort savant homme[1].

Le titre de cet ouvrage en dégoûtera presque tous ceux qui ne connaissent point Trajan. Au seul mot de

[1] M. l'abbé Esprit.

panégyrique, la plupart des lecteurs tombent dans l'ennui. Il est difficile que les louanges d'autrui attirent ou soutiennent long-temps notre attention. L'amour de la vérité, et plus encore l'amour-propre, répandent de la fadeur sur les plus délicates; et la malignité, des soupçons sur les plus justes. Si vous louez les vivans, vous passez pour flatteur; et pour envieux, si vous ne louez que les morts.

Comme rien n'est plus commun que d'abuser des meilleures choses, les éloges, qui sont un tribut légitime que la justice paie à la vertu, sont souvent devenus un honteux sacrifice que les passions font à la grandeur. Il arrive de là que pour s'épargner la peine de démêler les vrais d'avec les faux, on prend volontiers le parti de les condamner et de les rejeter tous également. Il faut pourtant l'avouer, il y a des hommes équitables qui sont fort éloignés de penser de la sorte. Persuadés que les actions héroïques ne sont pas impossibles, ils seraient fâchés qu'elles fussent sans récompense et sans imitateurs; et ils comprennent que le plus sûr moyen de leur assurer l'un et l'autre, c'est de les louer.

Si quelqu'un, je ne dis pas entre les souverains, je dis entre les héros, a mérité particulièrement cet honneur, c'est sans doute Trajan. Son Panégyrique parle de lui plus modestement que l'histoire. On ne peut la lire sans être continuellement surpris qu'un homme né dans des

temps très-corrompus, nourri dans la seule science des armes, et qui paraissait avoir tout négligé pour s'y livrer tout entier, ait pu allier tant de puissance et de gloire à tant de justice et d'humanité. Il est peut-être le premier qui, élevé de la condition privée jusqu'à l'empire, ait su prendre toutes les vertus du souverain sans perdre aucune des vertus du particulier.

Il n'y a rien de si incroyable dans son Panégyrique que les historiens ne confirment. Ils racontent tout ce que Pline se contente de toucher; et ils s'étendent sur beaucoup de choses qui ne sont pas moins admirables, et dont il n'a point parlé. La preuve de ce que j'avance me serait facile à donner; mais, sans m'engager dans cette discussion, qui me mènerait trop loin, je crois qu'il suffira d'en rapporter ici quelques exemples, par où l'on pourra juger du reste.

Dans une bataille que Trajan livra aux Daces, les ligamens nécessaires pour bander les plaies des soldats blessés ayant manqué, il déchira lui-même sa propre robe, et s'en dépouilla pour la faire servir à un si glorieux usage. Sa tendresse pour ceux qui avaient été tués dans ce combat n'éclata pas moins. Il fit élever un autel en leur mémoire, et y fonda des sacrifices annuels. On ne peut dire jusqu'où allaient son amitié pour les personnes qu'il en jugeait dignes, et sa confiance en ceux qu'il aimait. Plusieurs avis reçus de différens endroits lui

donnaient lieu de craindre une conspiration contre sa vie. On accusait Licinius Sura d'en être l'auteur. L'exécution d'un si lâche dessein lui eût été plus aisée qu'à un autre. Il possédait la plus grande charge de l'empire, celle qui donnait le plus de relief et d'autorité : il était préfet du prétoire. Personne à Rome n'était ni plus riche, ni plus avant dans les bonnes grâces de l'empereur. Ainsi, tout semblait rendre la défiance raisonnable, et la précaution nécessaire; tout semblait demander que du moins de tels avis ne fussent pas négligés. Cependant, sans daigner prendre le moindre éclaircissement, Trajan va souper chez Sura, qui l'y avait invité, renvoie sa garde, et fait venir le médecin et le barbier de Sura. Par l'un, il se fait panser les yeux; par l'autre, raser. Ensuite, il soupe avec toute la liberté d'esprit et tout l'enjouement de l'homme du monde le plus tranquille. Et le lendemain, quand il rencontra ceux qui l'avaient averti, il se contenta de leur dire : *Si Sura me voulait tuer, il en aurait perdu hier une belle occasion.*

Une confiance si magnanime est encore moins louable que le principe dont elle partait. Sans cesse occupé à faire tout le bien qu'il pouvait à tout le monde, il ne s'imaginait pas que personne eût intérêt de lui nuire. Comme il ne voulait devoir sa sûreté qu'au bonheur dont il faisait jouir les autres, et sa tranquillité qu'à l'innocence de ses mœurs, il était sans inquiétude sur les con-

jurations qui pouvaient être formées contre sa vie, et sans curiosité pour ce qui arriverait après sa mort. Aussi avait-il coutume de dire, *que personne ne faisait périr ni son assassin, ni son successeur.*

Mais ce qui met le comble à tous ces éloges, c'est que Trajan ait été surnommé *le Très-Bon*, surnom qu'aucun autre prince, avant lui, n'avait ni désiré, ni obtenu. Pour lui, il le mérita d'autant mieux, qu'il en sut connaître tout le prix. Quoique tous ces noms éclatans dont la gloire couronne les vainqueurs, lui eussent été prodigués, et qu'après ses expéditions contre les Germains [1], les Parthes et les Daces, on lui eût déféré les noms de *Germanique*, de *Parthique* et de *Dacique*, il ne fut touché d'aucun si vivement, que de celui de *Très-Bon*, et le mit toujours infiniment au dessus de tous les honneurs qui lui avaient été décernés. Juste estimateur des vrais titres de l'immortalité, il préféra ceux qui se perpétuent dans les cœurs où ils ont pris leur naissance, à tous les autres dont la fortune se joue, et que souvent le temps détruit plus facilement encore qu'il ne les a formés.

L'expérience a fait connaître qu'il ne s'était pas trompé. Une tradition fidèle avait si bien conservé parmi les Romains l'idée des vertus qui lui avaient acquis ce surnom, que plusieurs siècles après sa mort, dans ces

---

[1] Les Allemands.

temps où il n'y a plus rien à espérer, rien à craindre de celui qu'on loue, ils n'avaient point de plus grands éloges à donner aux empereurs qu'ils voulaient le plus flatter, que de dire dans les acclamations publiques, qu'ils étaient *plus heureux qu'Auguste, meilleurs que Trajan.*

Les chrétiens en ont parlé comme les païens; et saint Grégoire-le-Grand fut si pénétré de vénération pour lui, qu'il ne crut pas blesser la justice et la gloire de Dieu, s'il osait lui demander long-temps après la mort de Trajan, de faire grâce à l'aveuglement et aux erreurs de ce héros, en faveur de ses vertus.

Je sais bien que, si l'on veut en croire de très-illustres et de très-savans personnages, tels que les cardinaux Baronius et Bellarmin, suivis de la plus grande partie des théologiens modernes, on regardera comme une fable l'opinion qui assure que Dieu accorda le salut du prince aux prières du saint. Mais je n'ignore pas aussi que, de quelque poids que puissent être leurs raisonnemens, ils sont contrebalancés par des témoignages bien capables de tenir l'esprit le plus décisif au moins en suspens.

Saint Jean de Damas, qui n'est pas moins distingué par la sainteté de ses mœurs que par l'étendue de son savoir, dans un discours qu'il a fait sur les fidèles qui sont morts, ne se contente pas, dès le huitième siècle, de rapporter ce fait comme certain; mais il ajoute encore, *que*

tout l'Orient et tout l'Occident en rendent témoignage [1].

Jean Diacre, dans la vie de saint Grégoire, rapporte bien cette histoire, mais en homme qui en était si persuadé, qu'il y répond aux objections qu'il s'imaginait pouvoir être faites par ceux qui voudraient en contester la vérité.

Aussi l'Église grecque tout entière en a si peu douté, qu'entre les prières de son Eucologe[2], qui est comme son Rituel, on trouve dans l'office des morts une oraison par laquelle elle demande à Dieu de pardonner à celui pour qui elle prie, *comme il a pardonné à Trajan par l'intercession de saint Grégoire.*

Dans l'Église latine, les plus doctes théologiens ont toujours reçu cette histoire comme véritable. Saint Thomas, loin d'en douter, prend soin de donner plusieurs ouvertures pour expliquer comment Trajan a pu être tiré de l'enfer, d'où, suivant la commune opinion des théologiens, on ne peut être délivré[3]. Gerson, dans un discours fait au roi Charles VII sur la paix, y parle de cette histoire comme d'un fait qui n'est point douteux. Tostat pense de même, et en paraît si convaincu, qu'il observe que saint Grégoire pécha en priant pour un damné, et qu'aussi il en fut puni par les maladies dont il

---

[1] *Quodque illud verum sit, Oriens totus atque Occidens testatur.*

[2] Chapitre 99.

[3] Suppl. de la Som. quest. 72, art. 5.

fut depuis affligé. Enfin ce n'est que dans le seizième siècle que quelques théologiens ont commencé à traiter de fable cette histoire. Mais pour en soutenir la vérité, Ciaconius, pénitencier du pape Grégoire XIII, sur la fin du même siècle, a fait un Traité exprès, où ceux qui désirent en savoir davantage, trouveront de quoi satisfaire leur curiosité[1].

Pour moi, qui ne suis pas assez téméraire pour m'attribuer le droit de juger ni les pères de l'Église, ni les théologiens, ni Trajan même, je me borne à raconter historiquement ici les différentes opinions qu'en différens temps on a eues sur ce sujet; bien résolu de n'en adopter d'autre, que celle qui sera reçue et autorisée par l'Église.

Il suffit, pour mon dessein, que j'aie fait comprendre quelles étaient les vertus de ce prince, puisque, malgré la juste horreur que les chrétiens ont toujours eue pour le paganisme, elles avaient su faire recevoir à plusieurs saints docteurs d'entre eux une opinion qui paraît si contraire aux principes de la religion.

Après cela, on ne sera plus étonné que le panégyrique d'un tel empereur soit un livre; et on concevra sans peine, que, pour le remplir, l'orateur a été plus embarrassé à choisir, qu'à exagérer les faits qu'il voulait y faire entrer. Quoique cet ouvrage ait toujours été regardé comme un chef-d'œuvre d'éloquence, et qu'il ait été consacré par une admiration qui se soutient depuis tant de

---

[1] Il est imprimé avec le Traité qu'il a fait sur la colonne Trajane.

siècles, je ne sais si le cœur n'y a point eu autant de part que l'esprit. Il y règne partout un caractère de vérité qui se fait apercevoir à travers tout le merveilleux qui l'environne, et une certaine douceur de sentiment qui vous remue et vous intéresse plus encore, que le brillant des pensées et la beauté des expressions ne vous éblouissent. On ne finit point cette lecture sans aimer Trajan plus encore qu'on ne l'admire.

Quand je parle de la sorte, mon dessein n'est pas de prononcer sur le mérite de cet ouvrage : je sais que ce droit n'appartient qu'au public. Je raconte des faits, je propose des idées et des doutes; je dis l'impression que ce Panégyrique m'a faite, et non celle qu'il doit faire. Je comprends d'ailleurs que tous les endroits de cette pièce pourront ne pas plaire également, et que peut-être même quelques-uns paraîtront ennuyeux. Telle est la description que Pline y fait de la stérilité arrivée dans l'Égypte; telle est l'énumération de tout ce que Trajan avait ordonné au sujet de l'impôt du vingtième des successions : on dira que l'un de ces endroits est chargé de trop d'ornemens; l'autre de trop de détails.

Mais, que ce soit le dégoût ou la délicatesse qui fasse parler de la sorte, je supplie ceux qui croiront y voir ces défauts, de se souvenir du genre d'éloquence propre à ce discours, et du temps où il a été fait. Pour peu que l'on fasse réflexion sur la nature de ces sortes de discours, on

trouve qu'il s'y agit de donner le plus grand éclat qu'il est possible à des actions dignes d'être célébrées : et c'est précisément pour ceux-là que toutes les parures, que toutes les richesses de l'éloquence sont réservées. C'est là qu'il est permis à l'orateur de répandre des fleurs sur son sujet, de se jouer, et quelquefois de prendre l'essor. Ce sont les grandes règles d'un art que Pline entendait mieux qu'un autre. On peut le remarquer dans les lettres qu'il écrivit à ce sujet[1] à ses amis, en leur envoyant ce Panégyrique. Il y montre qu'en ces occasions, l'éloquence doit fort approcher de la poésie; et que les grâces légères doivent tenir la place des grands mouvemens.

Le détail où Pline s'est jeté particulièrement par rapport au vingtième des successions, n'est pas moins facile à excuser, pour ceux qui voudront bien se donner la peine de remonter jusqu'au temps où son discours a été prononcé. Alors les Romains, qui, sous les autres empereurs, avaient senti le poids de cet impôt, ne pouvaient trop entendre parler des différentes restrictions qui y avaient été apportées, et qui l'avaient presque anéanti. Ce récit, dont les circonstances aujourd'hui nous fatiguent, leur plaisait d'autant plus, qu'il leur faisait plus délicieusement goûter un bien aussi réel pour les particuliers, que les victoires remportées sur les barbares étaient glorieuses pour l'état.

[1] Liv. III, lettre 23; et liv. XIX, lettre 16.

Il en est de même de l'éloge qui est fait de Plotine dans ce Panégyrique. Si quelqu'un est assez rigide pour regarder comme un excès de flatterie, ou du moins comme une affectation, d'avoir ainsi mêlé les louanges d'une femme avec celles d'un héros, il doit faire réflexion que cette femme elle-même est une héroïne, digne, par toutes les vertus les plus convenables à son sexe, d'être proposée pour modèle à toutes les souveraines du monde. Le peuple romain n'a peut-être jamais vu sur le trône des Césars, et assise avec eux, une femme si modeste et si sage. Ceux qui refuseront d'en croire Pline, peuvent consulter l'histoire : ils y trouveront un trait qui renferme tout le caractère de cette princesse, et qui donne un exemple dont le souvenir mérite d'être éternel. On la menait au palais impérial pour en prendre possession, et déjà elle était sur le haut des degrés qui conduisaient à la porte, lorsque tout à coup elle se retourne vers le peuple, qui la suivait en foule, et élevant sa voix, elle s'écrie : *Je prie les dieux que je puisse sortir d'ici telle que j'y entre !*

Voilà ce que j'avais à dire des motifs qui m'ont déterminé à traduire ce Panégyrique, du héros qui en est l'objet, de l'orateur qui a composé ce fameux ouvrage, du choix qu'il a fait des matières, et du genre d'écrire qu'il a suivi. Il est temps de laisser les lecteurs juger s'il est digne des applaudissemens qu'il reçoit depuis tant de siècles.

PANEGYRICUS
IMPER. TRAJANO

DICTUS

A PLINIO CONSULE.

I. Bene ac sapienter, patres conscripti, majores instituerunt, ut rerum agendarum, ita dicendi initium a precationibus capere; quod nihil rite, nihilque providenter homines sine deorum immortalium ope, consilio, honore, auspicarentur. Qui mos cui potius quam consuli, aut quando magis usurpandus colendusque est, quam quum imperio senatus, auctoritate reipublicæ, ad agendas optimo principi gratias excitamur? Quod enim præstabilius est, aut pulchrius munus deorum, quam castus et sanctus, et diis simillimus princeps? Ac si adhuc dubium fuisset, forte casuque rectores terris, an aliquo numine darentur,

PANÉGYRIQUE
DE TRAJAN

PRONONCÉ

PAR PLINE CONSUL.

I. Pères conscrits [1], c'est une sage coutume que nous ont transmise nos ancêtres, de consacrer nos discours comme nos actions, en invoquant d'abord les immortels, puisque l'assistance, l'inspiration des dieux et les honneurs qu'on leur rend peuvent seuls assurer la justice et le succès des entreprises humaines. Et qui doit être plus religieux observateur de cette coutume qu'un consul ? et en quelle occasion y doit-il être plus fidèle, que lorsque, par l'ordre du sénat et au nom de la république, il est chargé d'offrir des actions de grâces au meilleur de tous les princes ? En effet, un prince qui, par la pureté et l'innocence de ses mœurs, nous représente si bien les dieux, n'est-il pas le présent le plus rare et le plus précieux qu'ils aient pu nous faire ? Quand on aurait douté jusqu'ici si c'est

principem tamen nostrum liqueret divinitus constitutum. Non enim occulta potestate fatorum, sed ab Jove ipso coram ac palam repertus est, electus quippe inter aras et altaria, eodemque loci, quem deus ille tam manifestus ac præsens, quam cœlum ac sidera insedit. Quo magis aptum piumque est, te, Jupiter optime maxime, antea conditorem, nunc conservatorem imperii nostri, precari, ut mihi digna consule, digna senatu, digna principe contingat oratio; utque omnibus quæ dicentur a me, libertas, fides, veritas constet; tantumque a specie adulationis absit gratiarum actio mea, quantum abest a necessitate.

II. Equidem non consuli modo, sed omnibus civibus enitendum reor, ne quid de principe nostro ita dicant, ut idem illud de alio dici potuisse videatur. Quare abeant ac recedant voces illæ, quas metus exprimebat: nihil quale ante dicamus; nihil enim quale ante patimur: nec eadem de principe palam quæ prius prædicemus; neque enim eadem secreto loquimur quæ prius. Discernatur orationibus nostris diversitas temporum, et ex ipso genere gratiarum agendarum intelligatur, cui, quando sint actæ. Nusquam ut deo, nusquam ut numini blandiamur: non enim de tyranno, sed de cive; non de domino, sed de parente loquimur. Unum ille se ex nobis, et hoc magis excellit atque eminet, quod unum ex nobis putat; nec

le ciel ou le hasard qui donne des souverains à la terre, pourrait-on maintenant ne pas convenir que nous ne devons le nôtre qu'à la protection de quelque divinité? Ce n'est point par l'ordre impénétrable des destins qu'il règne; c'est Jupiter lui-même qui l'a choisi ², qui l'a donné aux Romains prosternés devant ses autels, et dans ce temple où nous éprouvons tous les jours qu'il n'est pas moins présent que dans le ciel. La justice et la religion veulent donc que j'implore votre secours, puissant maître des dieux, qui, après avoir fondé cet empire, le soutenez encore si visiblement; faites qu'il n'échappe rien dans mon discours qui ne soit digne d'un consul, du sénat et de l'empereur! faites que la franchise, la vérité éclatent dans mes paroles, et que cet hommage paraisse aussi exempt de flatterie qu'il est libre et volontaire!

II. Je crois que, lorsqu'il s'agit de parler de notre prince, la première attention, non-seulement d'un consul, mais de tous les bons citoyens, doit être de n'en rien dire qui semble avoir pu se dire d'un autre. Bannissons ces expressions, que la crainte nous arrachait; ne parlons plus le langage de la servitude : nous n'en ressentons plus les malheurs. Changeons nos discours publics sur le prince, puisque nos entretiens secrets ont changé. Que la différence des temps se manifeste par la différence de notre style, et que l'on reconnaisse, aux seules formes de nos actions de grâces, à qui et sous quel règne elles ont été rendues. Loin de nous l'adulation qui élève des autels aux princes, et les érige en divinités : ce n'est point à un tyran, à un maître que ce discours s'adresse; c'est à un citoyen, à un père. L'empereur nous traite comme ses égaux; et, d'autant plus au dessus de nous qu'il veut bien s'égaler

minus hominem se, quam homiuibus præesse meminit. Intelligamus ergo bona nostra, dignosque nos illius usu probemus; atque identidem cogitemus, quam sit indignum, si majus principibus præstemus obsequium qui servitute civium, quam qui libertate lætantur. Et populus quidem romanus dilectum principum servat; quantoque paulo ante concentu formosum alium, hunc fortissimum personat; quibusque aliquando clamoribus gestum alterius et vocem, hujus pietatem, abstinentiam, mansuetudinem laudat. Quid? nos ipsi, divinitatem principis nostri, an humanitatem, temperantiam, facilitatem, ut amor et gaudium tulit, celebrare universi solemus? Jam quid tam civile, tam senatorium, quam illud additum a nobis *Optimi* cognomen? quod peculiare hujus et proprium arrogantia priorum principum fecit. Enimvero quam commune, quam ex æquo, quod *felices nos, felicem illum* prædicamus, alternisque votis, *hæc faciat, hæc audiat,* quasi non dicturi, nisi fecerit, comprecamur? Ad quas ille voces lacrymis etiam ac multo pudore suffunditur: agnoscit enim, sentitque sibi, non principi dici.

III. Igitur quod temperamentum omnes in illo subito pietatis calore servavimus, hoc singuli quoque meditatique teneamus; sciamusque nullum esse neque sincerius

à nous, il n'oublie jamais qu'il est homme, et qu'il commande à des hommes. Sentons aussi tout notre bonheur; jouissons-en de manière à montrer que nous en sommes dignes, et ne cessons point de nous dire qu'il serait honteux de rendre plus d'obéissance aux princes qui nous tiennent dans l'esclavage, qu'à ceux qui se plaisent à nous faire jouir de la liberté. Il paraît assez que le peuple romain sait mettre de la différence[3] entre les princes qui le gouvernent. Les applaudissemens qu'il prodiguait autrefois à la beauté d'un efféminé, il les donne aujourd'hui à la valeur d'un héros; et ses acclamations, si souvent profanées à vanter le geste ou la voix d'un tyran[4], sont aujourd'hui consacrées à célébrer la piété, la modération et la clémence d'un empereur. Nous-mêmes, est-ce sa divinité, ou sa bonté, sa tempérance, sa douceur, que nous élevons au ciel, au gré de notre amour et de notre joie? Et n'avons-nous pas agi en citoyens, en sénateurs, quand nous lui avons donné ce surnom de TRÈS-BON, que l'orgueil de ses prédécesseurs lui a rendu propre et particulier? N'est-ce pas le traiter avec une libre égalité, que de vanter tour-à-tour son bonheur et le nôtre? que de proclamer à la fois et les vertus que nous lui demandons, et les vœux que nous faisons pour lui, comme si ses vertus étaient la condition de nos louanges[5]? Aussi nos acclamations lui arrachent des larmes et le font rougir de modestie: il sent bien que c'est à Trajan, et non à l'empereur, qu'elles s'adressent.

III. Essayons donc chacun en particulier de conserver, dans nos éloges préparés, cette mesure que nous avons gardée dans les transports de notre subite allégresse; et sachons que le plus agréable des remercîmens, c'est

neque acceptius genus gratiarum, quam quod illas acclamationes æmuletur, quæ fingendi non habent tempus. Quantum ad me pertinet, laborabo ut orationem meam ad modestiam principis moderationemque submittam; nec minus considerabo quid aures ejus pati possint, quam quid virtutibus debeatur.

Magna et inusitata principis gloria, cui gratias acturus non tam vereor, ne me in laudibus suis parcum, quam ne nimium putet. Hæc me cura, hæc difficultas sola circumstat. Nam merenti gratias agere facile est, patres conscripti: non enim periculum est, ne, quum loquar de humanitate, exprobrari sibi superbiam credat; quum de frugalitate, luxuriam; quum de clementia, crudelitatem; quum de liberalitate, avaritiam; quum de benignitate, livorem; quum de continentia, libidinem; quum de labore, inertiam; quum de fortitudine, timorem. Ac ne illud quidem vereor, ne gratus ingratusve videar, prout satis aut parum dixero. Animadverto enim etiam deos ipsos non tam accuratis adorantium precibus, quam innocentia et sanctitate lætari; gratioremque existimari, qui delubris eorum puram castamque mentem, quam qui meditatum carmen intulerit.

IV. Sed parendum est senatusconsulto, quod ex utilitate publica placuit, ut consulis voce, sub titulo gratiarum agendarum, boni principes quæ facerent recognoscerent;

celui qui ressemble le plus à ces sortes d'acclamations qu'on n'a pas eu le temps de concerter. Pour moi, je réglerai mon discours sur la modestie du prince, et je serai moins attentif à faire justice à ses vertus qu'à ménager sa délicatesse.

Quelle gloire plus grande pour un prince! quelle gloire plus nouvelle! Je vais lui offrir des remercîmens solennels, et j'appréhende bien plus de lui paraître trop prodigue que trop avare d'éloges! C'est là ma seule peine, c'est le seul embarras que j'éprouve. Car il est facile de rendre des actions de grâces à un empereur qui le mérite : je n'ai point à craindre qu'en louant son affabilité, sa frugalité, sa clémence, sa libéralité, son amour pour la vertu, sa continence, ses travaux, sa valeur, il me soupçonne de lui reprocher son arrogance, son luxe, sa cruauté, son avarice, sa jalousie, sa débauche, sa mollesse et sa lâcheté. Enfin, je n'ai pas peur de paraître froid ou zélé, selon que mon discours aura été plus ou moins chargé de louanges. Je sais que les dieux mêmes ne sont pas si touchés des prières éloquentes, que de l'innocence de la vie; et que celui qui porte dans leurs temples une conscience pure, leur plaît bien plus que celui qui n'y porte que des hymnes ingénieusement composés.

IV. Mais il est juste d'obéir au décret du sénat, qui, toujours attentif au bien public, a institué ces actions de grâces, afin que, par la bouche du consul, les bons princes apprennent ce qu'on approuve en eux, et les mauvais, ce

mali, quæ facere deberent. Id nunc eo magis solenne ac necessarium est, quod parens noster privatas gratiarum actiones cohibet et comprimit, intercessurus etiam publicis, si permitteret sibi vetare, quod senatus juberet. Utrumque, Cæsar Auguste, moderate, et quod alibi tibi gratias agi non sinis, et quod hic sinis. Non enim a te ipsi tibi honor iste, sed agentibus habetur. Cedis affectibus nostris, nec nobis munera tua prædicare, sed audire tibi necesse est.

Sæpe ego mecum, patres conscripti, tacitus agitavi, qualem quantumque esse oporteret, cujus ditione nutuque maria, terræ, pax, bella regerentur; quum interea fingenti formantique mihi principem, quem æquata diis immortalibus potestas deceret, nunquam voto saltem concipere succurrit similem huic, quem videmus. Enituit aliquis in bello, sed obsolevit in pace : alium toga, sed non et arma honestarunt : reverentiam ille terrore, alius amorem humilitate captavit : ille quæsitam domi gloriam in publico, hic in publico partam domi perdidit : postremo adhuc nemo exstitit, cujus virtutes nullo vitiorum confinio læderentur. At principi nostro quanta concordia, quantusque concentus omnium laudum, omnisque gloriæ contigit ! ut nihil severitati ejus hilaritate, nihil gravitati simplicitate, nihil majestati humanitate detrahitur ! Jam firmitas, jam proceritas corporis, jam honor capitis, et

qu'on y désire. C'est un devoir qui devient d'autant plus important et plus nécessaire, qu'aujourd'hui le père de la patrie ne permet point aux particuliers de faire son éloge, et qu'il en ôterait la liberté à la république elle-même, s'il pouvait se résoudre à défendre ce que le sénat autorise. C'est également un trait de votre modération, César, de le défendre ailleurs et de le souffrir ici. En effet, vous acceptez un hommage bien moins que vous ne donnez à ceux qui vous l'offrent un témoignage de déférence [6]: vous cédez à notre tendresse. Nous pouvions nous taire sur vos bienfaits; mais vous vous croyez obligé d'en entendre l'éloge.

J'ai souvent cherché, pères conscrits, à me former l'idée d'un prince chargé de l'empire du monde, également propre à commander sur terre et sur mer, dans la paix et dans la guerre; et j'avoue qu'en l'imaginant au gré de mes désirs, tel qu'il pût soutenir dignement une puissance comparable à celle des dieux, je n'ai pu jamais le concevoir aussi grand que notre empereur. L'un s'est illustré dans la guerre, mais il s'est avili dans la paix; l'autre s'est acquis dans Rome une gloire qu'il a perdue dans les armées. Celui-là s'est fait respecter, mais en répandant la terreur; celui-ci s'est fait aimer, mais en poussant la douceur jusqu'à la faiblesse [7]. Tel a su se concilier dans l'intérieur de sa maison une estime qu'il n'a pu conserver en public; tel autre s'est acquis une réputation en public qu'il a mal soutenue dans sa maison. Enfin, jusqu'à ce jour, nous n'en avions point vu dont les vertus aient été sans aucun mélange des vices qui les avoisinent. Mais quelle alliance de toutes les rares qualités, quel accord de tous les genres de gloire n'admirons-nous point dans notre prince? Sa gaîté prend-elle

dignitas oris, ad hoc ætatis indeflexa maturitas, nec sine quodam munere deum festinatis senectutis insignibus ad augendam majestatem ornata cæsaries, nonne longe lateque principem ostentant?

V. Talem esse oportuit, quem non bella civilia, nec armis oppressa respublica, sed pax et adoptio, et tandem exorata terris numina dedissent. An fas erat nihil differre inter imperatorem quem homines, et quem dii fecissent? quorum quidem in te, Cæsar Auguste, judicium et favor tunc statim, quum ad exercitum proficiscereris, et quidem inusitato indicio enotuit. Nam ceteros principes aut largus cruor hostiarum, aut sinister volatus avium consulentibus nunciavit: tibi adscendenti de more Capitolium, quanquam non id agentium, civium clamor, ut jam principi, occurrit. Siquidem omnis turba quæ limen insederat, ad ingressum tuum foribus reclusis, illa quidem, ut tunc arbitrabatur, deum, ceterum, ut docuit eventus, te consalutavit imperatorem; nec aliter a cunctis omen acceptum est. Nam ipse intelligere nolebas: recusabas enim imperare; recusabas, quod bene erat imperaturi. Igitur cogendus fuisti. Cogi porro non poteras, nisi periculo patriæ et nutatione reipublicæ. Obstinatum enim tibi non suscipere imperium, nisi servandum fuisset. Quare ego illum ipsum furorem motumque castrensem reor exsti-

rien sur l'austérité de ses mœurs? son affabilité, sur la majesté de son extérieur? Sa taille, sa démarche, ses traits, cette fleur de santé qui brille encore dans un âge mûr; ses cheveux, que les dieux semblent n'avoir fait blanchir avant le temps que pour le rendre plus respectable: tout cela n'annonce-t-il pas un souverain à tout l'univers?

V. Tel devait être un prince qui ne s'est point élevé sur les ruines de la république par les malheurs de la guerre civile, ni par la fureur des armes, mais que nous destinaient la paix, l'adoption, et les dieux enfin devenus propices. Et n'est-il pas juste aussi qu'il y ait de la différence entre le prince que les hommes choisissent et celui que les dieux leur donnent? Pouvaient-ils se déclarer en votre faveur d'une manière plus éclatante qu'ils le firent lorsque vous partîtes pour aller prendre le commandement de l'armée? La destinée des autres empereurs avait été révélée, ou par les entrailles d'un grand nombre de victimes, ou par le vol heureux des oiseaux. Pour vous, dans le temps que, selon la coutume, vous montiez au Capitole, les acclamations des citoyens, qui, sans le savoir, concouraient au dessein des dieux, vous présagèrent l'empire. Le peuple en foule vous attendait à la porte du temple. Elle s'ouvrit; et à peine étiez-vous entré que les Romains, croyant saluer Jupiter[8], vous proclamèrent empereur, comme, depuis, l'évènement l'a bien fait connaître. Ce présage fut compris de tout le monde : vous seul ne voulûtes pas l'entendre; vous refusiez l'empire dont vous étiez d'autant plus digne que vous le refusiez. Il fallait donc que vous fussiez contraint, et vous ne pouviez l'être que par le péril de la patrie et par la crainte de voir la république renversée. Vous aviez résolu

tisse, quia magna vi magnoque terrore modestia tua vincenda erat. Ac sicut maris cœlique temperiem turbines tempestatesque commendant, ita ad augendam pacis tuæ gratiam, illum tumultum præcessisse crediderim. Habet has vices conditio mortalium, ut adversa ex secundis, ex adversis secunda nascantur. Occultat utrorumque semina deus, et plerumque bonorum malorumque causæ sub diversa specie latent.

VI. Magnum quidem illud seculo dedecus, magnum reipublicæ vulnus impressum est. Imperator, et parens generis humani obsessus, captus, inclusus : ablata mitissimo seni servandorum hominum potestas; ereptumque principi illud in principatu beatissimum, quod nihil cogitur. Si tamen hæc sola erat ratio, quæ te publicæ salutis gubernaculis admoveret, prope est ut exclamem, tanti fuisse. Corrupta est disciplina castrorum, ut tu corrector emendatorque contingeres : inductum pessimum exemplum, ut optimum opponeretur : postremo coactus princeps, quos nolebat, occidere, ut daret principem qui cogi non posset.

de ne vous point charger de l'empire tant qu'il y aurait quelque autre moyen de le sauver. Ainsi, je n'en doute pas, les dieux n'ont permis cette sédition, qui s'est élevée depuis peu dans le camp, que parce qu'on ne pouvait, sans un grand effort et sans vous faire craindre pour l'état, triompher de votre modestie. Mais comme jamais la mer ne paraît plus belle qu'après la tempête, ni le ciel plus serein qu'après l'orage, on dirait aussi que ces troubles qui ont précédé votre avènement à l'empire, n'ont fait qu'en augmenter l'éclat. Telles sont les vicissitudes des choses humaines : le bonheur prend sa naissance dans l'infortune, et l'infortune à son tour naît du bonheur. Dieu nous cache la source des biens et des maux, et leurs principes ont souvent des apparences bien différentes de ce qu'ils sont.

VI. C'est un grand opprobre pour notre siècle, je l'avoue, c'est une grande plaie pour la république, qu'on ait pu voir un empereur, le père commun du genre humain, investi, pris, enfermé ; que le pouvoir de conserver la vie à des citoyens ait été arraché à un vieillard que sa douceur devait faire respecter ; enfin, qu'on ait pu dépouiller un bon prince de la première prérogative de l'empire, du droit de ne rien faire contre sa volonté. Cependant si c'était la seule voie qui pût vous élever à l'empire, j'oserai presque dire que nous n'avons point à nous plaindre. La discipline militaire a été corrompue, mais pour être rétablie et réparée de vos mains. Un dangereux exemple a été donné, pour que vous lui en opposassiez un autre à jamais mémorable. Un prince a été forcé de sacrifier ceux qu'il voulait sauver, afin de nous donner un autre prince contre lequel la violence ne pût rien ?

Olim tu quidem adoptari merebare; sed nescissemus quantum tibi deberet imperium, si ante adoptatus esses. Exspectatum est tempus, in quo liqueret, non tam accepisse te beneficium, quam dedisse. Confugit in sinum tuum concussa respublica; ruensque imperium super imperatorem, imperatoris tibi voce delatum est. Imploratus adoptione, et accitus es, ut olim duces magni a peregrinis externisque bellis ad opem patriæ ferendam revocari solebant. Ita filius ac parens uno eodemque momento rem maximam invicem præstitistis : ille tibi imperium dedit, tu illi reddidisti. Solus ergo ad hoc ævi pro munere tanto paria accipiendo fecisti, immo ultra dantem obligasti : communicato enim imperio sollicitior tu, ille securior factus est.

VII. O novum atque inauditum ad principatum iter! non te propria cupiditas, proprius metus, sed aliena utilitas, alienus timor principem fecit. Videaris licet quod est amplissimum consecutus inter homines, felicius tamen erat illud, quod reliquisti : sub bono principe privatus esse desiisti. Assumptus es in laborum curarumque consortium, nec te læta et prospera stationis illius, sed aspera et dura ad capessendam eam compulerunt : suscepisti imperium, postquam alium suscepti pœnitebat. Nulla adoptati cum eo qui adoptabat cognatio, nulla ne-

Il y a long-temps que vous méritiez d'être adopté ; mais, si vous l'eussiez été plus tôt, nous ignorerions encore tout ce que vous doit l'empire. Il fallait attendre le moment où l'on ne pût douter que vous receviez bien moins que vous ne donniez. La république, près de tomber, s'est appuyée sur vous. L'empereur, accablé du poids de l'empire, vous a conjuré de le soutenir; vous avez été, par votre adoption, rappelé de votre gouvernement, comme autrefois, dans les besoins pressans de la république, on appelait à son secours les plus fameux capitaines engagés dans des guerres éloignées et étrangères : c'est ainsi que votre auguste père et vous, vous avez fait en même temps une action immortelle; lui, en vous donnant l'empire; vous, en le lui rendant. Seul donc, jusqu'à ce jour, vous avez la gloire de vous être acquitté, en recevant un tel bienfait, de la reconnaissance qu'il impose; que dis-je? d'avoir plus fait que le bienfaiteur même : en vous élevant à l'empire, il vous imposa seulement de nouveaux soins; en y montant, vous lui assurâtes le repos.

VII. O route nouvelle, route vraiment inconnue pour parvenir à l'empire! ce n'est ni votre ambition, ni votre crainte; c'est l'intérêt, c'est la sûreté du prince même qui vous fait empereur. Mais, quoique vous paraissiez arrivé au comble des grandeurs, vous avez quitté beaucoup plus que vous n'avez acquis : vous avez cessé de jouir des douceurs de la vie privée sous un bon prince. Vous avez été associé à des travaux et à des inquiétudes; car ce ne sont ni les charmes ni l'éclat de cette dignité suprême qui vous l'ont fait accepter; on ne vous y a élevé que pour vous en imposer toutes les charges, et vous n'avez consenti à être empereur que lorsqu'un autre regrettait de l'être. L'alliance et l'amitié n'ont eu nulle part à votre

cessitudo, nisi quod uterque optimus erat, dignusque alter eligi, alter eligere. Itaque adoptatus es, non, ut prius alius atque alius, in uxoris gratiam: adscivit enim te filium non vitricus, sed princeps; eodemque animo divus Nerva pater tuus factus est, quo erat omnium.

Nec decet aliter filium assumi, si assumatur a principe. An senatum populumque romanum, exercitus, provincias, socios transmissurus uni, successorem e sinu uxoris accipias? summæque potestatis heredem tantum intra domum tuam quæras? non per totam civitatem circumferas oculos? et hunc tibi proximum, hunc conjunctissimum existimes, quem optimum, quem diis simillimum inveneris? Imperaturus omnibus eligi debet ex omnibus. Non enim servulis tuis dominum, ut possis esse contentus quasi necessario herede, sed principem civibus daturus es imperator. Superbum istud et regium, nisi adoptes eum quem constet imperaturum fuisse, etiamsi non adoptasses. Fecit hoc Nerva, nihil arbitratus interesse, genueris an elegeris, si perinde sine judicio adoptentur liberi ac nascuntur: nisi tamen quod æquiore animo ferunt homines, quem princeps parum feliciter genuit, quam quem male elegit.

adoption. Rien ne vous liait l'un à l'autre, que vos vertus, qui vous rendaient dignes, l'un d'être choisi, l'autre de faire un tel choix. Vous n'avez pas été adopté, comme l'ont été plusieurs autres, par la complaisance d'un mari pour une femme 9. C'est l'empereur, et non votre beau-père, qui vous adopte ; et Nerva est devenu votre père par les mêmes sentimens qui le rendaient le père commun de tous les hommes.

C'est ainsi qu'un sage prince, qui se donne un fils, doit le choisir. Quoi donc! quand il s'agira de se destiner un successeur à qui l'on puisse confier la tutelle du sénat et du peuple romain [10], les légions, les provinces, les alliés, ne jettera-t-on les yeux que sur les enfans de sa femme? se renfermera-t-on dans sa maison pour y chercher un homme digne de gouverner le monde? ne croira-t-on point au contraire ne pouvoir jamais trop curieusement parcourir toutes les plus illustres familles? et n'y reconnaîtra-t-on pas, pour son plus proche parent, pour son meilleur ami, celui qu'on y aura trouvé le plus accompli, le plus semblable aux dieux immortels? C'est entre tous qu'il faut choisir celui qui doit commander à tous. On pourrait se contenter d'un héritier, quel qu'il fût, s'il ne fallait que donner un maître à de vils esclaves; mais, lorsqu'il s'agit de donner un prince à tout l'univers, il y aurait de l'orgueil et de la tyrannie à ne pas adopter celui que son mérite aurait élevé à l'empire, quand même on ne l'aurait pas adopté. C'est ce qu'a fait Nerva; il a été persuadé que si le discernement n'avait pas plus de part à l'adoption qu'à la naissance, il n'y aurait aucune différence à faire entre l'une et l'autre, si ce n'est peut-être qu'on vous pardonne bien plus des enfans mal nés que des enfans mal choisis.

VIII. Sedulo ergo vitavit hunc casum, nec judicium hominum, sed deorum etiam in consilium assumpsit. Itaque non tua in cubiculo, sed in templo, nec ante genialem torum, sed ante pulvinar Jovis optimi maximi adoptio peracta est; qua tandem non servitus nostra, sed libertas et salus et securitas fundabatur. Sibi enim vindicaverunt dii gloriam illam : horum opus, horum illud imperium : Nerva tantum minister fuit : utique qui adoptaret tam paruit, quam tu qui adoptabaris. Allata erat ex Pannonia laurea, id agentibus diis, ut invicti imperatoris exortum victoriæ insigne decoraret : hanc imperator Nerva in gremio Jovis collocarat, quum repente solito major et augustior, advocata hominum concione deorumque, te filium sibi, hoc est, unicum auxilium fessis rebus, assumpsit. Inde, quasi deposito imperio, qua securitate, qua gloria lætus, (nam quantulum refert deponas an partiaris imperium, nisi quod difficilius hoc est?) non secus ac præsenti tibi innixus, tuis humeris se patriamque sustentans, tua juventa, tuo robore invaluit!

Statim consedit omnis tumultus. Non adoptionis opus istud fuit, sed adoptati : atque adeo temere fecerat Nerva, si adoptasset alium. Oblitine sumus, ut nuper

VIII. Pour éviter un tel malheur, il n'a pas examiné seulement ce que les hommes en penseraient; il a consulté les dieux mêmes. Aussi votre adoption, qui devait, non pas perpétuer notre esclavage, mais fonder notre liberté, notre sûreté, tout notre bonheur, n'a pas été faite dans l'appartement de l'empereur et auprès de son lit nuptial : elle a été faite dans le temple et devant le lit sacré de Jupiter[11]. C'est aux dieux qu'il en faut rapporter toute la gloire; c'est leur ouvrage. Ce sont eux qui gouvernent; et vous et Nerva, vous n'avez été, dans votre adoption, que leurs ministres; vous n'avez fait tous deux que leur obéir. On avait apporté de la Pannonie la nouvelle d'une victoire; les dieux, qui voulaient, par les marques mêmes du triomphe, illustrer le commencement du règne d'un prince invincible, avaient conduit Nerva au temple, pour y consacrer ses lauriers, lorsque tout à coup, plus grand et plus majestueux qu'il ne l'avait jamais été, à la face des dieux et au milieu des acclamations du peuple, il vous déclara son fils, ou plutôt son unique ressource dans la conjoncture où il se trouvait. Alors, comme s'il eût abdiqué l'empire (en effet, partager l'empire, c'est presque l'abdiquer, et peut-être même que le partage en est plus difficile que l'abdication), on le vit plein de joie et de confiance. On eût dit que vous étiez présent, que vous lui aviez communiqué votre jeunesse et votre courage, et qu'en appuyant sur vous et sa personne et la république, il avait repris de nouvelles forces.

Aussitôt le tumulte s'apaisa. Ce n'est point à l'adoption, mais au mérite de la personne adoptée qu'on doit un tel miracle. Nerva n'eût pris que de fausses mesures, s'il eût fait un autre choix. Et ne nous souvenons-nous pas

post adoptionem non desierit seditio, sed cœperit? Irritamentum istud irarum, et fax tumultus fuisset, nisi incidisset in te. An dubium est, ut dare posset imperium imperator, qui reverentiam amiserat, auctoritate ejus effectum esse, cui dabatur? Simul filius, simul Cæsar, mox imperator, et consors tribunitiæ potestatis, et omnia pariter et statim factus es; quæ proxime parens verus tantum in alterum filium contulit.

IX. Magnum hoc tuæ moderationis indicium, quod non solum successor imperii, sed particeps etiam sociusque placuisti. Nam successor, etiamsi nolis, habendus est; non est habendus socius, nisi velis. Credentne posteri, patricio, et consulari, et triumphali patre genitum, quum fortissimum, amplissimum, amantissimum sui exercitum regeret, imperatorem non ab exercitu factum? eidem, quum Germaniæ præsideret, Germanici nomen hinc missum? nihil ipsum, ut imperator fieret, agitasse, nihil fecisse, nisi quod meruit et paruit?

Paruisti enim, Cæsar, et ad principatum obsequio pervenisti; nihilque magis a te subjecti animo factum est quam quod imperare cœpisti. Jam Cæsar, jam imperator, jam Germanicus, absens et ignarus, et post tanta

que naguère, loin d'étouffer les troubles, l'adoption même les fit naître [12] ? Si celle-ci fût tombée sur tout autre que sur vous, elle n'eût fait qu'irriter les esprits et allumer davantage le feu de la rebellion. Peut-on s'imaginer qu'un prince qui manque d'autorité pour se faire respecter, en ait assez pour disposer de l'empire, s'il ne la tient toute de celui à qui il le donne ? A peine fils de Nerva, vous êtes créé César, vous êtes créé empereur, vous êtes revêtu de la puissance sacrée des tribuns ; et c'est ce que, dans ces derniers temps, un père véritable n'avait fait que pour un de ses fils seulement [13].

IX. Quel éloge pour votre modération, qu'on ait osé vous choisir, non pas seulement pour successeur, mais encore pour associé à l'empire ! car il ne dépend pas d'un souverain de n'avoir point de successeur, mais il dépend toujours de lui de n'avoir point d'associé. La postérité le pourra-t-elle croire ? Un homme de race patricienne, né d'un consulaire, d'un triomphateur ; un homme qui commandait une armée brave, nombreuse, dévouée à tous ses intérêts, est parvenu à l'empire ; et ce ne sont pas ses troupes qui l'y ont élevé ! Croira-t-elle qu'il ait été gouverneur de la Germanie, et que ce soit de Rome qu'il ait reçu le titre de Germanique ! qu'enfin il n'ait rien entrepris, rien fait lui-même pour être élu empereur, si ce n'est de le mériter et d'obéir !

Car vous avez obéi, César ; c'est votre obéissance qui vous a fait prince ; et votre soumission n'a jamais mieux éclaté, que quand vous avez consenti à gouverner. Déjà on vous avait proclamé César, empereur ; déjà on vous avait donné le nom de Germanique, et vous étiez en-

nomina, quantum ad te pertinet, privatus. Magnum videretur, si dicerem, « nescisti te imperatorem futurum : » eras imperator, et esse te nesciebas.

Ut vero ad te fortunæ tuæ nuncius venit, malebas quidem hoc esse quod fueras, sed non erat liberum. An non obsequereris principi civis, legatus imperatori, filius patri? Ubi deinde disciplina? ubi mos a majoribus traditus, quodcunque imperator munus injungeret, æquo animo paratoque subeundi? Quid enim si provincias ex provinciis, ex bellis bella mandaret? Eodem illum uti jure posse putes, quum ad imperium revocet, quo sit usus quum ad exercitum miserit; nihilque interesse, ire legatum, an redire principem jubeat, nisi quod major sit obsequii gloria in eo, quod quis minus velit.

X. Augebat auctoritatem jubentis in summum discrimen auctoritas ejus adducta; utque magis parendum imperanti putares, efficiebatur eo, quod ab aliis minus parebatur. Ad hoc audiebas senatus populique consensum. Non unius Nervæ judicium illud, illa electio fuit : nam qui ubique sunt homines, hoc idem votis expetebant;

core éloigné, et vous l'ignoriez; et, décoré de si grands titres, vous n'étiez encore, autant qu'il dépendait de vous, qu'un homme privé. Ce serait beaucoup, si je disais que vous ne saviez pas que vous dussiez être empereur. Eh bien! vous étiez empereur, et vous ne le saviez pas!

Quand vous en apprîtes la nouvelle, vous eussiez mieux aimé rester ce que vous étiez : mais vous n'en aviez pas la liberté; un citoyen pouvait-il désobéir à son prince, un lieutenant à son général, un fils à son père? Que serait devenue la discipline? que serait devenue cette coutume que nos ancêtres nous ont transmise, d'être toujours également prêts à exécuter tous les ordres de celui qui commande? Vous saviez qu'il pouvait vous donner successivement différens gouvernemens; qu'après une guerre finie, il pouvait vous charger d'une autre; et vous ne doutiez pas qu'il n'eût le droit de vous rappeler pour gouverner l'empire, comme il l'avait eu de vous faire partir pour commander l'armée; qu'enfin, soit qu'il vous envoyât pour exécuter ses ordres, soit qu'il vous rappelât pour partager son rang, la gloire de l'obéissance était égale, et qu'elle était même plus grande à faire ce qui vous plaisait le moins.

X. Ce qui donnait, à vos yeux, plus d'autorité aux ordres de Nerva, c'est le péril même qui menaçait sa puissance : ce que les autres lui refusaient de soumission, ne vous paraissait qu'un nouvel engagement de redoubler la vôtre. Vous étiez informé d'ailleurs que le sénat et le peuple vous souhaitaient avec une égale ardeur; que votre élection n'était point l'ouvrage de l'empereur seul, et que les vœux communs de tout le monde vous

ille tantum jure principis occupavit, primusque fecit, quod omnes facturi erant. Nec hercule tantopere cunctis factum placeret, nisi placuisset antequam fieret.

At quo, dii boni, temperamento potestatem tuam fortunamque moderatus es! Imperator tu titulis, et imaginibus, et signis : ceterum modestia, labore, vigilantia, dux, et legatus, et miles, quum jam tua vexilla, tuas aquilas magno gradu anteires; neque aliud tibi ex illa adoptione, quam filii pietatem, filii obsequium assereres, longamque huic nomini ætatem, longam gloriam precarere. Te providentia deorum primum in locum provexerat; tu adhuc in secundo resistere, atque etiam senescere optabas : privatus tibi videbaris, quandiu imperator et alius esset. Audita sunt vota tua, sed in quantum optimo illi et sanctissimo seni utile fuit, quem dii cœlo vindicaverunt, ne quid, post illud divinum et immortale factum, mortale faceret. Deberi quippe maximo operi hanc venerationem, ut novissimum esset, auctoremque ejus statim consecrandum, ut quandoque inter posteros quæreretur, an illud jam deus fecisset. Ita ille nullo magis nomine publicus parens, quam quia tuus, ingens gloria, ingensque fama, quum abunde expertus esset, quam bene humeris tuis sederet imperium, tibi

appelaient à l'empire. S'il vous nomma le premier, ce ne fut que par un privilége dû au prince; mais il ne fit que ce que nous aurions tous fait, si nous en avions eu le pouvoir. Et sans doute on n'eût pas tant applaudi à votre adoption, si on ne l'eût pas unanimement désirée.

Et vous, avec quelle modération n'avez-vous point usé de votre fortune et de votre puissance? Si l'on consultait les statues, les inscriptions publiques, nos étendards, vous étiez empereur. Si l'on regardait votre modestie, vos travaux, votre vigilance, vous ne paraissiez qu'un général, un lieutenant, un soldat. On vous voyait, comme auparavant, marcher à pied à la tête de vos enseignes; et votre adoption n'éclatait que par votre zèle, par votre respect vraiment filial pour l'empereur, et par les vœux que vous ne cessiez de former pour jouir long-temps de la gloire de lui obéir et de lui plaire. Quoique les dieux vous eussent élevé à la première place, vous souhaitiez de demeurer et même de vieillir dans la seconde; et vous ne vouliez vous regarder que comme un homme privé, tant qu'un autre serait empereur avec vous. Vos vœux n'ont été exaucés qu'autant qu'ils devaient l'être pour la gloire d'un si bon et si vertueux prince. Il a été rappelé au ciel, de peur que son nom, consacré par une pensée toute divine, ne fût ensuite profané par quelque chose d'humain. Une action si mémorable méritait bien en effet d'être la dernière de sa vie. On ne pouvait trop tôt placer entre les immortels celui qui l'avait faite, et laisser douter aux siècles à venir s'il n'était pas déjà dieu quand il la fit. Ainsi, comblé d'honneurs et de gloire, ce père de la patrie, qui n'a jamais mieux mérité de l'être, que lorsqu'il

terras, te terris reliquit; eo ipso carus omnibus ac desiderandus, quod prospexerat ne desideraretur.

XI. Quem tu lacrymis primum, ita ut filium decuit, mox templis honestasti; non imitatus illos qui hoc idem, sed alia mente, fecerunt. Dicavit coelo Tiberius Augustum, sed ut majestatis crimen induceret : Claudium Nero, sed ut irrideret : Vespasianum Titus, Domitianus Titum; sed ille, ut dei filius, hic, ut frater videretur. Tu sideribus patrem intulisti, non ad metum civium, non in contumeliam numinum, non in honorem tuum, sed quia deum credis. Minus est hoc, quum fit ab iis qui et sese deos putant.

Sed, licet illum aris, pulvinaribus, flamine colas, non alio magis tamen deum et facis et probas, quam quod ipse talis es. In principe enim, qui electo successore fato concessit, una eademque certissima divinitatis fides est, bonus successor. Num ergo tibi ex immortalitate patris aliquid arrogantiæ accessit? Num hos proximos divini-

voulut devenir le vôtre, après avoir assez éprouvé que vous pouviez dignement soutenir la grandeur et la majesté de l'empire, laissa Trajan à la terre, et la terre à Trajan ; d'autant plus cher et plus regrettable, qu'il avait plus fait pour n'être pas regretté.

XI. Votre tendresse lui donna les larmes qu'un fils doit à la mémoire de son père, et bientôt vous lui élevâtes des temples, mais guidé par un plus noble sentiment que les princes vos prédécesseurs, qui rendirent le même honneur à celui dont ils occupaient la place. Si Tibère dressa des autels à Auguste, ce ne fut que pour avoir prétexte d'accuser d'impiété ceux qui attaqueraient la mémoire de ce prince. Si Néron plaça Claudius au ciel, ce fut moins pour l'honorer que pour se jouer des immortels. Enfin, si Titus déifia Vespasien, et Domitien Titus, ils ne voulaient que se faire regarder, l'un comme fils, l'autre comme frère d'un dieu. Pour vous, quand vous mettez Nerva au rang des immortels, ce n'est ni pour inspirer de la crainte aux citoyens, ni pour faire injure aux dieux, ni pour vous faire honneur à vous-même ; c'est parce que vous êtes persuadé que les dieux ont rendu cette justice à ses vertus. Il faut l'avouer, un tel culte perd beaucoup de son prix, quand on le reçoit de ceux qui croient le partager.

Mais, quelque soin que vous ayez pris de dresser des autels à Nerva, de lui assigner des prêtres, et de placer le lit sacré dans son temple [14], rien n'établit mieux sa divinité que votre vie. Car dans un prince qui meurt après avoir choisi son successeur, la preuve la plus certaine de divinité, c'est que ce successeur soit digne de l'être. L'immortalité de votre père vous a-t-elle inspiré

tate parentum desides ac superbos potius, quam illos veteres et antiquos æmularis, qui hoc ipsum imperium peperere? quod modo hostes invaserant contempserantque; cujus pulsi fugatique, non aliud majus habebatur indicium, quam quod triumpharetur. Ergo sustulerant animos, et jugum excusserant; nec jam nobiscum de sua libertate, sed de nostra servitute certabant; ac ne inducias quidem nisi æquis conditionibus inibant; legesque ut acciperent, dabant.

XII. At nunc rediit omnibus terror et metus, et votum imperata faciendi. Vident enim romanum ducem, unum ex illis veteribus et priscis, quibus imperatorium nomen addebant contecti cædibus campi, et infecta victoriis maria. Accipimus obsides ergo, non emimus; nec ingentibus damnis immensisque muneribus paciscimur, ut vicerimus. Rogant, supplicant; largimur, negamus: utrumque ex imperii majestate. Agunt gratias qui impetraverunt; non audent queri quibus negatum est. An audeant, qui sciant te adsedisse ferocissimis populis eo ipso tempore, quod amicissimum illis, difficillimum nobis; quum Danubius ripas gelu jungit, duratusque glacie ingentia tergo bella transportat; quum feræ gentes non telis magis, quam suo cœlo, suo sidere armantur?

la moindre vanité? Vous a-t-on vu imiter ces derniers princes, qui ne se faisaient de la divinité de leurs pères qu'un titre d'orgueil et de mollesse? ou plutôt n'avez-vous pas continué de marcher avec ardeur sur les traces de ces anciens et fameux capitaines qui ont fondé l'empire romain? Nos ennemis, qui en désolaient la frontière [15], commençaient à le mépriser; et nous n'étions jamais plus assurés qu'ils n'avaient point été défaits, que quand on triomphait d'eux. Enflés de leurs succès, ils avaient secoué le joug; ce n'était plus pour les tenir dans l'obéissance, mais pour défendre notre liberté, que nous combattions. Nous ne pouvions plus même conclure de trêves qu'à des conditions égales [16]; et, pour les contenir, il fallait recevoir leurs lois.

XII. Mais aujourd'hui, avec la crainte et l'épouvante, l'esprit de soumission est rentré en eux. Ils s'aperçoivent bien qu'ils ont maintenant en tête un de ces généraux des premiers siècles, où il ne fallait pas moins qu'un champ couvert de morts, qu'une mer rouge de carnage pour mériter le nom d'*imperator*. Nous avons donc des ôtages que nous n'achetons point; et nous ne faisons plus de ces traités qui, par des pertes réelles, et par des tributs honteux, nous donnaient droit de faire parade de victoires imaginaires. On nous supplie, on nous conjure; nous accordons, nous refusons, selon que la majesté de l'empire le demande: obtient-on, l'on nous rend grâces: refusons-nous, on n'ose pas se plaindre. Et comment auraient-ils l'audace de murmurer, eux qui savent que, dans le temps le plus favorable aux barbares, et le plus contraire aux Romains, lorsque le Danube glacé expose nos provinces à leurs incursions, et que ces peuples fé-

Sed ubi in proximo tu, non secus ac si mutatæ temporum vices essent, illi quidem latibulis suis clausi tenebantur; nostra agmina percursare ripas, et aliena occasione, si permitteres, uti, ultroque hiemem suam barbaris inferre gaudebant.

XIII. Hæc tibi apud hostes veneratio. Quid apud milites? quam admirationem, quemadmodum comparasti? quum tecum inediam, tecum ferrent sitim; quum in illa meditatione campestri militaribus turmis imperatorium pulverem sudoremque misceres, nihil a ceteris, nisi robore ac præstantia differens; quum libero Marte nunc cominus tela vibrares, nunc vibrata susciperes, alacer virtute militum, et lætus, quoties aut cassidi tuæ aut clypeo gravior ictus incideret (laudabas quippe ferientes, hortabarisque ut auderent, et audebant jam); quum spectator moderatorque ineuntium certamina virorum, arma componeres, tela tentares, ac si quod durius accipienti videretur, ipse vibrares. Quid quum solatium fessis, ægris opem ferres? Non tibi moris tua inire tentoria, nisi commilitonum ante lustrasses, nec requiem corpori, nisi post omnes, dare.

roces sont encore mieux défendus par leur climat que par leurs armes, vous avez campé sur leur territoire? Aux premières nouvelles de votre approche, comme si la saison eût tout à coup changé, ne les vit-on pas s'enfermer dans leurs antres, pendant que leurs rives étaient ravagées par nos légions, prêtes, si vous l'aviez voulu permettre, à pénétrer plus avant, et, s'emparant des avantages de l'ennemi, à lui rendre l'hiver aussi funeste qu'il le rendait naguère à nos armées.

XIII. Pendant que vous étiez ainsi la terreur des barbares, quelle admiration, quel amour n'inspiriez-vous pas à vos soldats! Ils vous voyaient partager la faim et la soif avec eux, et, dans les exercices militaires, vous couvrir comme eux de poussière et de sueur. Fallait-il dans ces jeux guerriers lancer un javelot ou en soutenir l'atteinte, vous ne vous distinguiez d'eux que par la force et par l'adresse. Touché de leur courage, charmé toutes les fois que le coup le mieux asséné tombait sur votre casque ou sur votre bouclier, vous combliez d'éloges ceux qui l'avaient porté; vous les excitiez à ne rien craindre et à faire encore mieux : et que ne tentaient-ils point, sous les yeux d'un général qui prenait la peine de les former lui-même? Avez-vous jamais laissé à un autre le soin d'examiner leurs armes, d'éprouver leurs traits? Et s'il s'en trouvait quelqu'un qui parût trop pesant au soldat, ne le lanciez-vous pas vous-même pour en faire l'essai? Qui apporta jamais plus d'attention à consoler les malheureux, à secourir les malades? Vous êtes-vous jamais retiré dans votre quartier, avant d'avoir visité tous les autres? Avez-vous jamais cherché le repos, avant de l'avoir assuré à toute l'armée?

Hac mihi admiratione dignus imperator non videretur, si inter Fabricios et Scipiones et Camillos talis esset. Tunc enim illum imitationis ardor, semperque melior aliquis accenderet. Postquam vero studium armorum a manibus ad oculos, ad voluptatem a labore translatum est; postquam exercitationibus nostris non veteranorum aliquis, cui decus corona muralis aut civica, sed græculus magister adsistit, quam magnum est unum ex omnibus patrio more, patria virtute lætari, et sine æmulo, ac sine exemplo secum certare, secum contendere, ac sicut imperat solus, solum ita esse qui debeat imperare!

XIV. Non incunabula hæc tibi, Cæsar, et rudimenta, quum puer admodum Parthica lauro gloriam patris augeres, nomenque Germanici jam tum mererere? quum ferociam superbiamque Parthorum ex proximo auditus magno terrore cohiberes, Rhenumque et Euphratem admirationis tuæ societate conjungeres? quum orbem terrarum non pedibus magis quam laudibus peragrares, apud eos semper major et clarior, quibus postea contigisses? Et necdum imperator, necdum dei filius eras. Germaniam quidem quum plurimæ gentes, ac prope infinita vastitas interjacentis soli, tum Pyrenæus, Alpes, immensique alii montes, nisi his compararentur, mu-

Qu'il se trouvât un tel général au milieu des Fabricius, des Scipions et des Camilles, je m'en étonnerais moins. Les grands exemples alors réveilleraient son ardeur; et une vertu plus haute que la sienne allumerait incessamment dans son âme une noble émulation; mais aujourd'hui que nous n'aimons plus les combats que dans les spectacles, que nous en avons fait un vain plaisir, au lieu d'un mâle exercice [17], et qu'enfin nous ne sommes plus instruits à manier les armes par des vétérans qu'ont illustrés des récompenses accordées à leur courage, mais par quelque misérable maître d'escrime, venu de Grèce, combien il est glorieux d'avoir seul conservé les mœurs et les vertus de nos pères, de n'avoir d'autre modèle à se proposer, d'autre rival à combattre que soi-même, et, quand seul on occupe la première place, d'avoir seul tout ce qui la mérite!

XIV. Remontons jusqu'aux commencemens et aux préludes de tant de gloire. A peine, César, sortiez-vous de l'enfance, que déjà, dans l'expédition de votre père contre les Parthes, vos exploits donnèrent un nouvel éclat à ses lauriers; déjà vous étiez digne du nom de Germanique. Bientôt la seule terreur qui se répandit à la nouvelle de votre approche suffit pour réprimer les Parthes. Votre réputation ne tarda guère à s'étendre des bords de l'Euphrate aux bords du Rhin; vous parcouriez toute la terre, devancé par votre renommée, toujours plus illustre et plus grand pour les peuples qui vous voyaient les derniers; et cependant vous n'étiez pas encore empereur, ni fils d'une divinité. Pour pénétrer en Germanie, que de nations à traverser [18]! que de pays à parcourir! Il vous fallait franchir les Pyrénées et les Al-

niunt dirimuntque. Per hoc omne spatium quum legiones duceres, seu potius (tanta velocitas erat!) raperes, non vehiculum unquam, non equum respexisti. Levis his, non subsidium itineris, sed decus, et cum ceteris subsequebatur, ut cujus nullus tibi usus, nisi quum die stativorum proximum campum alacritate, discursu, pulvere attolleres.

Initium laboris mirer, an finem? multum est quod perseverasti, plus tamen quod non timuisti ne perseverare non posses. Nec dubito quin ille, qui te inter illa Germaniæ bella ab Hispania usque, ut validissimum præsidium, excitaverat, iners ipse, alienisque virtutibus tunc quoque invidus imperator, quum ope earum indigeret, tantam admirationem tui, non sine quodam timore conceperit, quantam ille genitus Jove post sævos labores, duraque imperia regi suo indomitus semper indefessusque referebat, quum aliis super alias expeditionibus munere alio dignus invenireris.

XV. Tribunus vero disjunctissimas terras, teneris adhuc annis, viri firmitate lustrasti, jam tunc præmonente

pes, et d'autres montagnes qui paraîtraient affreuses, si on ne les comparait pas à celles-là. C'étaient autant de barrières insurmontables qui défendaient les Germains. Pendant que vous conduisiez, ou plutôt (tant votre marche était rapide!) que vous faisiez voler vos légions pour une expédition si éloignée, vous est-il arrivé de monter sur un char, ou de vous servir d'un cheval? Vous en aviez pourtant qui suivaient et qui marchaient avec les autres; mais ce n'était que pour honorer votre rang, et non pour vous épargner des fatigues. Vous ne vous en serviez que pour les courses, et pour les autres exercices militaires, que vous aimiez à faire dans les campagnes voisines de votre camp, lorsque la marche de l'armée était suspendue.

Que doit-on admirer le plus dans de tels travaux, ou l'entreprise, ou l'exécution? Quelles louanges ne mérite pas votre persévérance? Mais combien en doit-on plus à ce noble courage, qui ne vous a pas seulement laissé craindre de ne pouvoir persévérer! Aussi je ne doute point que ce prince efféminé [19] qui vous rappelait de l'Espagne, comme le seul capable de faire tête à de si redoutables ennemis, ce prince qui portait envie aux vertus d'autrui, dans le temps même qu'il ne pouvait s'en passer pour se soutenir, n'ait été alors aussi rempli d'admiration pour vous, que le fut autrefois pour Hercule ce tyran cruel [20], qui, en le livrant à tant de périls, le couvrit de tant de gloire. Comme ce héros infatigable, marchant d'exploits en exploits, chaque expédition vous faisait juger digne d'en entreprendre une autre.

XV. Dans la fleur de votre jeunesse, et n'étant encore que simple tribun militaire, vous aviez déjà fait briller

fortuna, ut diu penitusque perdisceres, quæ mox præcipere deberes. Neque enim prospexisse castra, brevemque militiam quasi transisse contentus, ita egisti tribunum, ut esse statim dux posses, nihilque discendum haberes tempore docendi. Cognovisti per stipendia decem mores gentium, regionum situs, opportunitates locorum; et diversam aquarum cœlique temperiem, ut patrios fontes patriumque sidus, ferre consuevisti. Quoties equos, quoties emerita arma mutasti!

Veniet ergo tempus, quo posteri visere, visendumque tradere minoribus suis gestient, quis sudores tuos hauserit campus, quæ refectiones tuas arbores, quæ somnum saxa prætexerint, quod denique tectum magnus hospes impleveris, ut tunc ipsi tibi ingentium ducum sacra vestigia iisdem in locis monstrabantur. Verum hæc olim: in præsentia quidem quisquis paulo vetustior miles, hic te commilitone censetur. Quotus enim quisque, cujus tu non ante commilito quam imperator? Inde est quod prope omnes nomine appellas, quod singulorum fortia facta commemoras : nec habent annumeranda tibi pro republica vulnera, quibus statim laudator et testis contigisti.

un mâle courage aux deux extrémités de la terre : il semblait dès-lors que la fortune vous avertît de préparer, par un long et complet apprentissage, les leçons que vous deviez bientôt donner aux autres. Car vous ne vous êtes pas contenté de voir un camp, et de servir quelques années : vous vous êtes si bien acquitté de votre charge de tribun, que peu après vous eussiez pu être général, et qu'appelé à commander, vous n'auriez eu rien de plus à apprendre. Vous aviez étudié pendant dix campagnes les mœurs des peuples, la situation des pays, l'avantage des lieux, et vous vous êtes accoutumé à supporter la différence des climats et des eaux. Qui pourrait dire combien de fois il a fallu renouveler vos chevaux et vos armes ?

Un temps viendra donc où nos neveux s'empresseront d'aller voir, et de faire voir à leurs enfans, les plaines arrosées de vos sueurs, les arbres qui ont prêté leur ombre à vos repas militaires, les antres qui ont protégé votre sommeil, les maisons qui ont possédé un hôte si illustre. Enfin, on montrera vos traces dans ces lieux avec autant d'empressement que vous y cherchiez celles des capitaines fameux [21]. Cet honneur vous est réservé pour l'avenir [22] : revenons au présent. Est-il un soldat, pour peu qu'il ait fait la guerre, qui ne puisse se vanter d'avoir eu l'honneur de servir avec vous, avant que de servir sous vous ? De là vient que vous les appelez presque tous par leur nom ; qu'ils n'ont point fait d'exploits que vous n'aimiez à raconter, et que vous leur épargnez la peine de vous rappeler les blessures qu'ils ont reçues pour la république, puisque, témoin de leur dévouement, vous l'avez aussitôt honoré de vos éloges.

XVI. Sed magis prædicanda moderatio tua, quod innutritus bellicis laudibus, pacem amas: nec quia vel pater tibi triumphalis, vel adoptionis tuæ die dicata Capitolino Jovi laurus, idcirco ex occasione omni quæris triumphos. Non times bella, nec provocas. Magnum est, imperator Auguste, magnum est stare in Danubii ripa, si transeas, certum triumphi, nec decertare cupere cum recusantibus; quorum alterum fortitudine, alterum moderatione efficitur. Nam ut ipse nolis pugnare, moderatio; fortitudo tua præstat, ut neque hostes tui velint. Accipiet ergo aliquando Capitolium non mimicos currus, nec falsæ simulacra victoriæ; sed imperatorem veram ac solidam gloriam reportantem, pacem, tranquillitatem, et tam confessa hostium obsequia, ut vincendus nemo fuerit. Pulchrius hoc omnibus triumphis: neque enim unquam, nisi ex contemptu imperii nostri, factum est ut vinceremus. Quod si quis barbarus rex eo insolentiæ furorisque processerit, ut iram tuam indignationemque mereatur, næ ille, sive interfuso mari, seu fluminibus immensis, seu præcipiti monte defenditur, omnia hæc tam prona tamque cedentia virtutibus tuis sentiet, ut subsedisse montes, flumina exaruisse, interceptum mare, illatasque sibi non esse classes nostras, sed terras ipsas arbitretur.

XVI. Mais combien n'en devons-nous pas à votre modération ! Nourri dans le goût de la gloire militaire, vous aimez la paix. On ne vous voit pas, plein du triomphe de votre père, et fier d'avoir été adopté le jour même que l'on consacrait vos lauriers à Jupiter, chercher sans cesse les occasions de triompher. Vous ne craignez ni ne provoquez la guerre. Quelle grandeur, César, de s'arrêter sur les rives du Danube, quand on est sûr qu'il n'y a qu'à le passer pour vaincre ! de ne point souhaiter le combat, devant des ennemis qui l'évitent ! Quel honneur à la fois pour votre courage et votre modération ! vous ne voulez point combattre, c'est modération ; vos ennemis ne le veulent pas eux-mêmes, c'est l'effet de votre courage. Le Capitole ne recevra donc plus maintenant de chars vides de vainqueurs ; il ne verra plus de vains simulacres de la victoire ; mais il recevra un empereur rapportant une gloire solide et véritable, la paix, la tranquillité et la soumission des peuples, si pleine et si entière qu'il n'aura pas eu même d'ennemis à vaincre. Est-il un triomphe plus beau ? Car enfin nous ne pouvons vaincre, sans reconnaître qu'on a méprisé notre puissance. Que si quelque roi barbare[23] pouvait être assez téméraire ou assez insensé pour s'attirer votre indignation, fût-il défendu par les plus vastes mers, par des fleuves immenses, par des montagnes inaccessibles, il ne tardera guère à éprouver que ce sont de faibles remparts contre votre valeur ; et il se verra si promptement accablé, que, dans son étonnement, il lui semblera qu'à votre aspect les montagnes se sont aplanies, les fleuves se sont retirés, la mer a disparu, et que ce sont, non pas nos flottes, mais nos villes elles-mêmes qui ont fondu sur ses états.

XVII. Videor jam cernere non spoliis provinciarum, et extorto sociis auro, sed hostilibus armis, captorumque regum catenis triumphum gravem : videor ingentia ducum nomina, nec indecora nominibus corpora noscitare; videor intueri immanibus ausis barbarorum onusta fercula, et sua quemque facta vinctis manibus sequentem; mox ipsum te sublimem instantemque curru domitarum gentium tergo; ante currum autem clypeos, quos ipse perfoderis. Nec tibi opima defuerint, si quis regum venire in manus audeat, nec non modo telorum tuorum, sed etiam oculorum minarumque conjectum, toto campo totoque exercitu opposito, perhorrescat. Meruisti proxima moderatione, ut, quandocumque te vel inferre vel propulsare bellum coegerit imperii dignitas, non ideo vicisse videaris, ut triumphares, sed triumphare quia viceris.

XVIII. Aliud ex alio mihi occurrit. Quam speciosum est enim, quod disciplinam castrorum lapsam exstinctamque refovisti, depulso prioris seculi malo, inertia, et contumacia, et dedignatione parendi! Tutum est reverentiam, tutum caritatem mereri; nec ducum quisquam, aut non amari a militibus, aut amari timet : et inde offensæ gratiæque pariter securi instant operibus, adsunt exer-

XVII. Il me semble déjà voir un triomphe, dont la pompe n'est plus ornée, comme auparavant, des dépouilles de nos provinces, et des richesses arrachées à nos alliés; mais dont la marche est retardée par le poids des armes ennemies et par les chaînes des rois captifs. Je lis les terribles noms des capitaines vaincus, et je vois des hommes qui ne démentent point ces noms fameux. J'aperçois déjà leurs audacieuses entreprises retracées par de vives images, qu'ils suivent les mains liées [24]. Vous, César, élevé sur un char, devant lequel on porte les boucliers qui ont été percés de vos traits, vous semblez encore poursuivre ces nations vaincues. Les dépouilles mêmes d'un général tombé sous vos coups ne vous manqueraient pas, s'il était quelqu'un de leurs rois assez hardi pour se mesurer avec vous, et pour ne point craindre, je ne dis point vos javelots, mais vos regards et vos menaces, lors même qu'il serait séparé de vous par le champ de bataille et par son armée tout entière. Vous venez de mériter, par votre modération [25], que, forcé par la majesté de l'empire soit à déclarer la guerre, soit à la repousser, l'on vous fasse la justice de croire que vous n'avez pas vaincu pour triompher, mais que vous ne triomphez que parce que vous avez vaincu.

XVIII. Une idée m'en rappelle une autre. Qu'il est honorable d'avoir rétabli la discipline militaire, presque entièrement détruite par la corruption du dernier siècle, par la mollesse des chefs, par l'insolence du soldat, et par le mépris de l'autorité! On peut aujourd'hui sans péril mériter l'admiration ou l'attachement des troupes. Un commandant n'a plus à craindre d'être aimé ou d'être haï des soldats. Également en sûreté contre leur haine et contre leur amour, il presse les ou-

tationibus, arma, mœnia, viros aptant. Quippe non is princeps, qui sibi imminere, sibi intendi putet quod in hostes paretur; quæ persuasio fuit illorum qui, hostilia quum facerent, timebant. Iidem ergo torpere militaria studia, nec animos modo, sed et corpora ipsa languescere, gladios etiam incuria hebetari retundique gaudebant. Duces porro nostri, non tam regum exterorum, quam suorum principum insidias, nec tam hostium, quam commilitonum manus ferrumque metuebant.

XIX. Est hæc natura sideribus, ut parva et exilia validiorum exortus obscuret : similiter imperatoris adventu legatorum dignitas inumbratur. Tu tamen major omnibus quidem eras, sed sine ullius deminutione major: eamdem auctoritatem præsente te quisque, quam absente, retinebat. Quin etiam plerisque ex eo reverentia accesserat, quod tu quoque illos reverebare. Itaque, perinde summis atque infimis carus, sic imperatorem commilitonemque miscueras, ut studium omnium laboremque et tanquam exactor intenderes, et tanquam particeps sociusque relevares. Felices illos, quorum fides et industria non per internuntios et interpretes, sed ab ipso te, nec auribus tuis, sed oculis, probabantur! Consecuti sunt, ut absens quoque de absentibus nemini magis, quam tibi crederes.

vrages, il dirige leurs exercices, il prend soin que les armes soient en bon état, les hommes bien dressés, les camps bien retranchés. Car nous n'avons plus un prince qui s'imagine être menacé par les préparatifs que l'on fait contre les barbares : cette défiance convenait à ceux qui, nous traitant en ennemis, pouvaient craindre d'être traités de même à leur tour. De tels princes se plaisent à voir s'éteindre notre amour pour les armes, notre corps s'amollir avec notre courage[26], et nos épées s'émousser par notre indolence; aussi nos généraux appréhendaient bien plus les embûches de leurs empereurs, que celles des rois barbares; le glaive de leurs propres soldats, que celui de leurs ennemis.

XIX. Comme entre les astres, les plus grands ne paraissent point sans obscurcir les plus petits, ainsi l'empereur ne se montre pas sans effacer ses lieutenans. Vous seul, vous avez su vous faire une sorte de grandeur, qui ne dérobe rien à celle des autres. En votre présence, chacun a retenu toute l'autorité qu'il avait en votre absence. Il est arrivé même à la plupart, que la considération qu'on avait pour eux, s'est augmentée par celle que vous leur avez marquée. Également chéri de la noblesse et du peuple, vous avez tellement confondu le soldat avec l'empereur, que vous n'avez point inspiré d'ardeur aux troupes que vous n'ayez sentie; point ordonné de travaux que vous n'ayez partagés. Heureux ceux qui vous servent! vous n'en connaissez point le zèle et la capacité sur la foi d'autrui et sur ce que vous en avez entendu dire; vous en jugez par vous-même, et sur ce que vous leur avez vu faire. Ils ont le bonheur que, lorsqu'ils sont absens, vous vous en rapportez moins, sur ce qui les touche, aux autres qu'à vous-même.

XX. Jam te civium desideria revocabant, amoremque castrorum superabat caritas patriæ. Iter inde placidum ac modestum, ut plane a pace redeuntis. Nec vero ego in laudibus tuis ponam, quod adventum tuum non pater quisquam, non maritus expavit. Affectata aliis castitas, tibi ingenita et innata, interque ea quæ imputare non possis. Nullus in exigendis vehiculis tumultus, nullum circa hospitia fastidium : annona, quæ ceteris. Ad hoc, comitatus accinctus et parens : diceres magnum aliquem ducem, ac te potissimum ad exercitus ire : adeo nihil, aut certe parum intererat inter imperatorem factum, et brevi futurum. Quam dissimilis nuper alterius principis transitus! si tamen transitus ille, non populatio fuit, quum abactus hospitum exerceret, omniaque dextra lævaque perusta et attrita, ut si vis aliqua vel ipsi illi barbari, quos fugiebat, inciderent. Persuadendum provinciis erat, illud iter Domitiani fuisse, non principis. Itaque non tam pro tua gloria, quam pro utilitate communi, edicto subjecisti, quid in utrumque vestrum esset impensum. Assuescat imperator cum imperio calculum ponere : sic exeat, sic redeat, tanquam rationem redditurus : edicat quid absumpserit : ita fiet ut non absumat, quod pudeat dicere. Præterea futuri principes (velint, nolint) sciant, tanti tuum constat; propositisque duobus exemplis meminerint, perinde conjectu-

XX. Enfin, les vœux et l'empressement du peuple romain vous ont forcé à revenir; l'amour de la patrie l'a emporté sur votre amour pour l'armée : mais que d'ordre et de tranquillité dans votre marche! pouvait-on s'apercevoir que vous reveniez d'une expédition militaire? Je ne vous louerai point de ce que votre retour n'a alarmé ni les maris, ni les pères. Cette pureté de mœurs, que les autres ont voulu feindre, vous est si naturelle, qu'on ne peut vous en faire un mérite. Les voitures qu'on devait vous fournir étaient réclamées sans désordre : nulle délicatesse sur vos logemens; votre nourriture était celle de tous les autres; votre suite était sage et tranquille. On eût dit que quelque grand capitaine, ou que Trajan même allait joindre son armée, tant l'empereur avait su conserver les vertus du général [27]! Qu'il avait été différent naguère le voyage, ou plutôt l'incursion de ce prince qui a tout ravagé sur son passage, chassé les citoyens de leurs maisons, pillé, brûlé, détruit tout, avec autant de fureur qu'auraient pu faire des ennemis, ou les barbares mêmes qu'il fuyait! Il fallait que les provinces apprissent qu'une telle marche avait été la marche de Domitien, et non de l'empereur. Ce n'est donc pas pour votre gloire, c'est pour l'intérêt de l'empire, que, par votre édit, vous avez ordonné le remboursement de toute la dépense qui avait été faite pour son voyage et pour le vôtre. Il est bon qu'un empereur s'accoutume à compter avec la république; qu'en traversant nos provinces, il songe qu'il rendra compte de sa marche; qu'enfin il déclare publiquement la dépense qu'il aura faite. Il arrivera de là, qu'il craindra de dépenser ce qu'il aurait honte de déclarer. D'ailleurs, il importe que les princes qui viendront après vous ne puissent ignorer combien

ram de moribus suis homines esse facturos, prout hoc vel illud elegerint.

XXI. Nonne his tot tantisque meritis novos aliquos honores, novos titulos merebare? At tu etiam nomen patris patriæ recusabas. Quam longa nobis cum modestia tua pugna! quam tarde vicimus! Nomen illud, quod alii primo statim principatus die, ut imperatoris et Cæsaris, receperunt, tu usque eo distulisti, donec tu quoque, beneficiorum tuorum parcissimus æstimator, jam te mereri fatereris! Itaque soli omnium contigit tibi, ut pater patriæ esses, antequam fieres. Eras enim in animis, in judiciis nostris : nec publicæ pietatis intererat quid vocarere, nisi quod ingrata sibi videbatur, si te Imperatorem potius vocaret et Cæsarem, quum patrem experiretur. Quod quidem nomen qua benignitate, qua indulgentia exerces! ut cum civibus tuis, quasi cum liberis parens, vivis! ut reversus Imperator, qui privatus exieras, agnoscis, agnosceris! eosdem nos, eumdem te putas : par omnibus, et hoc tantum ceteris major, quod melior.

XXII. Ac primum, qui dies ille, quo exspectatus desideratusque urbem ingressus es! Jam hoc ipsum quod

votre voyage a coûté, et qu'ayant devant les yeux votre exemple et celui de Domitien, ils se souviennent que leur réputation sera réglée sur le choix qu'ils auront fait de l'un ou de l'autre de ces modèles.

XXI. Tant de biens dont vous nous comblez ne vous avaient-ils pas justement mérité de nouveaux honneurs et de nouveaux titres? Cependant vous refusiez encore le nom de père de la patrie. Quels combats n'a-t-il point fallu livrer à votre modestie! et que vous avez long-temps résisté! Ce nom que les autres princes n'ont pas hésité de prendre avec celui de César et d'empereur, dès le jour de leur avènement, vous l'avez constamment rejeté, jusqu'à ce que vous-même, malgré le peu de prix que vous attachiez à vos bienfaits, vous ayez été obligé de convenir que vous le méritiez. Ainsi donc, seul entre tous, vous avez été père de la patrie, avant de l'avoir été proclamé par la voix publique[28]. Nos suffrages secrets, nos cœurs vous déféraient déjà ce titre, et il eût semblé peu important au zèle des citoyens quel nom l'on vous donnât, s'il n'y eût eu une espèce d'ingratitude à vous appeler empereur et César, alors qu'ils trouvaient en vous un véritable père Avec quelle douceur, avec quelle humanité ne soutenez-vous pas ce nom? Ne vivez-vous pas avec nous comme un père avec ses enfans? Vous partez homme privé, vous revenez empereur; nous vous reconnaissons, et vous nous reconnaissez. Vous ne vous apercevez pas qu'il soit survenu aucun changement ni dans votre état, ni dans le nôtre; vous vous faites l'égal de tous, et vous ne vous montrez le plus grand que par vos vertus.

XXII. Que dirai-je de ce jour où vous entrâtes dans Rome, si ardemment désiré, si impatiemment attendu?

ingressus es, quam mirum lætumque! Nam priores invehi et importari solebant, non dico quadrijugo curru, et albentibus equis, sed humeris hominum, quod arrogantius erat. Tu sola corporis proceritate elatior aliis et excelsior, non de patientia nostra quemdam triumphum, sed de superbia principum egisti. Ergo non ætas quemquam, non valetudo, non sexus retardavit, quominus oculos insolito spectaculo impleret. Te parvuli noscere, ostentare juvenes, mirari senes, ægri quoque neglecto medentium imperio ad conspectum tui, quasi ad salutem sanitatemque, prorepere. Inde alii se satis vixisse te viso, te recepto; alii, nunc magis esse vivendum, prædicabant. Feminas etiam tunc fœcunditatis suæ maxima voluptas subiit, quum cernerent cui principi cives, cui Imperatori milites peperissent. Videres referta tecta ac laborantia, ac ne eum quidem vacantem locum, qui non nisi suspensum et instabile vestigium caperet; oppletas undique vias angustumque tramitem relictum tibi; alacrem hinc atque inde populum; ubique par gaudium paremque clamorem. Tam æqualis ab omnibus ex adventu tuo lætitia percepta est, quam omnibus venisti: quæ tamen ipsa cum ingressu tuo crevit, ac prope in singulos gradus adaucta est.

Et la manière même dont vous être entré, combien n'excita-t-elle pas de surprise et de plaisir[29]! Nous avions vu les autres empereurs, non-seulement traînés sur un char par quatre chevaux blancs, mais, ce qui est le comble de l'orgueil, portés sur les épaules des hommes. Pour vous, vous deviez à la seule majesté de votre taille, de dominer sur tout ce qui vous entourait; vous avez triomphé en quelque sorte de la vanité de vos prédécesseurs, tandis qu'ils ne semblaient triompher que de notre patience. Aussi n'y eut-il personne que son âge, son sexe ou sa santé pût empêcher de courir à un spectacle si nouveau. Les enfans s'empressaient de vous connaître, les jeunes gens de vous montrer, les vieillards de vous admirer; les malades mêmes, sans égard pour les ordres de leurs médecins, se traînaient sur votre passage; on eût dit qu'ils allaient à la guérison et à la santé. Les uns s'écriaient qu'ils avaient assez vécu, puisqu'ils vous avaient vu; les autres disaient que c'était maintenant qu'il était doux de vivre; les femmes se réjouissaient d'avoir mis au monde des enfans, voyant à quel prince elles avaient donné des citoyens, à quel général elles avaient donné des soldats. On voyait les toits plier sous le poids des spectateurs. Les places même où l'on ne pouvait se tenir qu'à demi suspendu, étaient occupées. La foule dont les rues étaient pleines, vous laissait à peine un étroit passage : le peuple faisait éclater sa joie à vos côtés, et vous trouviez partout les mêmes transports, et les mêmes acclamations. Il était bien juste que la joie de tout le monde fût égale, puisque vous étiez également venu pour tout le monde : et cependant elle semblait redoubler à mesure que vous avanciez, et pour ainsi dire à chaque pas que vous faisiez.

XXIII. Gratum erat cunctis, quod senatum osculo exciperes, ut dimissus osculo fueras : gratum quod equestris ordinis decora honore nominum sine monitore signares : gratum, quod tantum non ultro clientibus salutatis quasdam familiaritatis notas adderes : gratius tamen, quod sensim et placide, et quantum respectantium turba pateretur, incederes ; quod occursantium populus te quoque, te immo maxime adstaret : quod primo statim die latus tuum crederes omnibus. Neque enim stipatus satellitum manu, sed circumfusus undique nunc senatus, nunc equestris ordinis flore, prout alterutrum frequentiæ genus invaluisset, silentes quietosque lictores tuos subsequebare. Nam milites nihil a plebe habitu, tranquillitate, modestia differebant.

Ubi vero cœpisti Capitolium ascendere, quam læta omnibus adoptionis tuæ recordatio ! quam peculiare gaudium eorum, qui te primi eodem loco salutaverant Imperatorem ! Quin etiam deum ipsum tunc præcipuam voluptatem operis sui percepisse crediderim. Ut quidem iisdem vestigiis institisti, quibus parens tuus ingens illud deorum prolaturus arcanum, quæ circumstantium gaudia ! quam recens clamor ! quam similis illi dies, qui hunc genuit

XXIII. Qui ne fut charmé de voir qu'à votre retour vous embrassiez les sénateurs, comme ils vous avaient embrassé à votre départ? qu'il n'y avait personne de distingué dans l'ordre des chevaliers, à qui vous ne fissiez l'honneur, et sans qu'il fût besoin d'aider votre mémoire, de le nommer par son nom [30]? qu'enfin ceux qui avaient le bonheur d'être auparavant sous votre protection [31], semblaient recevoir de vous plus de témoignages de bienveillance qu'à l'ordinaire. Mais ce qui enchantait surtout les citoyens, c'est que votre marche était lente et tranquille, autant que le permettait la foule qui ne se rassasiait point de vous voir; c'est qu'il n'était personne dont cette multitude avide pût s'approcher plus librement que de vous [32]; et que, dès le premier jour de votre empire, on vous voyait confier votre garde à votre peuple. Car vous n'étiez pas au milieu d'une troupe de gens armés, mais environné de tous côtés, tantôt d'une partie du sénat, tantôt de l'élite des chevaliers, selon que la foule des chevaliers ou des sénateurs se grossissait autour de vous. Vous suiviez vos licteurs, qui vous devançaient sans trouble et sans bruit. Car l'air et la douceur de vos soldats ne permettaient point de les distinguer du peuple.

Mais lorsque vous commençâtes à monter au Capitole, comme on se rappela avec douceur le jour de votre adoption! Quelle joie surtout pour ceux qui vous avaient autrefois salué comme empereur dans ce même lieu! Je crois, pour moi, qu'alors seulement [33] le dieu lui-même goûta dans toute son étendue le plaisir de son ouvrage. Enfin, quand on vous vit prendre le même chemin qu'avait suivi votre auguste père pour aller révéler le secret des dieux qui vous destinaient à l'empire, quels ravissemens de toute l'assemblée! Les acclamations recom-

diem! ut plena altaribus, augusta victimis cuncta! ut in unius salutem collata omnium vota! quum sibi se ac liberis suis intelligerent precari, quæ pro te precarentur. Inde tu in palatium quidem, sed eo vultu, sed ea moderatione, ut si privatam domum peteres; ceteri ad penates suos, quisque iteraturus gaudii fidem, ubi nulla necessitas gaudendi est.

XXIV. Onerasset alium ejusmodi introitus; tu quotidie admirabilior, et melior; talis denique, quales alii principes futuros se tantum pollicentur. Solum ergo te commendat augetque temporis spatium : junxisti enim ac miscuisti res diversissimas, securitatem olim imperantis, et incipientis pudorem. Non tu civium amplexus ad pedes tuos deprimis, nec osculum manu reddis: manet Imperatori quæ prior oris humanitas, dexteræ verecundia. Incedebas pedibus, incedis : lætabaris labore, lætaris : eadem, quæ omnia illa circa te, nihil in ipso te fortuna mutavit. Liberum est, ingrediente per publicum principe, subsistere, occurrere, comitari, præterire: ambulas inter nos, non quasi contingas; et copiam tui, non ut imputes, facis. Hæret lateri tuo quisquis accessit; finemque sermoni suus cuique pudor, non tua superbia, facit.

mencèrent ; on eût dit que ce jour était celui de votre adoption. Que d'autels fumans par toute la ville! que de victimes offertes [34]! que de vœux réunis pour le bonheur d'un seul homme! Ne voyait-on pas que chacun, en demandant votre conservation aux dieux, croyait leur demander la sienne et celle de ses enfans? De là, vous prîtes le chemin du palais impérial; mais avec la même contenance, avec aussi peu de faste, que si vous fussiez retourné dans votre maison particulière. Enfin, chacun se retira pour se livrer à de nouveaux transports dans le sein de sa famille, où rien n'oblige à feindre la joie que l'on ne ressent pas.

XXIV. Un tel commencement eût été difficile à soutenir pour tout autre. Mais vous, plus admirable et meilleur de jour en jour, vous tenez ce que les autres princes se contentent de promettre. Par un privilège qui vous est propre[35], le temps ne fait qu'augmenter vos vertus et notre amour. Vous avez su, en effet, unir des qualités bien contraires, la fermeté d'un homme qui gouverne depuis long-temps, et la retenue d'un homme qui commence à gouverner. Vous n'abaissez pas les citoyens jusqu'à leur permettre de vous embrasser les genoux; et vous ne rendez pas le salut, en présentant votre main à baiser. L'empereur a conservé l'affabilité et la simplicité du sujet. Vous marchiez à pied, vous y marchez encore; vous aimiez les plus rudes travaux, vous les aimez de même; et la fortune, qui a tout changé autour de vous, n'a rien changé en vous[36]. On peut maintenant sans crainte, quand le prince paraît en public, s'arrêter pour le voir, se trouver sur son passage, l'accompagner, continuer son chemin. Vous vous promenez au milieu de nous, sans paraître sentir l'honneur

Regimur quidem a te, et subjecti tibi, sed quemadmodum legibus, sumus. Nam et illæ cupiditates nostras libidinesque moderantur, nobiscum tamen et inter nos versantur. Emines, excellis, ut honor, ut potestas, quæ super homines quidem, hominum sunt tamen. Ante te principes, fastidio nostri, et quodam æqualitatis metu, usum pedum amiserant. Illos ergo humeri cervicesque servorum super ora nostra; te fama, te gloria, te civium pietas, te libertas super ipsos principes vehunt; te ad sidera tollit humus ista communis, et confusa principis vestigia.

XXV. Nec vereor, P. C., ne longior videar, quum sit maxime optandum, ut ea, pro quibus aguntur principi gratiæ, multa sint : quæ quidem reverentius fuerit integra illibataque cogitationibus vestris reservari, quam carptim breviterque perstringi; quia fere sequitur, ut illa quidem de quibus taceas, tanta quanta sunt esse videantur. Nisi vero leviter attingi placet locupletatas tribus, datumque congiarium populo, et datum totum, quum donativi partem milites accepissent. An mediocris animi est, his potius repræsentare, quibus magis negari

que vous nous faites[37], et vous vous rendez accessible, sans dessein de vous en prévaloir[38]. Chacun vous aborde et vous parle autant qu'il lui plaît; et sa seule discrétion, et non votre impatience, règle la longueur de son discours.

Nous sommes soumis à vos ordres, mais c'est de la même manière que nous le sommes aux lois. Car elles s'opposent à nos déréglemens; elles répriment nos passions : mais nous vivons avec elles, et elles ne sont parmi nous que pour nous. Vous êtes au dessus de nous, comme la magistrature et la puissance publique : elles dominent sur les hommes, mais sans cesser d'être avec eux. La vanité des autres princes, et la crainte de mettre entre eux et nous quelque égalité, leur avait fait perdre l'usage des jambes. Porté sur les épaules de leurs esclaves, ils semblaient marcher sur nos têtes. Mais vous, la renommée, la gloire, l'amour des citoyens, la liberté vous placent au dessus de ces princes, et, en confondant sur la terre vos pas avec les nôtres[39], vous avez su cependant vous élever jusqu'au ciel.

XXV. Je ne crains pas, Pères conscrits, de vous paraître trop long, puisqu'on ne peut trop souhaiter que les bienfaits dont nous rendons grâces au prince soient infinis. Il y aurait plus de respect à les passer tout-à-fait sous silence, et à les laisser tout entiers à vos reflexions, qu'à les toucher légèrement et en passant; car le silence a cet avantage sur les discours faibles, qu'il ne fait rien perdre de la vérité. Je ne dirai pourtant qu'un mot des libéralités que vous avez faites au peuple, mais telles que vous les lui aviez promises, quoique les troupes n'eussent reçu qu'une partie des dons qui leur avaient été destinés. N'y a-t-il pas de la grandeur d'âme à avoir plus

potest? quanquam in hac quoque diversitate æqualitatis ratio servata est. Æquati sunt enim populo milites, eo quod partem, sed priores; populus militibus, quod posterior, sed totum statim accepit.

Enim vero qua benignitate divisum est! quantæque curæ tibi fuit, ne quis expers liberalitatis tuæ fieret! Datum est his, qui post edictum tuum in locum erasorum subditi fuerant, æquatique sunt ceteris illi etiam, quibus non erat promissum. Negotiis aliquis, valetudine alius, hic mari, ille fluminibus distinebatur : exspectatus est; provisumque ne quis æger, ne quis occupatus, ne quis denique longe fuisset : veniret quisque, quum vellet; veniret quisque, quum posset. Magnificum, Cæsar, et tuum, disjunctissimas terras munificentiæ ingenio velut admovere, immensaque spatia liberalitate contrahere, intercedere casibus, occursare fortunæ, atque omni ope adniti, ne quis e plebe romana, dante congiarium te, hominem magis sentiret se fuisse, quam civem.

XXVI. Adventante congiarii die, observare principis egressum in publicum, insidere vias examina infantium, futurusque populus solebat. Labor parentibus erat, osten-

d'exactitude envers ceux qui peuvent en exiger le moins? Ce n'est pas que, dans cette diversité même, on ne puisse dire que vous avez tenu la balance égale : les soldats n'ont rien eu à envier au peuple, parce que, s'ils n'ont reçu qu'une partie, ils l'ont reçue plus tôt; ni le peuple aux soldats, parce que, s'il a reçu plus tard, il a tout reçu.

Mais avec quelle attention vos bienfaits n'ont-ils pas été distribués? Quel soin n'avez-vous pas pris[40] pour les répandre de telle sorte que tout le monde pût s'en ressentir? Ils sont parvenus jusqu'à ceux qui, depuis votre édit, avaient été substitués à la place des citoyens rayés du rôle public; et on a ainsi égalé aux autres, ceux même à qui on n'avait rien promis. L'un était retenu par des affaires, l'autre par sa santé; celui-ci était arrêté par la mer, celui-là par des fleuves débordés : on les attendit[41]. Vous avez voulu que ni la maladie, ni les occupations, ni l'éloignement, ne fussent un obstacle à vos bienfaits. Il a été libre à chacun de venir recevoir quand il a pu, quand il a voulu. Quoi de plus magnifique et de plus digne de vous, César, que d'avoir su, par votre libéralité, rapprocher en quelque sorte les pays les plus éloignés, réunir des hommes que séparaient des espaces immenses, prévoir et surmonter tous les obstacles, tromper la malignité de la fortune, et faire en sorte que, dans le temps que vous avez répandu vos largesses sur les citoyens, aucun n'ait pu sentir qu'il était homme, sans s'apercevoir qu'il était Romain!

XXVI. Le jour marqué pour la distribution, des essaims d'enfans, futurs citoyens de la république, avaient coutume d'attendre que le prince sortît, et d'occuper toutes les rues par où il devait passer. Les pères, pour

tare parvulos, impositosque cervicibus adulantia verba blandasque voces educere. Reddebant illi quæ monebantur; ac plerique irritis precibus surdas principis aures adstrepebant; ignarique quid rogassent, quid non impetrassent, donec plane scirent, differebantur. Tu ne rogari quidem sustinuisti; et quanquam lætissimum oculis tuis esset, conspectu romanæ sobolis impleri, omnes tamen antequam te viderent adirentve, recipi, incidi jussisti, ut jam inde ab infantia parentem publicum munere educationis experirentur; crescerent de tuo qui crescerent tibi; alimentisque tuis ad stipendia tua pervenirent; tantumque omnes uni tibi, quantum parentibus suis quisque deberet. Recte, Cæsar, quod spem romani nominis sumptibus tuis suscipis. Nullum est enim magno principe, immortalitatemque merituro, impendii genus dignius, quam quod erogatur in posteros. Locupletes ad tollendos liberos ingentia præmia, et pares pœnæ, cohortantur: pauperibus educandi una ratio est bonus princeps. Hic fiducia sui procreatos nisi larga manu fovet, auget, amplectitur, occasum imperii, occasum reipublicæ accelerat, frustraque proceres, plebe neglecta, ut defectum corpore caput, nutaturumque instabili pondere tuetur.

les exposer à sa vue, prenaient soin de les élever au dessus de leurs têtes, et de leur apprendre quelques paroles flatteuses, qui étaient fidèlement répétées. Mais la plupart trouvaient les oreilles du prince fermées à leurs prières; et, ignorant ce qu'ils avaient demandé, ignorant ce qu'on leur refusait, ils étaient renvoyés à l'âge où ils seraient mieux instruits. Mais vous, César, vous n'avez pas même attendu que l'on vous priât; et, quoique cette jeunesse romaine eût été un spectacle très-agréable à vos yeux, vous avez voulu que leurs noms fussent reçus et écrits dans les registres publics, avant qu'on vous les eût présentés. C'est ainsi que dès leur enfance, et par le soin que vous preniez de leur éducation, ils ont appris à vous reconnaître pour le père commun. C'est ainsi qu'ont été élevés à vos dépens ceux qu'on élevait pour vous; que vous avez donné des alimens à ceux qui devaient un jour mériter votre solde, et que tous ont été aussi redevables à vous seul, que chacun d'eux l'était à ses propres parens. C'est connaître la vraie gloire, César, que de contribuer à soutenir ainsi les espérances du nom romain; car nulle sorte de dépense n'est plus digne d'un grand prince, d'un prince qui doit être immortel, que celle qu'il consacre à la postérité. De grandes récompenses et de grandes peines inspirent également aux riches le désir d'avoir des enfans [42]. Une seule raison peut y engager les pauvres, c'est qu'ils aient un bon prince. Mais, quelque bon qu'il soit, il précipite la chute de l'empire, si sa main libérale ne fait vivre ceux qui ne sont nés que sur la foi de son humanité. Comme la tête n'est jamais ferme si on laisse tomber le corps en défaillance, de même aussi l'on protège inutilement la noblesse, si l'on néglige le peuple.

Facile est conjectare, quod perceperis gaudium, quum te parentum, liberorum, senum, infantium, puerorum clamor exciperet. Hæc prima parvulorum civium vox aures tuas imbuit, quibus tu daturus alimenta hoc maximum præstitisti, ne rogarent. Super omnia est tamen, quod talis es, ut sub te liberos tollere libeat et expediat.

XXVII. Nemo jam parens filio, nisi fragilitatis humanæ vices horret; nec inter insanabiles morbos principis ira numeratur. Magnum quidem est educandi incitamentum, tollere liberos in spem alimentorum, in spem congiariorum; majus tamen in spem libertatis, in spem securitatis. Atque adeo nihil largiatur princeps, dum nihil auferat; non alat, dum non occidat; nec deerunt qui filios concupiscant. Contra largiatur et auferat, alat et occidat, næ ille jam brevi tempore effecerit, ut omnes non posterorum modo, sed sui parentumque pœniteat.

Quocirca nihil magis in tua tota liberalitate laudaverim, quam quod congiarium das de tuo, alimenta de tuo: neque a te liberi civium, ut ferarum catuli, sanguine et cædibus nutriuntur : quodque gratissimum est accipientibus, sciunt dari sibi, quod nemini est ereptum, locupletatisque tam multis, pauperiorem esse factum

Il est aisé de comprendre la joie que vous ressentîtes, quand vous fûtes accueilli par les acclamations des pères et de leurs enfans, des jeunes gens et des vieillards. Quel plaisir pour vous, la première fois que ces jeunes citoyens se firent entendre à vous, et que ce fut pour vous remercier de n'avoir rien à vous demander! Mais ce qui surpasse tout le reste, c'est que sous votre empire il soit à la fois agréable et utile d'avoir des enfans [43].

XXVII. Les pères ne craignent plus pour leurs fils d'autres accidens que ceux qui sont inséparables de la condition humaine : on ne compte plus la cruauté du prince entre les maux inévitables. C'est véritablement un grand attrait pour souhaiter des enfans, que de savoir qu'ils ne manqueront ni d'alimens, ni des autres secours nécessaires à la vie; mais ce qui invite bien plus encore, c'est de savoir qu'ils vivront libres et en sûreté. Ainsi, que le prince ne donne rien, pourvu qu'il n'enlève rien; qu'il se dispense de nourrir les citoyens, pourvu qu'il les laisse vivre, et la république ne manquera pas de pères qui souhaiteront des enfans. Au contraire, qu'il donne et qu'il ôte, qu'il nourrisse et qu'il tue, il réduira bientôt chacun, non-seulement à craindre d'avoir des enfans, mais encore à s'affliger de la vie de son propre père et de la sienne même.

Aussi ce que je loue le plus dans votre libéralité, c'est qu'elle n'est exercée qu'à vos dépens. Vous prenez dans votre trésor les présens que vous faites au peuple, les alimens que vous lui donnez. Vous ne nourrissez point les enfans des Romains, comme les bêtes féroces nourrissent leurs petits, c'est-à-dire de sang et de carnage. Chacun reçoit avec d'autant plus de plaisir, qu'il sait qu'on ne lui donne point la dépouille d'un autre, et que, lorsque

principem tantum : quanquam nec hunc quidem : nam cujus est quiquid est omnium, tantum ipse quantum omnes habet.

XXVIII. Alio me vocat numerosa gloria tua : alio autem? quasi vero jam satis veneratus miratusque sim, quod tantam pecuniam profudisti, non ut flagitii tibi conscius ab insectatione ejus averteres famam; nec ut tristes hominum mœstosque sermones lætiore materia detineres. Nullam congiario culpam, nullam alimentis crudelitatem redemisti : nec tibi benefaciendi fuit causa, ut quæ male feceras, impune fecisses : amor impendio isto, non venia quæsita est; populusque romanus obligatus a tribunali tuo, non exoratus recessit. Obtulisti enim congiarium gaudentibus gaudens, securusque securis; quodque antea principes ad odium sui leniendum tumentibus plebis animis objectabant, id tu tam innocens populo dedisti, quam populus accepit.

Paulo minus, patres conscripti, quinque millia ingenuorum fuerunt, quæ liberalitas principis nostri conquisivit, invenit, adscivit. Hi subsidium bellorum, ornamentum pacis, publicis sumptibus aluntur, patriamque non ut patriam tantum, verum ut altricem amare condiscunt. Ex his castra, ex his tribus replebuntur; ex his quandoque nascentur, quibus alimentis opus non

tant de citoyens s'enrichissent, le prince seul en est plus pauvre : et encore ne s'appauvrit-il pas; car, tout ce qu'ont les autres est à lui, et il possède autant que tous les citoyens ensemble.

XXVIII. Tant d'autres actions glorieuses ne me permettent point de m'arrêter......44. Mais ai-je assez admiré qu'en répandant ainsi des largesses, vous n'ayez point eu à distraire l'indignation publique de quelque attentat dont vous vous sentiez coupable, ni à faire taire des bruits sinistres et fâcheux, en tournant les discours des citoyens sur un sujet plus gai? Point de faute, point de trait de cruauté à racheter par vos présens [45]? Point de crime pour lequel vos bienfaits eussent à demander l'impunité : c'est l'amour des citoyens, et non leur indulgence, que vos libéralités ont eu pour objet; et le peuple romain s'est retiré d'auprès de vous, d'autant plus comblé de vos grâces, qu'elles ne lui coûtaient aucune complaisance. Plein de joie et de sécurité, vous donniez à des gens qui n'étaient pas moins contens et moins tranquilles que vous; et ce que les autres princes ne jetaient au peuple indigné que pour modérer sa haine, vous l'avez offert avec des mains aussi pures que celles qui le recevaient.

Le nombre de ces enfans, nés d'une honnête famille [46], et que le prince a cherchés, trouvés, admis à partager ses bienfaits, n'est guère au dessous de cinq mille. On les élève aux frais de l'état, pour être un jour une ressource dans la guerre, un ornement dans la paix, et pour leur apprendre à aimer leur patrie, non-seulement à titre de citoyens, mais encore comme recevant d'elle la nourriture. Par eux nos tribus, par eux nos camps se rempliront; d'eux naîtront des fils à qui ce secours pu-

sit. Dent tibi, Cæsar, ætatem dii quam mereris, serventque animum quem dederunt : et quanto majorem infantium turbam iterum atque iterum videbis incidi! Augetur enim quotidie et crescit, non quia cariores parentibus liberi, sed quia principi cives. Dabis congiaria, si voles; præstabis alimenta, si voles; illi tamen propter te nascuntur.

XXIX. Instar ego perpetui congiarii reor affluentiam annonæ. Hujus aliquando cura Pompeio non minus addidit gloriæ, quam pulsus ambitus campo, exactus hostis mari, Oriens triumphis Occidensque lustratus. Nec vero ille civilius quam parens noster, auctoritate, consilio, fide reclusit vias, portus patefecit, itinera terris, litoribus mare, litora mari reddidit, diversasque gentes ita commercio miscuit, ut quod genitum esset usquam, id apud omnes natum esse videretur. Nonne cernere datur, ut sine ullius injuria omnis usibus nostris annus exuberet? Quippe non, ut ex hostico raptæ, perituræque in horreis messes, nequidquam quiritantibus sociis auferuntur. Devehunt ipsi quod terra genuit, quod sidus aluit, quod annus tulit : nec novis indictionibus pressi ad vetera tributa deficiunt. Emit fiscus quidquid videtur emere; inde copiæ; inde annona, de qua inter licentem

blic ne sera plus nécessaire. Puissent les dieux, César, vous donner une aussi longue vie que vous le méritez! Puissent-ils vous conserver cette grandeur d'âme qu'ils vous ont donnée! et nous verrons s'augmenter de jour en jour cette génération nouvelle qui a part à vos largesses. Car enfin la jeunesse romaine se multiplie visiblement tous les jours; non que les pères aiment mieux les enfans, mais parce que le prince aime mieux les citoyens. Vous ferez des libéralités, vous distribuerez des alimens, si vous le voulez : il sera toujours certain que c'est pour vous que naissent ces enfans.

XXIX. N'est-ce point une libéralité continuelle, que cette abondance extraordinaire dont vous nous faites jouir? Autrefois Pompée, pour l'avoir ramenée dans Rome, n'acquit pas moins de gloire que pour avoir aboli les brigues dans l'élection des magistrats, purgé les mers de pirates, triomphé de l'Orient et de l'Occident. Et il ne se montrait certainement pas meilleur citoyen [47] que le père de la patrie, qui aujourd'hui, par son ascendant, sa sagesse, sa vertu, sait si bien assurer les routes et ouvrir les ports, qui rend à la terre ses chemins, à la mer ses rivages, aux rivages leurs mers, et réunit si étroitement toutes les nations par le commerce, que les productions particulières de chaque pays semblent maintenant communes à toutes les contrées. Ne voyons-nous pas que, sans rien ravir à personne, chaque année fournit abondamment à nos besoins? Car nous n'avons plus de ces moissons qui, après avoir été arrachées à nos alliés comme à des ennemis, et malgré toutes leurs plaintes, étaient destinées à périr dans des greniers. Nos alliés s'empressent à nous apporter les productions de leur sol, de leur climat, les récoltes de leur année, et ils n'ont

vendentemque conveniat : inde hic satietas, nec fames usquam.

XXX. Ægyptus alendis augendisque seminibus ita gloriata est, ut nihil imbribus cœloque deberet : siquidem proprio semper amne perfusa, nec alio genere aquarum solita pinguescere, quam quas ipse devexerat, tantis segetibus induebatur, ut cum feracissimis terris, quasi nunquam cessura, certaret. Hæc inopina siccitate usque ad injuriam sterilitatis exaruit, quia piger Nilus cunctanter alveo sese ac languide extulerat, ingentibus quidem tunc quoque ille, fluminibus tamen, conferendus: Hinc pars magna terrarum, mergi palanti amne consueta, alto pulvere incanduit. Frustra tunc Ægyptus nubila optavit, cœlumque respexit, quum ipse fecunditatis parens contractior et exilior iisdem ubertatem ejus anni angustiis, quibus abundantiam suam, cohibuisset. Neque enim solum vagus ille, quum expanditur, amnis intra usurpata semper collium substiterat atque hæserat, sed supino etiam ac clementi solo, non placido se mollique lapsu refugum abstulerat; et necdum satis humentes terras addiderat arentibus. Igitur inundatione, id est, ubertate regio fraudata, sic opem Cæsaris invocavit,

point à craindre que des subsides extrordinaires les empêchent d'acquitter les anciens. Le fisc achète tout ce qu'il paraît acheter. De là cette abondance de grains au prix convenu avec les vendeurs, dans les enchères publiques; de là des marchés qui regorgent sans que les provinces en soient affamées.

XXX. L'Égypte se vantait de ne point devoir la richesse de ses récoltes au ciel ni aux pluies; toujours baignée et fertilisée par les seules eaux de son fleuve, elle se couvrait de si abondantes moissons, qu'elle semblait pouvoir le disputer à jamais aux terres les plus fécondes. Une sécheresse imprévue la réduisit à une honteuse stérilité. Le Nil s'était lentement et faiblement débordé : il ressemblait encore aux plus grands fleuves; mais ce n'était plus une mer, comme dans les autres années. Il arriva de là qu'une partie des contrées qu'il avait coutume d'inonder [48] se couvrit d'une épaisse et brûlante poussière. En vain l'Égypte, voyant que ce père de la fécondité avait mis à l'abondance des bornes aussi étroites qu'à son débordement, implora le ciel, et invoqua les nues. Car non-seulement ce fleuve, qui aime tant à se répandre, ne s'était point élevé jusque sur les collines qu'il avait coutume d'abreuver; mais il ne s'était pas même arrêté dans les endroits les plus bas : il s'en était brusquement retiré; et ces terres, trop peu trempées, ne réussirent pas mieux que les plus sèches. Cette malheureuse province, privée de son inondation, c'est-à-dire de sa fécondité, vous adressa donc, César, les vœux qu'elle avait coutume d'adresser à son fleuve, et elle ne ressentit cette calamité que le temps qu'il fallait pour vous en instruire. Que les hommes de votre siècle éprouvent quelques disgrâces; votre puissance agit si

ut solet amnem suum : nec longius illi adversorum fuit spatium, quam dum nuntiat. Tam velox, Cæsar, potentia tua est, tamque in omnia pariter intenta bonitas et accincta, ut tristius aliquid seculo tuo passis ad remedium salutemque sufficiat, ut scias.

XXXI. Omnibus equidem gentibus fertiles annos gratasque terras precor; crediderim tamen per hunc Ægypti statum tuas fortunam vires experiri, tuamque vigilantiam spectare voluisse. Nam quum omnia ubique secunda merearis, nonne manifestum est, si quid adversi cadat, tuis laudibus, tuisque virtutibus materiem campumque præsterni, quum secunda felices, adversa magnos probent?Percrebuerat antiquitus, urbem nostram nisi opibus Egypti ali sustentarique non posse : superbiebat ventosa et insolens natio, quod victorem quidem populum pasceret tamen, quodque in suo flumine, in suis navibus, vel abundantia nostra vel fames esset. Refudimus Nilo suas copias : recepit frumenta quæ miserat, deportatasque messes revexit. Discat igitur Ægyptus, credatque experimento, non alimenta se nobis, sed tributa præstare : sciat se non esse populo romano necessariam, et tamen serviat. Post hæc, si volet Nilus, amet alveum suum, et fluminis modum servet : nihil hoc ad urbem, ac ne ad Ægyptum quidem, nisi ut inde navigia inania et vacua, et similia redeuntibus, hinc plena et onusta et qualia solent

promptement, votre bonté est toujours si attentive et si prête, qu'il leur suffit, pour être secourus et soulagés, que vous connaissiez leurs besoins.

XXXI. Je souhaite à toutes les nations des années abondantes et des terres fertiles; mais je ne puis m'empêcher de croire que la fortune, en désolant ainsi l'Égypte, a voulu éprouver jusqu'où s'étendaient votre pouvoir et votre vigilance. Car vous méritez que tout seconde vos désirs; et, lorsqu'il arrive quelque évènement contraire, n'est-il pas évident que c'est un champ ouvert à vos vertus, et une matière préparée à vos louanges, puisque, si la prospérité fait briller notre bonheur, l'adversité est l'épreuve de notre sagesse? On répétait depuis long-temps que Rome ne pouvait subsister sans le secours de l'Égypte. Cette nation vaine et superbe se glorifiait de nourrir ses vainqueurs, et de porter dans son fleuve et ses vaisseaux notre abondance ou notre famine[49]. Nous avons rendu à l'Égypte ses richesses : elle a repris les blés qu'elle nous avait envoyés; elle a remporté les moissons que nous avions reçues d'elle. Qu'elle apprenne donc, et qu'elle reconnaisse, sur la foi de son expérience, que ce sont des tributs qu'elle nous paie, et non des alimens qu'elle nous donne; qu'elle sache qu'elle n'est point nécessaire au peuple romain, et cependant qu'elle lui reste soumise. Le Nil peut, s'il le veut, à l'avenir se renfermer dans son lit, et y demeurer comme les autres fleuves : qu'importe pour les Romains, et même pour l'Égypte! on verra seulement ses vaisseaux voguer

venire, mittantur; conversoque munere maris, hinc potius venti ferentes et brevis cursus optentur.

Mirum, Cæsar, videretur, si desidem Ægyptum, cessantemque Nilum non sensisset urbis annona; quæ tuis opibus, tua cura usque illuc redundavit, ut simul probaretur, et nos Ægypto posse, et nobis Ægyptum carere non posse. Actum erat de fœcundissima gente, si libera fuisset : pudebat sterilitatis insolitæ, nec minus erubescebat fame quam torquebatur, quum pariter a te necessitatibus ejus pudorique subventum est. Stupebant agricolæ plena horrea quæ non ipsi refersissent, quibusque de campis illa subvecta messis, quave in Ægypti parte alius amnis. Ita beneficio tuo, nec maligna tellus, et obsequens Nilus : Ægypto quidem sæpe, sed gloriæ nostræ nunquam largior fluxit.

XXXII. Quam nunc juvat provincias omnes in fidem nostram ditionemque venisse, postquam contigit princeps, qui terrarum fœcunditatem nunc huc, nunc illuc, ut tempus et necessitas posceret, transferret referretque! qui diremptam mari gentem, ut partem aliquam populi plebisque romanæ, aleret ac tueretur! Et cœlo quidem

vers l'Italie vides et tels qu'ils étaient naguère à leur retour, et la quitter pleins et chargés, tels qu'ils y abordaient autrefois. On se servira de la mer d'une manière différente : c'est de Rome en Égypte que nous demanderons des vents favorables et une prompte navigation.

On devait regarder comme un prodige, César, que la paresse du Nil, que la stérilité de l'Égypte ne se fût pas fait sentir à Rome. Vous avez porté votre prévoyance et vos soins bien plus loin; on ne s'en est pas ressenti même en Égypte, et vous avez ainsi fait voir que nous pouvions bien nous passer d'elle, et qu'elle ne pouvait se passer de nous. C'en était fait de cette province si féconde, si elle eût été libre. Honteuse d'une stérilité qui lui était inconnue, elle ne rougissait pas moins de sa famine qu'elle n'en était tourmentée [50]. Vos généreux soins ont également servi ses besoins et sa pudeur. Les laboureurs ne pouvaient se lasser d'admirer leurs greniers remplis de blés qu'ils n'avaient point moissonnés, ni comprendre de quelle contrée de l'Égypte cette moisson avait été rapportée, et quel autre fleuve [51] avait pu la produire; tant votre sagesse avait su corriger la malignité [52] de la terre, et contraindre le Nil de répondre à leur vœux [53]! Il s'est souvent débordé plus avantageusement pour les Égyptiens, mais du moins il n'a jamais coulé plus glorieusement pour nous.

XXXII. Peuples de la terre, reconnaissez maintenant votre bonheur, d'être soumis à l'empire romain. Nous avons un prince qui dispose de la fécondité, qui la porte à son gré où la conjoncture et le besoin la demandent; qui ne nourrit, ne protège pas avec moins de soin une nation séparée de nous par de vastes mers, que si elle faisait partie du peuple romain. Le ciel lui-même ne répand jamais ses faveurs si également, qu'il rende à la fois

nunquam benignitas tanta, ut omnes simul terras ubertet foveatque : hic omnibus pariter, si non sterilitatem, at mala sterilitatis exturbat : hic, si non fœcunditatem, at bona fœcunditatis importat : hic alternis commeatibus Orientem Occidentemque connectit, ut quæ ubique feruntur, quæque expetuntur, omnes gentes invicem capiant, et discant quanto libertati discordi servientibus sit utilius, unum esse cui serviant. Quippe discretis quidem bonis omnium, sua cujusque ad singulos mala; sociatis autem atque permixtis, singulorum mala ad neminem, ad omnes omnium bona pertinent. Sed sive terris divinitas quædam, sive aliquis amnibus genius, et solum illud et flumen ipsum precor, ut hac principis benignitate contentum, molli gremio semina recondat, multiplicata restituat. Non quidem reposcimus fœnus : putet tamen esse solvendum; fallacemque unius anni fidem omnibus annis, omnibusque postea seculis tanto magis, quia non exigimus, excuset.

XXXIII. Satisfactum qua civium, qua sociorum utilitatibus. Visum est spectaculum inde non enerve, nec fluxum, nec quod animos virorum molliret et frangeret, sed quod ad pulchra vulnera contemptumque mortis accenderet, quum in servorum etiam noxiorumque corporibus amor laudis et cupido victoriæ cerneretur. Quam

toutes les terres fertiles. Mais si notre empereur ne bannit pas la stérilité de toutes les régions du monde, du moins il en détourne les maux qu'elle traîne à sa suite; s'il ne donne pas à tous les pays la fertilité, du moins il leur en assure tous les avantages. Il sait si bien lier l'Orient à l'Occident par un échange de richesses[54], que les peuples, quels qu'ils soient, jouissent de tout ce que produisent les différens climats, et de tout ce qui peut flatter les désirs de l'homme : ils éprouvent combien il est plus avantageux d'obéir à un seul, que d'être esclaves d'une liberté qui les divise[55]. Tant que les peuples jouissent isolément de leurs biens, ils sont seuls à supporter tout le poids de leurs maux. Dès qu'ils sont réunis, tous leurs biens, mêlés et confondus, sont à tout le monde, et les maux ne tombent sur personne. Toutefois, je conjure la divinité qui protège l'Égypte, ou le génie qui préside à ses eaux, de ne point abuser de la libéralité de notre prince, de recevoir favorablement dans leur sein les semences qu'on lui confie, et de nous payer notre secours avec usure. Non que nous exigions un dédommagement, mais nous espérons qu'ils penseront nous le devoir, et que moins nous réclamerons, plus ils se croiront obligés de faire oublier une année stérile par une longue suite d'années abondantes.

XXXIII. Après avoir ainsi pourvu aux besoins des citoyens et des alliés, vous n'avez pas négligé leurs plaisirs. Vous avez donné un spectacle, non pas de ceux qui peuvent nous amollir et nous efféminer, mais de ceux qui sont propres à nous enflammer le courage, à nous familiariser avec de nobles blessures, et à nous inspirer le mépris de la mort même. Vous nous avez montré l'amour de la gloire, et l'ardeur de vaincre, jusque dans

deinde in edendo liberalitatem, quam justitiam exhibuit, omni affectione aut intactus, aut major! Impetratum est, quod postulabatur : oblatum, quod non postulabatur. Institit ultro, et ut concupisceremus admonuit: ac sic quoque plura inopinata, plura subita. Jam quam libera spectantium studia, quam securus favor! Nemini impietas, ut solebat, objecta, quod odisset gladiatorem: nemo e spectatore spectaculum factus, miseras voluptates unco et ignibus expiavit. Demens ille, verique honoris ignarus, qui crimina majestatis in arena colligebat, ac se despici et contemni, nisi etiam gladiatores ejus veneraremur, sibi maledici in illis, suam divinitatem, suum numen violari interpretabatur; quum se idem quod deos, idem gladiatores quod se putabat.

XXXIV. At tu, Cæsar, quam pulchrum spectaculum pro illo nobis exsecrabili reddidisti! Vidimus delatorum agmen inductum, quasi grassatorum, quasi latronum. Non solitudinem illi, non iter, sed templum, sed forum insederant. Nulla jam testamenta secura, nullus status certus : non orbitas, non liberi proderant. Auxerat hoc malum principum avaritia. Advertisti oculos, atque, ut ante castris, ita postea pacem foro reddidisti : exscidisti

l'âme des scélérats et des esclaves. Quelle magnificence, quelle justice n'avez-vous pas fait éclater en cette occasion ! Toujours exempt de partialité, toujours maître de vos passions, vous avez accordé ce qu'on souhaitait; vous avez offert ce qu'on ne vous demandait pas; vous avez même invité à le désirer. Un spectacle a été suivi d'un autre, et toujours dans le temps qu'on s'y attendait le moins. Jamais vit-on plus de liberté dans les applaudissemens, plus de sûreté à se déclarer selon son inclination ? Nous a-t-on fait un crime, comme sous d'autres empereurs, d'avoir pris un gladiateur en aversion ? Quelqu'un des spectateurs a-t-il été donné lui-même en spectacle ? et a-t-il été assez malheureux pour expier des plaisirs funestes par de cruels supplices ? Qu'il était insensé, et qu'il connaissait mal la véritable grandeur, ce tyran[56], qui venait recueillir dans le cirque des accusations de lèse-majesté ! qui s'imaginait qu'on lui manquait de respect, si l'on n'avait pas de vénération pour de vils athlètes ! parler contre eux, c'était blasphémer contre lui, et commettre un sacrilège ! il se plaçait au rang des dieux, et mettait les gladiateurs au même rang que lui !

XXXIV. Mais vous, César, vous nous avez donné un autre genre de spectacle, aussi beau que ceux-là étaient exécrables. Nous avons vu la troupe des délateurs exposée à nos yeux comme une troupe de voleurs et d'assassins. Ce n'est point dans des lieux écartés, et sur les grands chemins, qu'ils avaient tendu leurs pièges; ils s'étaient répandus dans les tribunaux et jusque dans les temples. Aucun testament n'était sûr; aucune situation ne mettait à l'abri de leurs manœuvres : ceux qui avaient des enfans, et ceux qui n'en avaient pas, couraient un égal danger. Avec l'avarice des princes, ce fléau s'était

intestinum malum; et provida severitate cavisti ne fundata legibus civitas, eversa legibus videretur.

Licet ergo quum fortuna tum liberalitas tua visenda nobis præbuerit, ut præbuit, nunc ingentia robora virorum et pares animos, nunc immanitatem ferarum, nunc mansuetudinem incognitam, nunc secretas illas et arcanas ac sub te primum communes opes, nihil tamen gratius, nihil seculo dignius, quam quod contigit desuper intueri delatorum supina ora, retortasque cervices. Agnoscebamus et fruebamur, quum velut piaculares publicæ sollicitudinis victimæ supra sanguinem noxiorum ad lenta supplicia gravioresque pœnas ducerentur. Congesti sunt in navigia raptim conquisita, ac tempestatibus dediti : abirent, fugerent vastatas delationibus terras; ac si quem fluctus ac procellæ scopulis reservassent, hic nuda saxa et inhospitale litus incoleret : ageret duram et anxiam vitam; relictaque post tergum totius generis humani securitate mœreret.

XXXV. Memoranda facies, delatorum classis permissa omnibus ventis, coactaque vela tempestatibus pan-

accru. Il a frappé vos regards; et, comme naguère vous aviez rétabli le calme parmi les troupes mutinées, vous avez su rappeler la paix dans le forum. Vous avez coupé la racine de ce mal intestin; et, par une sage sévérité, vous avez empêché que Rome ne dût sa ruine aux lois qui doivent la conserver.

Ainsi, quoique votre fortune, de concert avec votre magnificence, nous ait fait voir, tantôt ce que peuvent la force et le courage des hommes, tantôt ce que les bêtes féroces ont de plus cruel et de plus monstrueux, souvent jusqu'où peut aller l'art de les apprivoiser, et qu'enfin vous nous ayez rendu communes ces richesses immenses que vos prédécesseurs renfermaient et nous cachaient avec tant de soin, vous ne nous avez offert rien de plus agréable, rien de plus digne de votre siècle, que le spectacle de ces délateurs, forcés de se montrer à découvert et la tête renversée. Nous prenions plaisir à les reconnaître et à jouir de leur douleur, lorsqu'en les faisant marcher sur le sang des criminels, comme des victimes justement destinées à expier les alarmes et les calamités publiques, on les traînait à des supplices plus lents et plus cruels que la mort. On les a jetés sur les premiers vaisseaux que le hasard a présentés, et on les a livrés à la merci des tempêtes. C'est ainsi qu'on leur a permis de quitter et de fuir des terres qu'ils avaient désolées. On a voulu que si les vents et les flots en poussaient quelqu'un sur des rochers ou sur des côtes inhabitées, il languît sur ces écueils déserts et ces rivages affreux; qu'il y traînât une vie malheureuse et agitée, tourmentée du repos dont il laissait jouir toute la terre.

XXXV. Spectacle mémorable! Une flotte chargée de délateurs, est livrée aux fureurs des vents! Elle est forcée

dere, iratosque fluctus sequi, quoscunque in scopulos detulissent. Juvabat prospectare statim a portu sparsa navigia et apud illud ipsum mare agere principi gratias, qui, clementia sua salva, ultionem hominum terrarumque diis maris commendasset. Quantum diversitas temporum posset, tum maxime cognitum est, quum iisdem, quibus antea cautibus innocentissimus quisque, tunc nocentissimus affigeretur; quumque insulas omnes, quas modo senatorum, jam delatorum turba compleret; quos quidem non in præsens tantum, sed in æternum repressisti, mille pœnarum indagine inclusos. Ereptum alienas pecunias eunt? perdant quas habent. Expellere penatibus gestiunt? suis exturbentur: neque, ut antea, exsanguem illam et ferream frontem nequidquam convulnerandam præbeant punctis, et notas suas rideant; sed exspectent paria præmio damna, nec majores spes quam metus habeant, timeantque quantum timebantur.

Ingenti quidem animo Titus securitati nostræ ultionique prospexerat, ideoque numinibus æquatus est: sed quanto tu quandoque dignior cœlo, qui tot res illis adjecisti, propter quas illum deum fecimus! Id hoc magis arduum fuit, quod imperator Nerva, te filio, te successore dignissimus, postquam magna quædam edicto Titi

de déployer ses voiles aux tempêtes, et de suivre les flots irrités sur tous les rochers où ils la jetteront! Quel plaisir de regarder du port ces infâmes vaisseaux dispersés d'abord en le quittant! et, à la vue de la mer même [57], de rendre grâces au prince qui, sans compromettre sa clémence, avait confié la vengeance des hommes aux dieux de la mer! C'est alors que l'on connut parfaitement ce que peut la différence des temps. Les scélérats languissent sur ces mêmes rochers, où tant de gens de bien avaient langui autrefois; et ces funestes îles qui n'avaient jamais été peuplées que de sénateurs injustement bannis, ne sont plus remplies que de délateurs [58]. Mais vous ne vous êtes pas contenté d'en purger votre siècle; vous en avez encore affranchi tous les siècles à venir, par la variété des peines dont vous les avez enveloppés. Ils voulaient dépouiller les autres de leurs biens; qu'ils soient dépouillés des leurs. Ils prenaient plaisir à les faire périr dans l'exil; qu'ils y périssent eux-mêmes. Qu'ils n'en soient pas quittes, comme auparavant, pour présenter leur visage impudent [59], leur front d'airain, au fer rouge dont on les marquait en vain, et dont ils bravaient l'outrage; mais qu'ils apprennent à craindre des peines proportionnées aux récompenses qu'ils attendent [60]; que leur crainte égale leurs espérances, et qu'ils ressentent autant de frayeur qu'ils en causaient.

Titus, sans doute, avait pourvu avec beaucoup de courage à votre sûreté et à notre vengeance; et ce bienfait lui avait mérité une place entre les dieux : mais combien méritez-vous mieux cet honneur, vous qui avez ajouté de nouvelles faveurs à celles qui lui ont fait élever des autels? Quelle difficulté surtout n'y deviez-vous pas trouver, après que Nerva, si digne d'avoir un fils

adstruxerat, nihil reliquisse tibi videbatur, qui tam multa excogitasti, ut si ante te nihil esset inventum. Quæ singula quantum tibi gratiæ dispensata adjecissent! At tu simul omnia profudisti; ut sol et dies non parte aliqua, sed statim totus, nec uni aut alteri, sed omnibus in commune, profertur.

XXXVI. Quam juvat cernere ærarium silens et quietum, et quale ante delatores erat! Nunc templum illud, nunc vere deus, non spoliarium civium, cruentarumque prædarum sævum receptaculum, ac toto in orbe terrarum adhuc locus unus, in quo, optimo principe, boni malis impares essent. Manet tamen honor legum, nihilque ex publica utilitate convulsum; nec pœna cuiquam remissa, sed addita est ultio, solumque mutatum quod jam non delatores, sed leges timentur.

At fortasse non eadem severitate fiscum, qua ærarium, cohibes: immo tanto majore, quanto plus tibi licere de tuo, quam de publico, credis. Dicitur actori atque etiam procuratori tuo : « In jus veni; sequere ad tribunal. » Nam tribunal quoque excogitatum principatui

et un successeur tel que vous, eut ajouté à l'édit de Titus tant d'articles importans ! On eût dit qu'il ne laissait rien à faire à ceux qui le suivaient ; cependant vous avez si utilement étendu son édit, qu'il semble qu'on n'avait fait aucune loi sur ce sujet avant vous[61]. Aurait-on pu vous remercier assez, quand vous auriez répandu sur nous chacune de ces grâces en différens temps ? Et vous nous les avez prodiguées toutes à la fois ! semblable au soleil[62], qui ne communique point seulement une portion de sa lumière, et qui ne la fait point briller seulement pour quelques hommes, mais qui la donne à tous et tout entière au même instant.

XXXVI. Qu'il est agréable de voir le trésor public tranquille, sans procès, et tel qu'il était avant les délateurs ! C'est maintenant que je reconnais pour un temple le lieu où on le garde. Je retrouve le dieu qu'on y adore[63]. Ce n'est plus cet infâme réceptacle des dépouilles sanglantes de nos citoyens. Il est encore un endroit sur la terre, où, sous un bon prince, ceux qui croient défendre légitimement le trésor, trouvent moins de faveur que ceux mêmes qui méconnaissent ses droits. Les lois cependant demeurent dans toute leur force ; l'utilité publique ne reçoit aucune atteinte ; le crime n'est point impuni : mais la calomnie n'est plus en sûreté. Une seule chose a été changée : on craignait les délateurs ; on ne craindra plus que les lois.

Mais peut-être protégez-vous plus votre trésor particulier que le trésor public. Au contraire, vous le favorisez d'autant moins, que vous croyez avoir plus de droit sur votre bien que sur celui de la république. On peut appeler en justice l'agent de vos affaires, et même l'intendant-général de votre maison. Car vous avez voulu

est, par ceteris, nisi illud litigatoris amplitudine metiaris. Sors et urna fisco judicem assignat : licet rejicere, licet exclamare : « Hunc nolo, timidus est, et bona seculi parum intelligit : illum volo, quia Cæsarem fortiter amat. » Eodem foro utuntur principatus et libertas. Quæ præcipua tua gloria est, sæpius vincitur fiscus; cujus mala causa nunquam est, nisi sub bono principe. Ingens hoc meritum; majus illud, quod eos procuratores habes, ut plerumque cives tui non alios judices malint. Liberum est autem disceptanti dicere : « Nolo eum eligere. » Neque enim ullam necessitatem muneribus tuis addis, ut qui scias hanc esse beneficiorum principalium summam gratiam, si illis et non uti licet.

XXXVII. Onera imperii pleraque vectigalia institui, ut pro utilitate communi, ita singulorum injuriis coegerunt. His vicesima reperta est, tributum tolerabile et facile heredibus duntaxat extraneis, domesticis grave. Itaque illis irrogatum est, his remissum ; videlicet quod manifestum erat, quanto cum dolore laturi, seu potius non laturi homines essent, destringi aliquid et abradi bonis, quæ sanguine, gentilitate, sacrorum denique societate meruissent, quæque nunquam ut aliena et speranda, sed ut sua semperque possessa, ac deinceps proximo cuique

qu'il y eût un tribunal où l'on pût plaider les affaires qui concernent le prince, et ce tribunal n'est différent des autres que par la majesté de celui contre qui l'on plaide. Le sort donne des juges au fisc comme au particulier. Il est permis de les récuser; on peut s'écrier qu'on ne veut point de celui-là, parce qu'il est timide, et qu'il ne connaît pas assez le bonheur de son siècle : on peut dire que l'on veut bien de celui-ci, parce qu'il aime noblement César. La puissance et la liberté sont assujetties aux mêmes lois; et, ce qu'on ne peut trop louer en vous, le fisc est le plus souvent condamné, le fisc, dont la cause n'est jamais mauvaise que sous un bon prince. C'est sans doute une insigne faveur que vous nous faites; mais une autre bien plus grande, c'est que vous choisissez si bien vos intendans, que la plupart de vos citoyens ne veulent point d'autres juges. Chacun a pourtant la liberté de ne les point choisir. En nous les donnant, votre faveur ne nous impose pas la loi de les accepter. Vous savez que ce qui met le comble aux bienfaits du prince, c'est la liberté de n'en point user.

XXXVII. Les besoins de l'empire avaient forcé d'établir plusieurs impôts utiles au public, mais très-onéreux aux particuliers. Celui du vingtième des successions[64], qui était une charge légère et facile pour des héritiers étrangers, en était une très-pesante pour les héritiers du sang. On l'a donc laissé subsister pour les uns, on l'a aboli pour les autres. Il était aisé de s'imaginer que les hommes ne consentiraient qu'avec une peine extrême, ou plutôt qu'ils ne consentiraient point qu'on leur enlevât quelque partie d'un bien que le sang, la naissance, la famille semblaient leur assurer; d'un bien qui ne leur a jamais paru étranger et incertain, mais qu'ils ont regardé

transmittenda cepissent. Hæc mansuetudo legis veteribus civibus servabatur. Novi, seu per Latium in civitatem, seu beneficio principis venissent, nisi simul cognationis jura impetrassent, alienissimi habebantur, quibus conjunctissimi fuerant.

Ita maximum beneficium vertebatur in gravissimam injuriam, civitasque romana instar erat odii, et discordiæ, et orbitatis, quum carissima pignora, salva ipsorum pietate, distraheret. Inveniebantur tamen quibus tantus amor nominis nostri inesset, ut romanam civitatem non vicesimæ modo, verum etiam affinitatum damno bene compensari putarent : sed his maxime debebat gratuita contingere, a quibus tam magno æstimabatur. Igitur pater tuus sanxit, ut, quod ex matris ad liberos, ex liberorum bonis pervenisset ad matrem, etiamsi cognationum jura non recepissent, quum civitatem adipiscerentur, ejus vicesimam ne darent. Eamdem immunitatem in paternis bonis filio tribuit, si modo reductus esset in patris potestatem, ratus, improbe et insolenter ac pæne impie his nominibus inseri publicanum, nec sine piaculo quodam sanctissimas necessitudines, velut intercedente vicesima, scindi; nullum esse tanti vectigal, quod liberos ac parentes faceret extraneos.

de tout temps comme un bien propre et toujours possédé, et destiné à passer, après eux, à leurs héritiers naturels. On admettait cette distinction en faveur de ceux qui jouissaient pleinement du droit des citoyens romains; mais l'exception ne s'étendait point à ceux qui étaient devenus citoyens par une loi particulière[65], ou par une grâce du prince : ils étaient traités comme étrangers, par rapport même à leurs plus proches et à leurs plus intimes parens, s'ils n'avaient en même temps obtenu le privilège qu'on appelait le droit de famille.

Ainsi un bienfait éclatant devenait une cruelle rigueur[66], et l'honneur d'être citoyen romain les mettait au même état que s'ils eussent été divisés, qu'ils se fussent haïs, ou qu'ils n'eussent point eu d'enfans; puisque, sans diminuer leur tendresse, il semblait leur en arracher les plus précieux gages. Cependant on en trouvait plusieurs parmi eux qui étaient si épris du nom romain, qu'ils croyaient ne le point payer trop du vingtième des successions qui pouvaient leur écheoir, et même de la perte de toutes leurs alliances. Mais plus ils estimaient un tel privilège, plus ils méritaient d'en jouir gratuitement. Votre auguste père ordonna donc que, lorsque les enfans succèderaient à leurs mères, et les mères à leurs enfans, ils ne paieraient aucun vingtième, quoique, avec le nom de citoyen romain, ils n'eussent pas reçu le droit de famille. Il fit la même ordonnance pour les fils qui succèderaient à leurs pères, pourvu qu'ils fussent sous la puissance paternelle. Il crut qu'il y aurait de l'abus, de la barbarie, et même une espèce d'impiété, de mêler le nom du publicain avec de tels noms. Il jugea qu'on ne pouvait, sans crime, rompre les nœuds sacrés qui unissent le père au fils, en mettant en quelque sorte entre eux le

XXXVIII. Hactenus ille: parcius fortasse quam decuit optimum principem, sed non parcius quam optimum patrem, qui, optimum adoptaturus, hoc quoque parentis indulgentissimi fecit, quod delibasse quædam seu potius demonstrasse contentus, largam ac prope intactam benefaciendi materiam filio reservavit. Statim ergo muneri ejus liberalitas tua adstruxit, ut, quemadmodum in patris filius, sic in hereditate filii pater esset immunis; nec eodem momento, quo pater esse desiisset, hoc quoque amitteret quod fuisset. Egregie, Cæsar, quod lacrymas parentum vectigales esse non pateris, bona filii pater sine deminutione possideat, nec socium hereditatis accipiat, qui non habet luctus: nemo recentem et attonitam orbitatem ad computationem vocet, cogatque patrem quid reliquerit filius scire.

Augeo, patres conscripti, principis munus, quum ostendo liberalitati ejus inesse rationem. Ambitio enim, et jactantia, et effusio, et quidvis potius quam liberalitas existimanda est, cui ratio non constat. Dignum ergo, imperator, mansuetudine tua, minuere orbitatis injurias, nec pati quemquam, filio amisso, insuper affici alio do-

droit du fisc; et qu'en un mot il n'y avait point d'impôt assez utile à l'état, pour mériter qu'on rendît les pères étrangers à leurs enfans, et les enfans à leurs pères.

XXXVIII. Nerva, par cet édit, fit peut-être moins qu'on ne devait attendre d'un si bon prince; mais il ne fit pas moins qu'il ne convenait à un si bon père. Près d'adopter le citoyen le plus vertueux de la république, ne devait-il pas à sa tendresse paternelle d'essayer seulement, ou plutôt d'indiquer à son fils certaines améliorations, en lui laissant abondamment et presque sans partage la gloire de ces nouveaux bienfaits? Votre libéralité a donc aussitôt après ajouté à la grâce qu'il nous avait faite, la même immunité pour le père qui succédait à son fils, que celle qui avait été accordée au fils qui succédait à son père : vous n'avez pas voulu que le père, au moment qu'il cesse de l'être, perdît jusqu'à l'avantage de l'avoir été. Il était digne de vous, César, de ne pas souffrir que l'on mît un impôt sur les larmes des pères. Qu'ils possèdent sans restriction tous les biens de leurs enfans; et, puisqu'ils supportent seuls la douleur de la perte, qu'ils soient seuls appelés à l'héritage de la fortune; qu'on ne les oblige pas, à l'instant même qu'ils sont frappés d'un coup si cruel, d'en venir au calcul d'un partage, et de savoir tout ce que leurs fils ont laissé.

C'est ajouter un nouveau prix au bienfait du prince, pères conscrits, que de montrer combien la raison y a eu de part : sans elle, je ne vois plus qu'ambition, vanité, prodigalité, et toute autre chose plutôt qu'un bienfait. Il convenait donc à votre humanité de soulager les chagrins d'un père, et de ne pas permettre qu'à la douleur de n'avoir plus de fils, on en ajoutât une nouvelle. C'est bien un assez grand malheur pour un père, que d'être le seul

lore. Sic quoque abunde misera res est, pater filio solus heres : quid si coheredem non a filio accipiat? Adde quod, quum divus Nerva sanxisset, ut in paternis bonis liberi necessitate vicesimæ solverentur, congruens erat eamdem immunitatem parentes in liberorum bonis obtinere. Cur enim posteris amplior honor quam majoribus haberetur? curve non retro quoque recurreret æquitas eadem ? Tu quidem, Cæsar, illam exceptionem removisti, si modo filius in potestate patris fuisset, intuitus, opinor, vim legemque naturæ, quæ semper in ditione parentum esse liberos jussit, nec, uti inter pecudes, sic inter homines potestatem et imperium valentioribus dedit.

XXXIX. Nec vero contentus primum cognationis gradum abstulisse vicesimæ, secundum quoque exemit, cavitque ut in sororis bonis frater, et contra, in fratris soror, utque avus, avia in neptis nepotisque, et invicem illi, servarentur immunes. His quoque, quibus per Latium civitas romana patuisset, idem indulsit; omnibusque inter se cognationum jura commisit simul et pariter, et more naturæ, quæ priores principes a singulis rogari gestiebant, non tam præstandi animo, quam negandi. Ex quo intelligi potest quantæ benignitatis, quanti spiritus fuerit, sparsas, atque, ut ita dicam, laceras gentilitates colligere atque connectere, et quasi renasci jubere; deferre quod negabatur, atque id præstare cunctis, quod

héritier de son fils. Que serait-ce d'avoir un cohéritier que son fils ne lui a point donné ? D'ailleurs, après que Nerva avait, en faveur des enfans, affranchi de l'impôt du vingtième la succession des pères, il était raisonnable qu'en faveur des pères on en affranchît aussi la succession des enfans. Car pourquoi marquer plus d'égard pour les descendans que pour leurs ancêtres ? et pourquoi ne pas faire remonter jusqu'aux uns la justice qu'on faisait aux autres ? Vous avez retranché, César, cette exception qui limitait l'immunité accordée aux pères héritiers de leurs enfans, au seul cas où le fils se trouverait avoir été sous la puissance paternelle quand il est mort. Vous avez, si je ne me trompe, considéré que la loi de la nature tenait les enfans dans une perpétuelle dépendance de leurs pères, et qu'elle n'avait point entre les hommes, comme entre les bêtes, donné l'empire aux plus forts.

XXXIX. C'était peu pour vous d'avoir exempté de l'impôt ce premier degré de parenté; vous avez accordé le même privilège au second. Vous avez voulu que le frère recueillît la succession entière de sa sœur, et la sœur la succession de son frère ; le petit-fils ou la petite-fille, les biens de son aïeul ou de son aïeule, et l'aïeul ou l'aïeule, ceux de leur petit-fils ou de leur petite-fille. Vous avez fait la même grâce à ceux qui n'avaient qu'imparfaitement le droit de citoyen romain : vous leur avez, à tous ensemble, à tous également, conservé les avantages qu'ils tenaient de la nature, et que les précédens empereurs se faisaient demander, bien moins pour avoir le plaisir de les accorder que pour les refuser. Il est aisé de comprendre combien il y a de grandeur et de bonté à rassembler ainsi, à réunir, à ressusciter en quelque sorte ces parentés brisées, et pour ainsi dire mutilées [67]. Quelle

sæpe singuli non impetrassent; postremo ipsum sibi eripere tot beneficiorum occasiones, tam numerosam obligandi imputandique materiam. Indignum credo ei visum, ab homine peti quod dii dedissent. Soror estis et frater, avus et nepotes : quid est ergo cur rogetis ut sitis ? Vobis estis. Quid ? pro cetera sua moderatione non minus invidiosum putat dare hereditatem, quam auferre. Læti ergo adite honores, capessite civitatem ; neminem hoc necessitudinis, abruptum velut truncum amputatumque, destituet : iisdem omnes, quibus ante pignoribus, sed honestiores perfruentur.

XL. Ac ne remotus quidem, jamque deficientis affinitatis gradus, a qualibet quantitate vicesimam inferre cogetur : statuit enim communis omnium parens summam, quæ publicanum pati possit. Carebit onere vicesimæ parva et exilis hereditas ; et si ita gratus heres volet, tota sepulcro, tota funeri serviet : nemo observator, nemo castigator adsistet. Cuicunque modica pecunia ex hereditate alicujus obvenerit, securus habeat quietusque possideat. Ea lex vicesimæ dicta est, ut ad periculum ejus perveniri, nisi opibus, non possit. Conversa est iniquitas in gratulationem, injuria in votum : optat heres ut vicesimam debeat. Additum est ut, qui ejusmodi ex causis in diem edicti vicesimam debe-

magnificence, d'offrir ce que les autres princes refusaient !
d'accorder à tous ce que naguère pas un n'obtenait ! enfin
de s'ôter ainsi à soi-même tant d'occasions de paraître
généreux, et de se faire des droits à la reconnaissance !
Le prince a cru sans doute qu'il y avait de l'indignité à
vouloir que l'on tînt d'un homme ce qu'on ne doit tenir que des dieux. Vous êtes frère et sœur, aïeul et pe-
tits-fils ; pourquoi donc demander à l'être [68] ? vous l'êtes
par vous-mêmes. La modération naturelle de Trajan l'a
porté à croire qu'il n'était pas moins odieux de donner la
succession d'autrui que de l'ôter. Que personne ne craigne
donc plus d'entrer dans la magistrature, ou de devenir
citoyen romain. Cet honneur ne retranchera plus du
corps de leur famille ceux qui l'auront obtenu. Ils pourront acquérir un nouvel éclat, sans perdre rien des droits
que le sang leur donne.

XL. Enfin, le parent le plus éloigné, et dans le degré
même où l'alliance commence à s'éteindre, participe à
cette immunité ; car on ne peut l'assujettir au vingtième,
si la succession qu'il a recueillie n'excède une certaine
somme marquée par l'édit de l'empereur. La succession
peu considérable en est affranchie ; l'héritier pourra, s'il
le veut, dans sa reconnaissance, employer tous les biens
dont il hérite, aux obsèques ou au tombeau de son bienfaiteur ; il n'aura ni réformateur ni surveillant. Que l'on
jouisse désormais, sans crainte et sans péril, du modeste
héritage auquel on est appelé [69]. L'impôt se lève aujour-
d'hui à de telles conditions qu'il ne menace que la seule
opulence. La dureté de la loi se change en faveur. On
souhaite ce qu'on craignait : il n'y a plus d'héritier qui
désire être sujet au paiement du vingtième. La prévoyance
a été portée encore plus loin ; les héritiers qui devaient

rent, nondum tamen intulissent, non inferrent. At in præteritum subvenire ne dii quidem possunt; tu tamen subvenisti, cavistique ut desineret quisque debere, quod non esset postea debiturus. Idem effecisti, ne malos principes habuissemus : quo ingenio, si natura pateretur, quam libenter tot spoliatis, tot trucidatis sanguinem et bona refudisses! Vetuisti exigi, quod deberi non tuo seculo cœperat. Alius ut contumacibus irasceretur, tarditatemque solvendi dupli vel etiam quadrupli irrogatione multaret; tu nihil referre iniquitatis existimas, exigas quod deberi non oportuerit, an constituas ut debeatur.

XLI. Feres, Cæsar, curam et sollicitudinem consularem. Nam mihi cogitanti eumdem te collationes remisisse, donativum reddidisse, congiarium obtulisse, delatores abegisse, vectigalia temperasse, interrogandus videris, satisne computaveris imperii reditus; an tantas vires habeat frugalitas principis, ut tot impendiis, tot erogationibus sola sufficiat. Nam quid est causæ cur aliis quidem, quum omnia raperent, et rapta retinerent, ut si nihil rapuissent, nihil retinuissent, defuerint omnia; tibi, quum tam multa largiaris, et nihil auferas, omnia supersint? Nunquam principibus defuerunt, qui fronte gravi et tristi supercilio utilitatibus fisci contumaciter adessent, et erant principes ipsi sua sponte avidi et ra-

l'impôt avant la publication de l'édit, mais qui ne l'avaient pas encore payé, ne paieront rien. Les dieux, tout puissans qu'ils sont, ne peuvent rien sur le passé ; vous, vous avez su le corriger, en remettant le vingtième à ceux qui ne l'auraient pas dû, s'ils n'eussent hérité que depuis votre édit. Vous nous avez mis en quelque sorte au même état que si nous n'avions pas eu de mauvais prince [70]. Avec de tels sentimens, si la nature l'eût permis, n'eussiez-vous pas rendu et la vie et les biens à tant d'hommes proscrits injustement, vous qui avez défendu d'exiger rien de ce qui se trouverait dû avant votre avènement à l'empire? Un autre aurait fait un crime de ce retardement, et l'aurait puni de la peine du double ou du quadruple : mais vous, vous croyez qu'on n'est pas moins blâmable à exiger le paiement d'un impôt injustement établi, qu'à établir l'impôt lui-même.

XLI. Vous porterez, César, tout le poids du consulat : car lorsque je songe à tant de contributions abolies, aux gratifications que les soldats ont reçues, aux largesses prodiguées au peuple, au bannissement des délateurs, à la diminution des subsides, il me semble qu'il faudrait vous demander [71], si vous avez bien calculé les revenus de l'empire, et si la frugalité du prince peut seule balancer tant de dépenses et de libéralités. Comment se fait-il que d'autres princes, lorsque rien n'échappait à leurs rapines, et que rien de ce qu'ils avaient ravi ne sortait de leurs mains, aient cependant manqué de tout, comme s'il n'eussent dépouillé personne; et que vous, qui n'ôtez rien à personne, et qui répandez à pleines mains sur tout le monde, vous ayez tant de superflu? Les princes n'ont jamais manqué de gens qui soutinssent les droits du fisc avec hauteur et avec du-

paces, et qui magistris non egerent; plura tamen semper a nobis contra nos didicerunt : sed ad tuas aures quum ceteris omnibus, tum vel maxime avaris adulationibus obstructus est aditus. Silent ergo et quiescunt, et postquam non est cui suadeatur, qui suadeant non sunt. Quo evenit, ut tibi quum plurimum pro tuis, plus tamen pro nostris moribus debeamus.

XLII. Locupletabant et fiscum et ærarium non tam Voconiæ et Juliæ leges, quam majestatis singulare et unicum crimen eorum qui crimine vacarent. Hujus tu metum penitus sustulisti, contentus magnitudine, qua nulli magis caruerunt, quam qui sibi majestatem vindicabant. Reddita est amicis fides, liberis pietas, obsequium servis : verentur, et parent, et dominos habent. Non enim jam servi nostri principis amici, sed nos sumus; nec pater patriæ alienis se mancipiis cariorem quam civibus suis credit. Omnes accusatore domestico liberasti, unoque salutis publicæ signo, illud, ut sic dixerim, servile bellum sustulisti; in quo non minus servis, quam dominis præstitisti : hos enim securos, illos bonos fecisti. Non vis interea laudari, nec fortasse laudanda sint; grata sunt tamen recordantibus principem illum, in capita dominorum servos subornantem,

reté; mais, quoique ces princes fussent d'eux-mêmes assez avides pour se passer de maîtres qui les éclairassent sur leurs intérêts, il est pourtant vrai que nous leur en avons servi, et qu'ils tiennent de nous-mêmes la plupart des connaissances dont ils ont abusé contre nous. Pour vous, inaccessible à toute sorte d'adulation, votre oreille est fermée surtout aux conseils de l'avarice. Ces flatteurs cupides se taisent et demeurent en repos; ou plutôt, il n'y a plus de flatteurs depuis qu'il n'y a plus de prince qui les écoute. Vous voyez donc que, si nous vous devons beaucoup pour la pureté de vos mœurs, nous vous devons encore plus pour l'innocence des nôtres.

XLII. Les lois Voconia et Julia [72] enrichissaient moins le fisc et le trésor public que l'accusation de lèse-majesté, le seul crime de tous ceux à qui on ne pouvait en reprocher aucun. C'est une crainte dont vous nous avez délivrés, content d'une grandeur qui ne fut jamais moins connue que des princes gardiens si rigides de leur dignité. Vous avez rendu aux amis leur fidélité, aux enfans leur tendresse, aux esclaves leur soumission. Les amis respectent l'amitié, les enfans obéissent, les esclaves sentent qu'ils ont des maîtres. Car aujourd'hui, c'est nous que le prince honore de sa bienveillance, et non pas nos esclaves. Le père de la patrie ne s'imagine point trouver plus de dévouement dans un esclave étranger que dans un citoyen. Personne n'a plus à craindre un calomniateur domestique; et, en mettant le sceau à une loi si salutaire, vous nous avez en quelque sorte épargné les maux d'une nouvelle guerre contre nos esclaves. C'est un bienfait pour eux comme pour nous: car si vous assurez notre repos, vous ajoutez à leur fidélité. Vous ne voulez pas qu'on vous en loue; mais quand il

monstrantemque crimina, quæ tanquam delata puniret: magnum et inevitabile, ac toties cuique experiendum malum, quoties quisque similes principi servos haberet.

XLIII. In eodem genere ponendum est, quod testamenta nostra secura sunt; nec unus omnium, nunc quia scriptus, nunc quia non scriptus, heres es. Non tu falsis, non tu iniquis tabulis advocaris. Nullius ad te iracundia, nullius impietas, nullius furor confugit; nec, quia offendit alius nuncuparis, sed quia ipse meruisti. Scriberis ab amicis, ab ignotis præteriris; nihilque inter privatum et principem interest, nisi quod nunc à pluribus amaris; nam et plures amas.

Tene, Cæsar, hunc cursum, et probabitur experimento, sitne feracius et uberius, non ad laudem modo, sed ad pecuniam, principi, si herede illo mori homines velint, quam si cogantur. Donavit pater tuus multa, et ipse donasti: cesserit parum gratus; manent tamen ii qui bonis ejus fruantur, nihilque ex illis ad te nisi gloria redit; nam liberalitatem jucundiorem debitor gratus,

faudrait supprimer l'éloge, n'est-il pas doux de rappeler ce souvenir, après avoir vécu sous ce prince qui subornait lui-même les esclaves, qui leur suggérait les crimes qu'ils devaient imputer à leurs maîtres, et qu'il voulait faire servir de prétexte à ses cruautés? sort affreux et inévitable pour quiconque avait des esclaves semblables au prince!

XLIII. Il faut compter entre tant de bienfaits, que nos testamens sont affranchis de toute crainte : on ne voit plus l'empereur toujours seul héritier de tout le monde, tantôt pour avoir été désigné, tantôt pour ne l'avoir pas été[73] : vous n'êtes pas appelé à des successions par des testamens ou faux ou injustes. Vous ne voyez point tourner à votre profit le ressentiment, le mauvais naturel, l'emportement d'un testateur. Si quelqu'un vous nomme son héritier, ce n'est point par haine pour un autre, mais par amour pour vous. Ceux que vous honorez de votre bienveillance, se souviennent de vous dans leurs testamens; ceux que vous ne connaissez pas, vous oublient : et toute la différence qui se trouve entre ce que vous étiez et ce que vous êtes, c'est qu'aujourd'hui un plus grand nombre de personnes vous aiment, parce que vous en aimez vous-même un plus grand nombre.

Continuez à suivre cette route, César; et vous éprouverez qu'il est plus avantageux et plus sûr, je ne dis pas seulement pour la réputation, mais aussi pour l'intérêt du prince, de faire souhaiter aux citoyens de l'avoir pour héritier, que de les y forcer. Votre auguste père, et vous-même, vous avez répandu une infinité de bienfaits. Quoique plus d'un ingrat vous ait oublié en mourant, les héritiers de cet ingrat jouissent pourtant de ses biens sans inquiétude, et il ne vous en revient que de la gloire;

clariorem ingratus facit. Sed quis ante te laudem istam pecuniæ prætulit? quotusquisque principum ne id quidem in patrimoniis nostris suum duxit, quod esset de suo? Nonne ut regum, ita Cæsarum munera illitos cibis hamos, opertos præda laqueos æmulabantur, quum privatis facultatibus velut hausta et implicata, retro secum quidquid attigerant referrent?

XLIV. Quam utile est ad usum secundorum per adversa venisse! Vixisti nobiscum, periclitatus es, timuisti, quæ tunc erat innocentium vita : scis et expertus es quantopere detestentur malos principes etiam qui malos faciunt. Meministi quæ optare nobiscum, quæ sis queri solitus. Nam privato judicio principem geris, meliorem immo te præstas, quam tibi alium precabare. Itaque sic imbuti sumus, ut quibus erat summa votorum, melior pessimo princeps, jam non possimus nisi optimum ferre. Nemo est ergo tam tui, tam ignarus sui, ut locum ipsum post te concupiscat. Facilius est ut esse aliquis successor tuus possit, quam ut velit. Quis enim curæ tuæ molem sponte subeat? quis comparari tibi non reformidet? Expertus et ipse es, quam sit onerosum succedere bono principi, et afferebas excusationem adoptanti. An prona parvaque sunt ad æmulandum, quod nemo incolumitatem turpitudine rependit?

car, si la reconnaissance rend la générosité plus douce, l'ingratitude la rend plus honorable. Mais quel prince, avant vous, s'est avisé de préférer cette gloire aux richesses? Qui d'entre eux n'a pas toujours continué de compter entre ses biens ceux qu'il nous avait donnés? ou plutôt les présens de nos Césars, comme ceux des rois, ne ressemblaient-ils pas à des hameçons, à des filets cachés sous un appât trompeur, puisqu'ils s'attachaient et s'enlaçaient en quelque sorte aux richesses des particuliers qui les recevaient, et tiraient à eux tout ce qu'ils avaient touché?

XLIV. Oh! qu'il est avantageux de n'arriver à la prospérité qu'à travers les disgrâces! Vous avez vécu au milieu de nous; vous avez ressenti mêmes alarmes; vous avez couru mêmes dangers : c'était alors le sort commun de tous les gens de bien. Vous savez par expérience combien les mauvais princes sont en horreur à ceux-mêmes qui les rendent mauvais. Vous n'avez pas oublié ce que vous désiriez, ce que vous détestiez avec nous. Vous êtes empereur, comme vous jugiez qu'il le fallait être, quand vous n'étiez que simple particulier. Que dis-je? vous portez vos vertus plus loin que vous ne souhaitiez qu'un autre les portât. Quel heureux changement! Autrefois le comble de nos vœux était d'avoir un prince qui valût mieux que le plus méchant; et nous voilà réduits à n'en pouvoir plus souffrir à l'avenir, s'il n'est le plus vertueux de tous les hommes. Il n'y aura donc plus personne qui vous connaisse, et qui se connaisse lui-même assez mal pour désirer la place que vous occupez. Il sera plus aisé de trouver un homme qui vous succède, qu'un homme qui souhaite de vous succéder. Qui se chargerait volontiers de tous les soins qui vous occupent? qui ne trem-

Salva est omnibus vita, et dignitas vitæ ; nec jam consideratus ac sapiens, qui ætatem in tenebris agit. Eadem quippe sub principe virtutibus præmia, quæ in libertate; nec benefacto tantum ex conscientia merces. Amas constantiam civium, rectosque ac vividos animos non, ut alii, contundis ac deprimis, sed foves et attollis. Prodest bonos esse, quum sit satis abundeque, si non nocet : his honores, his sacerdotia, his provincias offers: hi amicitia tua, hi judicio florent : acuuntur isto integritatis et industriæ pretio similes, dissimiles alliciuntur. Nam præmia bonorum malorumque bonos ac malos faciunt. Pauci adeo ingenio valent, ut non turpe honestumque, prout bene aut secus cessit, expetant fugiantve: ceteri, ubi laboris inertiæ, vigilantiæ somno, frugalitatis luxuriæ merces datur, eadem ista, quibus alios artibus assecutos vident, consectantur; qualesque sunt illi, tales esse et videri volunt, et dum volunt, fiunt.

XLV. Et priores quidem principes, excepto patre tuo,

blerait d'entrer en comparaison avec vous? Vous avez vous-même éprouvé combien est pesante la succession d'un bon prince, et ce fut votre excuse, quand Nerva voulut vous adopter [74]. Est-il donc facile d'imiter un prince sous lequel personne n'achète sa sûreté au prix de son honneur? On peut maintenant vivre avec dignité, et vivre sans péril. La prudence n'oblige plus le sage à se tenir dans l'ombre : la vertu peut se promettre aujourd'hui les mêmes avantages dont elle jouissait dans le temps où régnait la liberté; et les bonnes actions ont d'autres récompenses que le secret témoignage de la conscience. Vous aimez la fermeté dans les citoyens; et, loin de chercher, comme d'autres princes, à abaisser, à détruire la noble fierté des sentimens, vous vous plaisez à l'entretenir et à l'élever. C'était beaucoup que la probité ne fût point funeste : elle est maintenant utile. C'est elle que vous honorez des emplois, des sacerdoces, des gouvernemens; elle prospère aujourd'hui, soutenue de votre amitié et de votre estime. Le prix proposé aux talens et aux vertus stimule les bons et attire les méchans : car les hommes sont bons ou méchans, suivant qu'ils voient récompenser la vertu ou le vice. Bien peu ont un naturel assez heureux pour ne pas faire dépendre de leur intérêt leur ardeur pour la gloire et leur horreur pour l'infamie. La plupart, lorsqu'ils voient donner à l'oisiveté, à la mollesse, à la débauche les prix du travail, de la vigilance, de la modération, ne songent à les obtenir que par les mêmes voies qui ont réussi aux autres : ils s'efforcent de paraître semblables à ceux dont ils envient la fortune; et, à force de leur vouloir ressembler, ils leur ressemblent.

XLV. Vos prédécesseurs, si l'on en excepte votre au-

præterea uno aut altero, et nimis dixi, vitiis potius civium, quam virtutibus lætabantur : primum quod in alio sua quemque natura delectat; deinde quod patientiores servitutis arbitrabantur, quos non deceret esse nisi servos. Horum in sinum omnia congerebant; bonos autem otio aut situ abstrusos, et quasi sepultos, non nisi delationibus et periculis in lucem ac diem proferebant. Tu amicos ex optimis legis, et hercule æquum est esse eos carissimos bono principi, qui invisi malo fuerint. Scis, ut sunt diversa natura dominatio et principatus, ita non aliis esse principem gratiorem, quam qui maxime dominum graventur. Hos ergo provehis et ostentas quasi specimen et exemplar, quæ tibi secta vitæ, quod hominum genus placeat : et ideo non censuram adhuc, non præfecturam morum recepisti, quia tibi beneficiis potius, quam remediis ingenia nostra experiri placet. Et alioquin nescio an plus moribus conferat princeps, qui bonos esse patitur, quam qui cogit. Flexibiles quamcunque in partem ducimur a principe, atque, ut ita dicam, sequaces sumus. Huic enim cari, huic probati esse cupimus; quod frustra speraverint dissimiles: eoque obsequii continuatione pervenimus, ut prope omnes unius moribus vivamus. Porro non tam sinistre constitutum est, ut qui malum principem possumus, bonum non possumus imitari. Perge modo, Cæsar, et vim

guste père, et peut-être un ou deux avec lui (et c'est en dire trop), aimaient bien plus les vices que les vertus des citoyens. Chacun se plaît naturellement à se retrouver dans les autres : et ils étaient d'ailleurs persuadés qu'avec des inclinations serviles, on souffre plus patiemment l'esclavage. Ils prodiguaient tout aux hommes de ce caractère : les bons, ils les ensevelissaient dans l'ombre et l'indifférence, et ne permettaient qu'aux délations et aux dangers de les mettre en lumière. Vous, prince, c'est parmi les hommes les plus vertueux que vous choisissez vos amis; et en vérité il est bien juste qu'ils soient aimés d'un bon prince, après avoir été persécutés par un mauvais. Sachant combien diffèrent de nature la tyrannie et l'autorité légitime, vous comprenez qu'un prince ne saurait avoir de sujets plus dévoués que les plus irréconciliables ennemis des tyrans. Ce sont donc les personnes de ce caractère que vous avancez, que vous élevez, pour servir de modèles, et pour apprendre à tout le monde quelle conduite vous vous proposez, quel genre d'hommes est selon votre cœur. C'est par cette raison que vous n'avez jamais voulu exercer la censure, ni être chargé de l'inspection des mœurs. Vous aimez mieux éprouver sur nous le pouvoir des bienfaits, que celui des leçons. Et d'ailleurs je ne sais si le prince ne fait pas plus pour les mœurs en nous laissant la liberté d'être hommes de bien, qu'en nous obligeant à l'être. Souples sous sa main, il nous plie selon son gré au vice ou à la vertu, et nous prenons, pour ainsi dire, la forme qui lui plaît. On veut être aimé du maître, on veut avoir son estime, et on l'espèrerait en vain, si on ne lui ressemblait pas. Enfin, tel est l'effet de cette constante déférence, que les mœurs d'un seul

effectumque censuræ tuum propositum, tui actus obtinebunt. Nam vita principis censura est, eaque perpetua: ad hanc dirigimur, ad hanc convertimur; nec tam imperio nobis opus est, quam exemplo. Quippe infidelis recti magister est metus. Melius homines exemplis docentur, quæ in primis hoc in se boni habent, quod approbant, quæ præcipiunt, fieri posse.

XLVI. Et quis terror valuisset efficere, quod reverentia tui effecit? Obtinuit aliquis, ut spectaculum pantomimorum populus romanus tolli pateretur; sed non obtinuit ut vellet. Rogatus es tu, quod cogebat alius, cœpitque esse beneficium, quod necessitas fuerat. Neque enim a te minore concentu, ut tolleres pantomimos, quam a patre tuo, ut restitueret, exactum est. Utrumque recte: nam et restitui oportebat, quos sustulerat malus princeps, et tolli restitutos. In his enim quæ a malis bene fiunt, hic tenendus est modus, ut appareat auctorem displicuisse, non factum. Idem ergo populus ille aliquando scenici imperatoris spectator et applausor, nunc in pantomimis quoque aversatur et damnat effeminatas artes, et indecora seculo studia. Ex quo manifestum est principum disciplinam capere etiam vulgus, quum rem, si ab uno fiat, severissimam, fecerint

homme forment les mœurs publiques[75]. Heureusement que la nature ne nous a pas assez maltraités, pour que nous ne puissions imiter un bon prince, comme nous pourrions en imiter un mauvais. Continuez donc, César, et vos principes, vos actions auront l'influence et l'effet de la censure. En effet, la vie du prince est une censure, et une censure perpétuelle : elle nous guide, elle nous dirige, et nous avons moins besoin de commandemens que d'exemples. La crainte enseigne mal à bien vivre. Les exemples ont plus d'autorité : ils ont surtout cet avantage, de prouver qu'ils ne conseillent rien qui ne soit possible.

XLVI. Quelle crainte en effet aurait pu faire ce qu'a fait la seule vénération qu'on a pour vous ? Un de vos prédécesseurs a obtenu des Romains qu'ils laissassent abolir le spectacle des pantomimes[76]; mais il n'a pu obtenir que les Romains le désirassent. Pour vous, on vous a supplié de faire ce qu'un autre prince forçait de souffrir. On a reçu de vous comme un bienfait, ce qu'on avait toléré comme une nécessité. On vous a demandé de bannir du théâtre ces hommes dissolus, aussi unanimement qu'on avait supplié votre auguste père de les rétablir. Vœux également louables : il fallait rappeler les pantomimes qu'un mauvais prince avait bannis, et les chasser après les avoir rappelés : car lorsqu'un scélérat agit bien, c'est toujours une sage précaution que de faire sentir que l'on condamne l'auteur, quoique l'action soit approuvée. On a donc vu ce même peuple qui avait autrefois applaudi à un empereur comédien, détester jusque dans le pantomime cet art honteux et ces talens indignes de notre siècle. Il est donc prouvé que le caractère du prince règle les mœurs même du vulgaire,

omnes. Macte hac gravitatis gloria, Cæsar, qua consecutus es, ut, quod antea vis et imperium, nunc mores vocarentur. Castigaverunt vitia sua ipsi, qui castigari merebantur; iidemque emendatores, qui emendandi fuerint. Itaque nemo de severitate tua queritur, et liberum est queri. Sed quum ita comparatum sit, ut de nullo minus principe querantur homines, quam de quo maxime licet, tum tuo seculo nihil est, quo non omne hominum genus lætetur et gaudeat. Boni provehuntur; mali, qui tranquillissimus status civitatis, nec timent nec timentur. Mederis erroribus, sed implorantibus; omnibusque, quos bonos facis, hanc adstruis laudem, ne coegisse videaris.

XLVII. Quid vitam, quid mores juventutis, quam principaliter formas! quem honorem dicendi magistris, quam dignationem sapientiæ doctoribus habes! ut sub te spiritum et sanguinem et patriam receperunt studia, quæ priorum temporum immanitas exsiliis puniebat, quum sibi vitiorum omnium conscius princeps, inimicas vitiis artes non odio magis quam reverentia relegaret! At tu easdem artes in complexu, oculis, auribus habes. Præstas enim quæcunque præcipiunt; tantumque eas diligis, quantum ab illis probaris. An quisquam stu-

puisqu'il peut s'élever jusqu'à la plus austère vertu, si le prince s'y élève le premier. Jouissez, César, de la gloire d'une telle sagesse, qui nous fait donner aujourd'hui le nom de mœurs à ce qu'on appelait autrefois abus de pouvoir et violence. Ceux qui avaient besoin qu'on réprimât leurs désordres ont été leurs propres censeurs : ceux qu'il fallait réformer se sont réformés eux-mêmes. Aussi personne ne murmure-t-il contre votre sévérité, quoiqu'on soit libre de murmurer : mais tels sont les hommes ; ils ne se plaignent jamais moins d'un prince, que lorsque la plainte est le plus permise ; et sous vos lois, d'ailleurs, tous les hommes sont également contens. Les bons sont comblés d'honneurs, et, ce qui est le gage de la tranquillité d'un état, les méchans ne craignent, ni ne sont craints. Vous remédiez aux abus : mais l'auteur même du mal en implore la réforme ; et ceux que vous ramenez au bien vous ont encore cette obligation, que vous ne semblez pas les avoir forcés.

XLVII. Et la conduite, les mœurs de la jeunesse, avec quel soin digne d'un prince vous vous appliquez à les former ! que de considération pour les rhéteurs ! que d'estime vous témoignez aux philosophes ! Comme elles ont retrouvé sous votre empire et la vie, et la force, et une patrie, ces nobles études que la barbarie des derniers temps punissait de l'exil, alors qu'un prince, auquel sa conscience reprochait tous les vices, bannissait par pudeur autant que par haine les sciences, ennemies de la corruption ! Mais vous, prince, vous les accueillez dans votre sein, vous vous plaisez à les entendre : car elles ne prescrivent pas de devoir que vous ne remplissiez, et vous les aimez autant qu'elles vous honorent.

dia humanitatis professus non quum omnia tua, tum vel in primis laudibus ferat admissionum tuarum facilitatem? Magno quidem animo parens tuus, hanc ante vos principes arcem, publicarum ædium nomine inscripserat : frustra tamen, nisi adoptasset, qui habitare ut in publicis posset. Quam bene cum titulo isto moribus tuis convenit! quamque omnia sic facis, tanquam non alius inscripserit! Quod enim forum, quæ templa tam reserata? non Capitolium, ipsaque illa adoptionis tuæ sedes magis publica, magis omnium. Nullæ obices, nulli contumeliarum gradus, superatisque jam mille liminibus, ultra semper aliqua dura et obstantia. Magna ante te, magna post te, juxta tamen maxima quies : tantum ubique silentium, tam altus pudor, ut ad parvos penates, et larem angustum, ex domo principis modestiæ et tranquillitatis exempla referantur.

XLVIII. Ipse autem ut excipis omnes! ut exspectas! ut magnam partem dierum inter tot imperii curas quasi per otium transigis! Itaque non ut alias attoniti, nec ut periculum capitis adituri tarditate, sed securi et hilares, quum commodum est, convenimus; et, admittente principe, interdum est aliquid, quod nos domi quasi magis necessarium teneat : excusati semper tibi, nec unquam

Est-il un homme ami des lettres qui ne loue surtout, parmi tant de vertus, votre soin de vous rendre accessible à tous? Il y eut sans doute de la grandeur à faire graver, comme le fit votre père, sur ce palais qui avant vous et lui n'était qu'une forteresse impénétrable, ce titre nouveau d'édifice public : mais ce n'eût été qu'une vaine inscription, s'il n'eût adopté un successeur qui puisse y habiter comme en public. Que cette inscription est bien d'accord avec vos mœurs! A voir ce que vous faites, on dirait que pas autre que vous ne la fit graver? Car est-il un forum, un temple plus ouvert au peuple? Plus que le Capitole, plus que cette enceinte même où fut consacrée votre adoption, votre palais est public et commun à tous les citoyens. Point de barrières à franchir, point d'affronts successifs à essuyer : on ne trouve plus, après avoir passé cent portes, des difficultés nouvelles, des obstacles toujours renaissans. Tout est calme et pour ceux qui viennent à vous et pour ceux qui vous quittent, mais surtout pour ceux qui sont près de vous. Il règne partout un si profond silence, tant de décence et de réserve, que du palais on rapporte dans sa modeste demeure, sous son humble toit, des exemples d'ordre et de tranquillité.

XLVIII. Vous-même, avec quelle bonté ne recevez-vous pas, n'attendez-vous pas tout le monde! Peut-on comprendre que, chargé de tous les soins de l'empire, vous ayez tant de temps à nous donner? Aussi nous ne nous présentons plus au prince, comme autrefois, la frayeur peinte sur le visage, et craignant que le moindre retard ne soit puni du dernier supplice : nous paraissons devant lui quand il nous plaît, et toujours avec joie et confiance. Nous pouvons nous en dispenser, si

excusandi sumus. Scis enim sibi quemque præstare quod te videat, quod te frequentet, ac tanto liberalius ac diutius voluptatis hujus copiam præbes. Nec salutationes tuas fuga et vastitas sequitur : remoramur, resistimus, ut in communi domo, quam nuper illa immanissima bellua plurimo terrore munierat, quum, velut quodam specu inclusa, nunc propinquorum sanguinem lamberet, nunc se ad clarissimorum civium strages cædesque proferret. Obversabantur foribus horror et minæ, et par metus admissis et exclusis. Ad hæc ipse occursu quoque visuque terribilis : superbia in fronte, ira in oculis, femineus pallor in corpore, in ore impudentia multo rubore suffusa. Non adire quisquam, non alloqui audebat, tenebras semper secretumque captantem, nec unquam ex solitudine sua prodeuntem, nisi ut solitudinem faceret.

XLIX. Ille tamen, quibus sibi parietibus et muris salutem suam tueri videbatur, dolum secum, et insidias, et ultorem scelerum deum inclusit. Dimovit perfregitque custodias pœna; angustosque per aditus et obstructos, non secus ac per apertas fores et invitantia limina irrupit : longeque tunc illi divinitas sua, longe arcana

nous croyons être retenus par quelque affaire plus pressante. Vous prévenez toujours nos excuses, et vous nous épargnez le soin d'en chercher ; car vous êtes bien persuadé que personne ne se refuse volontairement la satisfaction de vous voir : et c'est aussi ce qui vous fait accorder ce plaisir avec plus de complaisance et de libéralité. Après vous avoir rendu nos premiers respects, on ne nous voit point pressés de fuir et de vous laisser à votre solitude : nous demeurons, nous nous arrêtons, comme sous un toit commun à tous les citoyens, dans ce même palais que la terreur environnait naguère, lorsque ce monstre cruel s'y enfermait, comme dans son antre, pour se désaltérer du sang de ses proches, où qu'il s'élançait de sa retraite pour se rassasier du carnage des plus illustres citoyens. L'horreur et la menace en gardaient les portes, et l'on tremblait également d'être admis et d'être exclus. Sa rencontre seule et sa vue inspiraient l'effroi : l'orgueil éclatait sur son front et la fureur dans ses yeux ; une pâleur efféminée était répandue sur son corps ; et son impudence se déguisait sous la rougeur de son front[77]. Personne n'osait l'approcher ni lui adresser la parole. Toujours renfermé dans les ténèbres d'un mystérieux asile, il ne sortait de sa solitude que pour désoler Rome.

XLIX. Cependant, dans ces mêmes murs qui lui semblaient assurer son salut, il enferma avec lui la ruse, les embûches et le dieu vengeur des crimes. Le châtiment a su écarter ou forcer les gardes, et à travers tant d'obstacles et de détours, il a pénétré avec autant de facilité, que si toutes les avenues eussent été libres et toutes les portes ouvertes. A quoi lui servirent alors et sa divinité et ces réduits secrets, ces cruelles retraites, où

illa cubilia sævique secessus, in quos timore et superbia et odio hominum agebatur. Quanto nunc tutior, quanto securior eadem domus, postquam non crudelitatis, sed amoris excubiis, non solitudine et claustris, sed civium celebritate defenditur! Ecquid ergo? discimus experimento fidissimam esse custodiam principis ipsius innocentiam. Hæc arx inaccessa, hoc inexpugnabile munimentum, munimento non egere. Frustra se terrore succinxerit, qui septus caritate non fuerit : armis enim arma irritantur. Num autem serias tantum partes dierum in oculis nostris cœtuque consumis? non remissionibus tuis eadem frequentia, eademque illa socialitas interest? non tibi semper in medio cibus, semperque mensa communis? non ex convictu nostro mutua voluptas? non provocas reddisque sermones? non ipsum tempus epularum tuarum quum frugalitas contrahat, extendit humanitas? Non enim ante medium diem distentus solitaria cœna, spectator adnotatorque convivis tuis immines; nec jejunis et inanibus, plenus ipse et ructans, non tam apponis quam objicis cibos, quos dedigneris attingere; ægreque perpessus superbam illam convictus simulationem, rursus te ad clandestinam ganeam occultumque luxum refers. Ergo non aurum, nec argentum, nec exquisita ingenia cœnarum, sed suavitatem tuam jucunditatemque miramur, quibus nulla satietas adest, quando sincera om-

le précipitaient la crainte et la haine des hommes? Oh! combien trouve-t-on plus de sûreté dans ce palais, aujourd'hui qu'il est protégé, non plus par la terreur, mais par l'amour des sujets; non plus par des barrières et par sa propre solitude, mais par la foule des citoyens! L'expérience nous apprend donc que la plus fidèle garde du prince, c'est l'innocence de sa vie. Une citadelle, un retranchement qui ne se force jamais, c'est de n'en avoir aucun besoin. En vain celui qui ne veut pas se faire aimer, se fera craindre; les armes dont il menace invitent à s'en servir contre lui. Vous voit-on ne passer avec nous et sous nos yeux que le temps des affaires? Ne sommes-nous pas au milieu de vos divertissemens? ne les partageons-nous pas? ne mangez-vous pas en public et avec nous? n'y trouvons-nous pas le même plaisir que vous? n'aimez-vous pas à nous adresser la parole et à nous répondre? Et lorsque votre frugalité voudrait vous faire abréger le repas, votre bonté pour nous ne vous oblige-t-elle pas à le prolonger? car vous ne venez point, après avoir mangé en particulier, vous présenter à votre table, en homme qui ne s'y propose que de regarder et de censurer les convives. On ne vous voit point, après avoir pris la précaution de vous rassasier en secret, jeter plutôt qu'offrir, à des gens à jeun, des mets auxquels vous dédaignez vous-même de toucher, et fatigué de la durée d'un repas où l'orgueil fait jouer un personnage si contraint, courir en nous quittant vous replonger dans la crapule d'une débauche clandestine. Aussi ce n'est ni la magnificence de votre vaisselle, ni l'ordonnance de vos festins que nous admirons, mais la douceur et les charmes d'une aimable conversation, qui ne lasse jamais, parce que tout y est na-

nia, et vera, et ornata gravitate. Neque enim aut peregrinæ superstitionis mysteria, aut obscæna petulantia mensis principis oberrat; sed benigna invitatio, et liberales joci, et studiorum honor. Inde tibi parcus et brevis somnus, nullumque amore nostri angustius tempus, quam quod sine nobis agis.

L. Sed quum rebus tuis ut participes perfruamur, quæ habemus ipsi quam propria, quam nostra sunt! Non enim exturbatis prioribus dominis, omne stagnum, omnem lacum, omnem etiam saltum immensa possessione circumvenis; nec unius oculis flumina, fontes, maria deserviunt. Est quod Cæsar non suum videat; tandemque imperium principis quam patrimonium majus est. Multa enim ex patrimonio refert in imperium, quæ priores principes occupabant, non ut ipsi fruerentur, sed ne quis alius. Ergo in vestigia sedesque nobilium immigrant pares domini; nec jam clarissimorum virorum receptacula habitatore servo teruntur, aut fœda vastitate procumbunt. Datur intueri pulcherrimas ædes deterso situ auctas ac vigentes. Magnum hoc tuum non erga homines modo, sed erga tecta ipsa meritum, sistere ruinas, solitudinem pellere, ingentia opera eodem, quo exstructa sunt animo, ab interitu vindicare. Muta quidem illa et anima carentia : sentire tamen et lætari videntur, quod niteant, quod frequententur, quod aliquando cœ-

turel et vrai, et que la solidité s'y unit à l'agrément. Nous ne sommes plus au temps où les mystères d'une superstition étrangère [78] et une licence indécente obsédaient la table du prince. D'aimables provocations, une gaîté décente, d'instructives discussions en ont pris la place. Aussi votre sommeil est-il court, et vous donnez le moins de temps qu'il vous est possible à tout ce qui vous tient éloigné de nous.

L. Mais pendant que vous nous faites tant de parts de vos biens, avec quelle liberté nous laissez-vous jouir des nôtres! Vous ne chassez pas de leurs héritages les anciens possesseurs, pour enfermer dans vos immenses domaines les étangs, les lacs et même les forêts entières : les fontaines, les rivières et les mers ne sont plus réservées pour être le spectacle d'un seul homme. César voit des biens qui ne sont pas à lui; et ses propriétés sont aujourd'hui moins étendues que son empire. Il emploie aux besoins de l'état une partie de ses richesses particulières, que ses prédécesseurs ne gardaient que pour empêcher les autres d'en jouir? Aujourd'hui ce sont des grands qui habitent les maisons des grands : la demeure des plus illustres citoyens n'est plus abandonnée à un vil esclave, ou prête à tomber en ruines par un honteux délaissement. Nous pouvons contempler de magnifiques bâtimens, restaurés et embellis par vos ordres. C'est un grand service rendu aux hommes et aux édifices mêmes, que de conserver et de peupler ces nobles habitations, de préserver de la destruction ces grands monumens, en ressuscitant les intentions qui les firent élever. Tout muets, tout insensibles qu'ils sont, ils paraissent sentir leur état, et se réjouir d'être entretenus avec soin, d'être habités, enfin d'appartenir à un maître qui les connaît [79].

perint esse domini scientis. Circumfertur sub nomine Caesaris tabula ingens rerum venalium, quo sit detestanda avaritia illius, qui tam multa concupiscebat, quum haberet supervacua tam multa. Tum exitialis erat apud principem huic laxior domus, illi amoenior villa. Nunc princeps in haec eadem dominos quaerit, ipse inducit : ipsos illos magni aliquando imperatoris hortos, illud nunquam nisi Caesaris suburbanum, licemur, emimus, implemus. Tanta benignitas principis, tanta securitas temporum est, ut ille nos principalibus rebus existimet dignos ; nos non timeamus, quod digni esse videmur. Nec vero emendi tantum civibus tuis copiam praebes, sed amoenissima quaeque largiris et donas : ista, inquam, donas, in quae electus, in quae adoptatus es : transfers quod judicio accepisti ; ac nihil magis tuum credis, quam quod per amicos habes.

LI. Idem tam parcus in aedificando, quam diligens in tuendo. Itaque non, ut ante, immanium transvectione saxorum urbis tecta quatiuntur. Stant securae domus, nec jam templa nutantia. Satis est tibi, nimiumque : quum successeris frugalissimo principi, magnum rejicere aliquid et amputare ex his quae princeps tanquam necessaria reliquit. Praeterea pater tuus usibus suis detrahebat, quae fortuna imperii dederat : tu tuis, quae pater. At quam magnificus in publicum es ! Hinc porticus;

On a publié au nom de César une longue liste des objets qu'il expose en vente : et on ne peut y jeter les yeux, sans détester l'avarice du malheureux qui, au milieu de tant de biens superflus, ne cessait point d'en désirer de nouveaux. C'était alors un crime capital d'avoir une maison commode ou une terre agréable. Aujourd'hui, Trajan cherche des maîtres à ces mêmes maisons : il les met lui-même en possession. Ces jardins d'un grand empereur, qui n'ont été depuis possédés que par les Césars, nous les disputons à l'enchère, nous les achetons, nous les habitons. Telle est la bonté du prince et le bonheur des temps, que Trajan nous croit dignes de posséder ce que possédaient les empereurs, et que nous pouvons en paraître dignes sans danger. Et c'est peu de permettre aux citoyens d'acheter ce qui leur plaît ; vous prévenez leurs désirs par les dons les plus précieux : persuadé que rien n'est plus à vous que ce que vous tenez de ceux que vous aimiez, vous prenez plaisir à nous enrichir de ce que votre adoption ou des testamens particuliers vous ont acquis.

LI. Vous êtes aussi réservé à élever de nouveaux édifices, qu'attentif à entretenir les anciens. Les maisons des particuliers sont en sûreté : elles ne sont plus menacées par les prodigieuses masses de pierres que l'on transporte, et les temples n'en sont plus ébranlés. Vous croyez avoir toujours assez et même trop ; et, succédant à un prince très-économe, vous trouvez encore à retrancher sur ce qu'il vous a laissé comme nécessaire. D'ailleurs, ce que Nerva dérobait à son usage, il le devait à la fortune qui l'avait élevé à l'empire : vous dérobez au vôtre ce que vous avez hérité de votre père. Mais quelle magnificence ne montrez-vous pas dans les ouvrages pu-

inde delubra occulta celeritate properantur, ut non consummata, sed tantum commutata videantur. Hic immensum latus circi templorum pulchritudinem provocat : digna populo victore gentium sedes, nec minus ipsa visenda, quam quæ ex illa spectabuntur : visenda autem quum cetera specie, tum quod æquatus plebis ac principis locus : si quidem per omne spatium una facies, omnia continua et paria, nec magis proprius spectandi Cæsaris suggestus, quam propria quæ spectet. Licebit ergo civibus tuis invicem contueri : dabitur non cubiculum principis, sed ipsum principem cernere in publico, in populo sedentem; populo, cui locorum quinque millia adjecisti. Auxeras enim numerum ejus congiarii facilitate, majoremque in posterum suscipi liberalitatis tuæ fide jusseras.

LII. Horum unum si præstitisset alius, illi jamdudum radiatum caput, et media inter deos sedes auro staret aut ebore, augustioribusque aris et grandioribus victimis invocaretur. Tu delubra nonnisi adoraturus intras; tibi maximus honor excubare pro templis, postibusque prætexi. Sic fit, ut dii summum inter homines fastigium servent, quum deorum ipse non appetas. Itaque tuam statuam in vestibulo Jovis optimi maximi unam alteramve, et hanc æream, cernimus : at paulo

blics? Ici un portique, là un temple se trouvent élevés avec une célérité qui dérobe aux yeux le travail de la construction, et il semble qu'au lieu de les avoir entièrement bâtis, on n'ait fait qu'y mettre la dernière main. Qu'y a-t-il de plus merveilleux que ce vaste cirque, dont la beauté le dispute aux plus superbes maisons des dieux? Quel lieu plus digne de recevoir le peuple vainqueur du monde? Le cirque lui-même ne sera pas moins admiré que les spectacles qui s'y donnent; mais ce qui frappera surtout, c'est une égalité de places qui semble confondre le prince avec les citoyens. Point de distinction; partout, la plus parfaite uniformité; César n'a pas de place qui lui soit plus spécialement destinée que le spectacle même. Les Romains pourront donc vous voir aussi librement que vous les voyez. Il leur sera permis de contempler, non la loge fermée du prince, mais le prince lui-même, assis au milieu du peuple, du peuple pour qui vous avez fait construire cinq mille places nouvelles : car le nombre des citoyens s'est accru par tant de libéralités, et il devait s'accroître plus encore sur la foi de vos bienfaits.

LII. Si quelqu'autre empereur nous eût fait la moindre de ces faveurs, il y a long-temps que sa statue d'or ou d'ivoire, ornée d'une couronne de rayons, aurait place sur les autels au milieu de nos dieux, et il n'y aurait point pour lui de victimes ni trop grandes, ni trop augustes. Pour vous, on ne vous voit entrer dans les temples que pour prier et pour adorer; et vous tenez à honneur que vos statues, comme pour veiller à leur garde, en occupent les avenues et les portes. Ainsi les dieux conservent toute leur prééminence sur les hommes, parce que vous ne prétendez pas à la gloire

ante aditus omnes, omnes gradus, totaque area hinc auro, hinc argento relucebat, seu potius polluebatur, quum incesti principis statuis permixta deorum simulacra sorderent. Ergo istæ quidem æreæ et paucæ manent, manebuntque quamdiu templum ipsum : illæ autem aureæ et innumerabiles strage et ruina publico gaudio litaverunt. Juvabat illidere solo superbissimos vultus, instare ferro, sævire securibus, ut si singulos ictus sanguis dolorque sequeretur. Nemo tam temperans gaudii seræque lætitiæ, quin instar ultionis videretur cernere laceros artus, truncata membra, postremo truces horrendasque imagines abjectas, excoctasque flammis; ut ex illo terrore et minis in usum hominum ac voluptates ignibus mutarentur. Simili reverentia, Cæsar, non apud genium tuum bonitati tuæ gratias agi, sed apud numen Jovis optimi maximi pateris; illi debere nos quidquid tibi debeamus, illius, quod benefacias, muneris esse qui te dedit. Ante quidem ingentes hostiarum greges per capitolinum iter, magna sui parte velut intercepti, devertere via cogebantur, quum sævissimi domini atrocissima effigies tanto victimarum cruore coleretur, quantum ipse humani sanguinis profundebat.

des dieux[80]. Aussi ne voyons-nous, dans le vestibule du temple de Jupiter, qu'une ou deux de vos statues, encore ne sont-elles que de bronze. Naguère même, l'entrée, les degrés, l'intérieur des temples resplendissaient de statues d'or et d'argent : on profanait ces enceintes sacrées, en y mêlant aux images des immortels celles d'un prince incestueux. Vous, Trajan, vous avez à peine quelques statues en bronze; mais elles égaleront le temple même en durée; tandis que ces innombrables statues d'or ont satisfait par leur chute et leur ruine à la haine et à la joie publiques. On se plaisait à briser contre terre ces têtes orgueilleuses, à les poursuivre avec le fer, à les déchirer avec la hache, comme si chaque coup eût fait jaillir le sang et produit la douleur. Personne ne fut assez maître d'une joie si long-temps attendue, pour ne pas goûter comme une vengeance le plaisir de voir ces membres déchirés, ces corps mutilés, ces hideuses et cruelles images, jetées dans les flammes, pour faire servir à l'usage et au plaisir des hommes ce qui avait été si long-temps l'objet de leur horreur. Ce même respect que vous avez pour les dieux n'a pu vous permettre de recevoir nos actions de grâces dans votre palais et en présence de votre génie tutélaire. Vous avez voulu que ce fût dans le temple de Jupiter, persuadé que nous tenons de lui seul tous les biens que nous vous devons, et qu'il faut rendre grâces de vos bienfaits à celui qui vous a donné aux Romains. Autrefois on arrêtait sur la route une partie des victimes que l'on conduisait au Capitole : on les enlevait aux dieux, pour les immoler à un cruel tyran, et leur sang coulait devant ses statues aussi abondamment qu'il répandait lui-même celui des hommes.

LIII. Omnia, patres conscripti, quæ de aliis principibus a me aut dicuntur aut dicta sunt, eo pertinent, ut ostendam quam longa consuetudine corruptos depravatosque mores principatus parens noster reformet et corrigat; et alioquin nihil non parum grate sine comparatione laudatur. Præterea hoc primum erga optimum imperatorem piorum civium officium est, insequi dissimiles. Neque enim satis amarint bonos principes, qui malos satis non oderint. Adjice, quod imperatoris nostri non aliud amplius ac diffusius meritum est, quam quod insectari malos principes tutum est. An excidit dolori nostro modo vindicatus Nero? permitteret, credo, famam vitamque ejus carpi, qui mortem ulciscebatur; nec ut in se dicta interpretaretur, quæ de simillimo dicerentur. Quare ego, Cæsar, muneribus tuis omnibus comparo, multis antepono, quod licet nobis et in præteritum de malis imperatoribus quotidie vindicari, et futuros sub exemplo præmonere, nullum locum, nullum esse tempus, quo funestorum principum manes a posterorum exsecrationibus conquiescant. Quo constantius, patres conscripti, et dolores nostros et gaudia proferamus : lætemur his quibus fruimur; ingemiscamus illis quæ patiebamur. Simul utrumque faciendum est sub bono principe. Hoc secreta nostra, hoc sermones, hoc ipsæ gratiarum actiones agant, meminerintque sic maxime

LIII. Tout ce que je dis ici et tout ce que j'ai dit auparavant des autres princes, pères conscrits, a pour but de montrer combien leurs mœurs, si heureusement réformées par Trajan, étaient dépravées et corrompues par un long usage : la comparaison, d'ailleurs, sert à rehausser l'éloge. J'ajouterai que c'est le premier devoir d'un bon citoyen envers un prince vertueux, de ne pas épargner ceux qui se sont montrés ennemis de la vertu : car on n'aime pas assez un bon prince, quand on ne déteste pas les mauvais. Enfin, n'est-ce pas le plus bel éloge de celui qui nous gouverne, que l'on puisse sous son empire se déclarer contre les princes coupables ? Notre douleur nous a-t-elle permis d'oublier que récemment encore Néron a trouvé des vengeurs [81] ? Qui venge la mort d'un tel prince souffrira-t-il qu'on en censure la vie ou qu'on en attaque la réputation, et ne s'appliquera-t-il pas tout ce qu'on dira d'un empereur qui lui ressemble ? C'est donc un bienfait que je compare à tous ceux que nous tenons de vous et qui en efface même la plupart, que de nous laisser la liberté de nous venger chaque jour sur la mémoire des mauvais princes, et de faire entendre, par leur exemple, à ceux qui pourraient leur ressembler, qu'il n'y a ni temps, ni lieu, qui puisse mettre leurs mânes en repos et les garantir des imprécations de la postérité. Ne craignons donc point, pères conscrits, de nous abandonner trop et aux transports de notre joie présente, et aux mouvemens d'une douleur excitée par le souvenir de nos maux passés. On ne peut trop faire l'un et l'autre sous un bon prince. Que nos entretiens domestiques, que nos discours, que nos actions de grâces soient remplis de ces sentimens ; et souvenons-nous sans cesse qu'on ne loue jamais mieux

laudari incolumem imperatorem, si priores secus meriti reprehendantur. Nam quum de malo principe posteri tacent, manifestum est eadem facere præsentem.

LIV. Ecquis jam locus miseræ adulationis manebat ignarus, quum laudes imperatorum ludis etiam et commissionibus celebrarentur, saltarenturque; atque in omne ludibrium effeminatis vocibus, modis, gestibus frangerentur? Sed illud indignum, quod eodem tempore in senatu et in scena, ab histrione et à consule laudabantur. Tu procul à tui cultu ludicras artes removisti. Seria ergo te carmina, honorque æternus annalium, non hæc brevis et pudenda prædicatio colit : quin etiam tanto majore consensu in venerationem tui theatra ipsa consurgent, quanto magis de te scenæ silebunt. Sed quid ego istud admiror, quum eos quoque honores, qui tibi a nobis offeruntur, aut delibare parcissime, aut omnino soleas recusare ? Nihil ante tam vulgare, tam parvum in senatu agebatur, ut non laudibus principum immorarentur, quibuscunque censendi necessitas accidisset. De ampliando numero gladiatorum, aut de instituendo collegio fabrorum consulebamur, et quasi prolatis imperii finibus, nunc ingentes arcus, excessurosque templorum fastigium titulos, nunc menses etiam, nec hos singulos, nomini Cæsarum dicabamus. Patiebantur illi, et, quasi

le prince vivant, que lorsqu'on blâme plus librement ceux de ses prédécesseurs qui l'ont mérité ; car lorsque la postérité se tait sur un mauvais prince, elle accuse celui qui gouverne de lui ressembler.

LIV. Que restait-il à imaginer à la flatterie, après avoir mêlé les louanges des empereurs aux spectacles, aux jeux[82], et jusqu'à ces honteuses danses qu'ils accompagnaient de postures et de chansons si infâmes? Quelle indignité d'entendre en même temps le consul dans le sénat et le bouffon sur le théâtre prononcer l'éloge de l'empereur! Vous avez défendu à de tels gens de profaner votre nom : vous avez abandonné le soin de votre gloire à des muses plus nobles et à nos éternelles Annales, rejetant ces adulations honteuses et passagères. Que dis-je? votre nom sera d'autant plus vénéré au théâtre qu'il sera moins souvent dans la bouche des comédiens. Mais comment admirer votre mépris pour ces louanges, quand on vous voit ne recevoir qu'en partie, ou souvent refuser tout-à-fait les honneurs même que nous vous décernons? Auparavant on ne pouvait traiter dans le sénat de l'affaire la plus commune, la plus ordinaire, sans que ceux qui étaient obligés d'opiner s'arrêtassent longuement sur l'éloge des princes. On ne nous faisait délibérer que sur la nécessité d'augmenter le nombre des gladiateurs, d'instituer des collèges d'artisans; et, comme si les frontières de l'empire eussent été reculées, nous élevions des arcs de triomphe d'une telle hauteur, que les inscriptions gravées sur le fronton en étaient plus élevées que le faîte des temples; ou bien nous désignions plusieurs de nos mois à la fois par le nom des Césars[83]. Ils le souffraient, ils s'en

meruissent, lætabantur. At nunc quis nostrum, tanquam oblitus ejus de quo refertur, censendi officium principis honore consumit? Tuæ moderationis hæc laus, constantia nostra : tibi obsequimur, quod in curiam, non ad certamen adulationum, sed ad usum munusque justitiæ convenimus, hanc simplicitati tuæ veritatique gratiam relaturi, ut te quæ vis, velle, quæ non vis, nolle credamus. Incipimus inde, desinimus ibi, à quo incipi, in quo desini sub alio principe non posset. Nam plerosque ex decretis honoribus et alii non receperunt : nemo ante tantus fuit, ut crederetur noluisse decerni. Quod ego titulis omnibus speciosius reor, quando non trabibus aut saxis nomen tuum, sed monumentis æternæ laudis inciditur.

LV. Ibit in secula fuisse principem, cui florenti et incolumi nunquam nisi modici honores, sæpius nulli decernerentur. Et sane si velimus cum priorum temporum necessitate certare, vincemur. Ingeniosior est enim ad excogitandum simulatio veritate, servitus libertate, metus amore. Simul quum jampridem novitas omnis adulatione consumpta sit, non alius erga te novus honor superest, quam si aliquando de te tacere audeamus. Age, si quando pietas nostra silentium rupit, et verecundiam tuam vicit, quæ qualiaque decernimus nos, tu non

réjouissaient, comme s'ils l'eussent mérité. Mais aujourd'hui, qui d'entre nous, oubliant le sujet de la délibération, consume le temps de dire son avis à louer le prince? C'est votre seule modération qui nous a rendu ce courage. Nous ne faisons que vous obéir en nous assemblant au sénat, non plus pour faire assaut de flatterie, mais pour nous efforcer à l'envi de remplir tous les devoirs de la justice, disposés à rendre hommage à votre sincérité et à votre noble franchise, en croyant que vous voulez ou ne voulez pas en effet ce que vous dites vouloir ou ne vouloir pas. Nous commençons, nous finissons nos avis dans le sénat par où, sous un autre prince, on ne pouvait ni commencer ni finir. D'autres ont pu refuser quelques-uns des honneurs qui leur étaient déférés; mais aucun, avant vous, n'a montré assez de grandeur d'âme pour persuader qu'il n'avait pas voulu qu'on les lui décernât. Ce que je regarde donc comme le plus grand de tous les éloges, c'est que votre nom n'est pas gravé sur le marbre ou sur la pierre, mais qu'il est conservé dans les monumens éternels de la gloire.

LV. On dira dans tous les siècles, qu'il y a eu un prince, à qui des hommes, pendant sa vie et au temps de sa puissance, ne décernèrent que des honneurs médiocres, et à qui, plus souvent, ils n'en décernèrent aucun. Certes, si nous voulons le disputer au temps où ces adulations étaient une nécessité, nous serons facilement vaincus. La dissimulation est plus ingénieuse à inventer que la franchise, la servitude que la liberté, la crainte que l'amour. D'ailleurs, après que la flatterie a depuis long-temps épuisé tout ce qu'on pouvait imaginer de nouveaux honneurs, quel autre plus grand nous reste-t-il à vous offrir, que d'oser ne point parler de vous?

recusas! ut appareat non superbia et fastidio te amplissimos honores repudiare, qui minores non dedigneris. Pulchrius hoc, Caesar, quam si recusares omnes : nam recusare omnes, ambitionis; moderationis est, eligere parcissimos. Quo temperamento et nobis et aerario consulis; nobis quidem, quod omni liberas suspicione; aerario autem, quod sumptibus ejus adhibes modum, ut qui exhaustum non sis innocentium bonis repleturus. Stant igitur effigies tuae, quales olim ob egregia in rempublicam merita privatis dicabantur. Visuntur eadem e materia Caesaris statuae, qua Brutorum, qua Camillorum : nec discrepat causa. Illi enim reges hostemque victorem moenibus depulerunt; hic regnum ipsum, quaeque alia captivitas gignit, arcet ac submovet, sedemque obtinet principis, ne sit domino locus. Ac mihi intuenti sapientiam tuam, minus mirum videtur, quod mortales istos caducosque titulos aut depreceris, aut temperes. Scis enim ubi vera principis, ubi sempiterna sit gloria; ubi sint honores in quos nihil flammis, nihil senectuti, nihil successoribus liceat. Arcus enim et statuas, aras etiam templaque demolitur et obscurat oblivio, negligit carpitque posteritas : contra contemptor ambitionis, et infinitae potestatis domitor ac frenator animus ipsa vetustate florescit; nec ab ullis magis laudatur, quam quibus minime necesse est. Praeterea, ut quisque factus est

Si quelquefois il est échappé à notre zèle de rompre le silence, et à votre modestie de céder à notre empressement, parmi les honneurs que nous vous avons décernés, quels sont ceux que vous avez acceptés? Vous avez montré à tous que ce n'est ni par orgueil ni par dégoût que vous refusez les plus grands honneurs, puisque vous ne dédaignez pas les moindres. C'est là, César, quelque chose de plus glorieux que de les rejeter tous. Il y a une sorte de vanité à les refuser tous : il n'y a que de la modestie à choisir les moins éclatans. Un si sage tempérament est également avantageux et à nous et au trésor public; à nous, puisque vous nous affranchissez ainsi de tout soupçon[84]; au trésor public, puisque vous craignez de l'épuiser, en prince qui n'est point disposé à le remplir des dépouilles de citoyens innocens. On vous élève des statues, comme on en élevait autrefois à ces illustres Romains, qui avaient rendu quelque signalé service à la patrie. Celles de Trajan sont de la même matière que celles des Brutus et des Camilles : aussi la raison qui les a fait élever n'est-elle pas différente. Ils chassèrent autrefois les rois de Rome, et ils repoussèrent de ses murs un ennemi victorieux : Trajan en éloigne la tyrannie ; il nous défend contre tous les maux que l'esclavage traîne à sa suite; et il ne se tient à la première place que pour empêcher qu'un maître ne l'occupe. A considérer votre sagesse, on s'étonne moins que vous rejetiez, ou que vous tempériez ces honneurs fragiles et périssables. Vous savez ce qui assure à un prince la vraie gloire, la gloire immortelle; vous savez quels sont les honneurs qui ne craignent ni le feu, ni le temps, ni l'envie des successeurs. Il n'est point d'arcs de triomphe, de statues, d'autels, de temples même qui ne périssent, et qui enfin ne

princeps, extemplo fama ejus incertum bona an mala, ceterum æterna est. Non ergo perpetua principi fama, quæ invitum manet, sed bona concupiscenda est. Ea porro non imaginibus et statuis, sed virtute ac meritis prorogatur. Quin etiam leviora hæc, formam principis figuramque, non aurum melius vel argentum, quam favor hominum, exprimat teneatque: quod quidem prolixe tibi cumulateque contingit, cujus lætissima facies, et amabilis vultus, in omnium civium ore, oculis, animo sedet.

LVI. Annotasse vos credo, patres conscripti, jamdudum me non eligere quæ referam. Propositum est enim mihi principem laudare, non principis facta. Nam laudabilia multa etiam mali faciunt; ipse laudari, nisi optimus, non potest. Quare non alia major, imperator auguste, gloria tua, quam quod agentibus tibi gratias nihil velandum est, nihil omittendum est. Quid est enim in principatu tuo, quod cujusquam prædicatio vel transilire vel prætervehi debeat? quod momentum, quod immo temporis punctum aut beneficio sterile, aut vacuum laude? Nonne

soient oubliés. Si le temps les épargne, la postérité souvent les néglige ou les condamne. Mais celui qui a le courage de mépriser l'ambition, et de mettre un frein à une puissance accoutumée à n'en point avoir, voit sa renommée croître avec les siècles, et il n'est jamais tant loué que de ceux qui sont le moins forcés à le louer. D'ailleurs, dès qu'un homme arrive au principat, sa renommée, bonne ou mauvaise, est éternelle[85]. Ce n'est donc pas la perpétuité de son nom qu'il doit désirer : son nom, quoi qu'il puisse faire, ne périra pas; ce qu'il doit souhaiter, c'est un nom honorable. Or, il ne peut l'attendre que du mérite et de la vertu, et non des images ou des statues. Disons même, pour descendre à de moindres avantages, que les traits et la figure des princes se gravent et se conservent plus sûrement dans le cœur des hommes que sur l'or et sur l'argent. C'est un privilège dont vous jouissez pleinement, vous dont le visage riant et l'air aimable sont toujours rappelés dans nos discours, présens à nos yeux, gravés dans nos cœurs.

LVI. Vous l'avez sans doute remarqué, pères conscrits, je ne choisis pas les faits que je rapporte. C'est moins les actions de Trajan que Trajan lui-même que je veux louer. Un mauvais prince peut faire une action louable: mais nul autre qu'un bon prince ne mérite d'être loué. Aussi, noble César, ce qui vous est le plus glorieux, c'est qu'en vous rendant des actions de grâces, on n'a rien à cacher, rien à omettre. Y a-t-il un seul acte de votre gouvernement qu'il faille ou toucher légèrement, ou passer sous silence? quel moment, quel instant de votre vie n'est pas marqué par quelque bienfait, et n'est pas digne de louanges? Ne vivez-vous pas de telle sorte, que votre éloge le plus beau, ce sera votre histoire la plus

omnia ejusmodi, ut is optime te laudasse videatur, qui narraverit fidelissime? Quo fit ut prope in immensum diffundatur oratio mea, et necdum de biennio loquor. Quam multa dixi de moderatione et quanto plura adhuc restant! ut illud quod secundum consulatum recepisti, quia princeps et pater deferebat. At postquam ad te imperii summam, et quum omnium rerum, tum etiam tui potestatem dii transtulerunt, tertium consulatum recusasti, quum agere tam bonum consulem posses. Magnum est differre honorem; gloriam, majus. Gestum consulatum mirer, an non receptum? gestum non in hoc urbis otio et intimo sinu pacis, sed juxta barbaras gentes; ut illi solebant quibus erat moris paludamento mutare prætextam, ignotasque terras victoria sequi. Pulchrum imperio, gloriosum tibi, quum te socii atque amici sua in patria, suis in sedibus adierunt. Decora facies consulis, multa post secula tribunal viridi cespite exstructum, nec fascium tantum, sed pilorum signorumque honore circumdatum. Augebant majestatem præsidentis diversi postulantium habitus, ac dissonæ voces, raraque sine interprete oratio. Magnificum est civibus jura; quid hostibus reddere? speciosum certam fori pacem; quid immanes campos sella curuli, victorisque vestigio premere? imminere minacibus ripis tutum quietumque; quid spernere barbaros fremitus, hostilemque terrorem

fidèle[86]? c'est ce qui fait que mon discours est déjà si étendu, quoique je n'aie parlé que des deux premières années de votre empire. Que n'ai-je pas dit déjà de votre modestie, et cependant que ne me reste-t-il pas encore à vous dire! Vous avez accepté un second consulat, parce qu'il vous était déféré et par votre prince et par votre père[87]. Mais après que les dieux vous eurent rendu maître de vous, en mettant en vos seules mains la souveraine puissance, vous refusâtes un troisième consulat, que vous pouviez si dignement remplir. Il y a de la grandeur à refuser les dignités, mais il y en a plus encore à refuser la gloire. Faut-il vous admirer dans l'exercice, ou dans le refus du consulat? Vous l'avez exercé, non pas dans le doux loisir de la ville, et dans le sein de la paix, mais au milieu des nations barbares. Tels on voyait nos anciens Romains quitter les ornemens consulaires pour prendre les insignes du général, et poursuivre la victoire jusque dans des contrées inconnues. Oh! qu'il était honorable pour l'empire, qu'il était glorieux pour vous, de voir nos alliés vous demander justice dans leur patrie! Qu'il est agréable de revoir, après tant de siècles, le consul assis sur un tribunal de gazon, environné à la fois d'étendards, de piques et de faisceaux! Combien n'ajoutaient pas à la majesté de nos spectacles et la diversité des vêtemens et celle des langages, et ces harangues dont la plupart avait besoin d'interprètes! Rien de plus magnifique, rien de plus grand que de juger les citoyens au milieu de Rome tranquille : que sera-ce de prononcer sur les différends des ennemis au milieu des vastes pays que l'on a subjugués? de paraître paisible et sans inquiétude sur leurs rives menaçantes? de mépriser leurs vains frémissemens? de leur inspirer la terreur qu'ils croyaient nous donner?

non armorum magis, quam togarum ostentatione compescere? Itaque non te apud imagines, sed ipsum præsentem audientemque consalutabant imperatorem; nomenque, quod alii domitis hostibus, tu contemptis merebare.

LVII. Hæc laus acti consulatus; illa dilati, quod adhuc initio principatus, ut jam exsatiatus honoribus et expletus, consulatum recusasti, quem novi imperatores destinatum aliis in se transferebant. Fuit etiam qui in principatus sui fine consulatum, quem dederat ipse, magna ex parte jam gestum extorqueret et raperet. Hoc ergo honore, quem et incipientes principes et desinentes adeo concupiscunt ut auferant, tu, otioso ac vacante, privatis cessisti. Invidiosusne erat aut tibi tertius consulatus, aut principi primus? Nam secundum imperator quidem, sub imperatore tamen, inisti; nihilque imputari in eo vel honori potest vel exemplo, nisi obsequium. Ita vero, quæ civitas quinquies, atque etiam sexies consules vidit, non illos qui exspirante jam libertate per vim ac tumultum creabantur, sed quibus sepositis et absentibus in rura sua consulatus ferebantur, in hac civitate tertium consulatum princeps generis humani, ut prægravem, recusasti? Tantone Papyriis etiam et Quintiis moderatior Augustus, et Cæsar, et pater patriæ? At illos respublica ciebat: quid? te non eadem respublica? non senatus? non con-

et de les contenir autant par la présence de la toge, que par la force des armes? Ce n'est donc pas à vos images qu'ils portaient les hommages dus à l'empereur; c'était à vous-même qu'ils les adressaient; et ce nom, que les autres n'acquéraient que pour avoir dompté les ennemis, vous l'aviez mérité pour les avoir méprisés.

LVII. C'est ainsi que vous avez exercé le consulat. Mais le refus que vous en avez fait depuis ne vous a pas été moins glorieux. Vous l'avez refusé au commencement de votre principat, comme si vous eussiez été déjà comblé et rassasié de dignités. Vos prédécesseurs, en arrivant à l'empire, s'appropriaient le consulat destiné à d'autres. On en a vu même[88], sur la fin de leur gouvernement, l'arracher, après un long exercice, à ceux qu'ils en avaient eux-mêmes décorés. Cette dignité, que les princes, au commencement et à la fin de leur règne, désirent avec assez de passion pour la ravir, vous la cédez à d'autres, lors même qu'elle n'est aux mains de personne. Quoi donc! eût-il été odieux de voir Trajan, ou remplir un troisième consulat, ou en exercer un premier depuis qu'il était prince? Vous étiez déjà empereur, quand vous avez été fait consul pour la seconde fois; mais un autre partageait l'empire avec vous, et on ne peut de ce second consulat vous faire d'autre honneur ou tirer d'autre exemple que celui de la soumission. Oui, César, Rome, qui a vu des citoyens consuls pour la cinquième ou pour la sixième fois (et je ne parle pas ici de ceux qui furent nommés par la brigue et la violence, lorsque la liberté rendait le dernier soupir[89]; je parle de ceux à qui on portait le consulat dans leurs retraites rustiques), cette même Rome vous a vu, souve-

sulatus ipse, qui sibi tuis humeris attolli et augescere videtur?

LVIII. Non te ad exemplar ejus voco, qui continuis consulatibus fecerat longum quemdam et sine discrimine annum : his te confero, quos certum est, quoties consules fuerunt, non sibi præstitisse. Erat in senatu ter consul, quum tu tertium consulatum recusabas. Onerosum nescio quid verecundiæ tuæ consensus noster indixerat, ut princeps toties consul esses, quoties senator tuus. Nimia modestia istud etiam privatus recusasses. An consularis viri triumphalisque filius quum tertio consul creatur, ascendit? non debitum hoc illi? non vel sola generis claritate promeritum? Contigit ergo privatis aperire annum, fastosque reserare; et hoc quoque redditæ libertatis indicium fuit, quod consul alius quam Cæsar esset. Sic exactis regibus cœpit liber annus : sic olim servitus pulsa privata fastis nomina induxit. Miseros ambitionis, qui ita consules semper, ut semper principes erant! Quanquam non ambitio magis, quam livor et malignitas videri potest, omnes annos possidere, summumque illud purpuræ decus non nisi præcerptum præ-

rain de l'univers, refuser un troisième consulat comme un fardeau trop pesant. Ainsi vous montrez encore plus de modestie que les Papirius et les Quintius, vous qui êtes Auguste, César et père de la patrie. —Mais la république les appelait à cet honneur. —Et la république ne vous y appelait-elle pas? Le sénat, le consulat lui-même, qui devait recevoir de vous un nouvel éclat, ne vous invitaient-ils pas à l'accepter?

LVIII. Je ne vous propose pas l'exemple de ce prince[90], qui en se continuant incessamment dans le consulat, semblait de tant d'années n'en avoir fait qu'une seule. Je ne veux vous comparer qu'aux consuls créés par d'autres que par eux-mêmes. Lorsque vous refusiez un troisième consulat, nous avions dans le sénat un consul qui l'était pour la troisième fois[91]. Nos vœux unanimes exigeaient-ils trop de votre modestie, quand ils vous demandaient de vouloir bien être autant de fois consul, que l'avait été un sénateur? c'eût été trop de modestie, même quand vous n'auriez été qu'homme privé. Car enfin le fils d'un consulaire, d'un triomphateur, s'élève-t-il donc si haut en obtenant le consulat? Ne lui est-il pas dû? n'est-il pas dû à sa seule naissance? Mais vous vouliez qu'il fût permis à des particuliers de consacrer le commencement de l'année, et d'ouvrir les fastes : vous vouliez que ce fût pour vous un gage assuré du retour de la liberté, de voir un autre consul que César. Ainsi fut marquée la première année de liberté, après l'expulsion des rois; ainsi l'affranchissement de Rome inscrivit autrefois dans les fastes des noms d'hommes privés. Malheureux ces princes que l'ambition dévorait, qui étaient toujours consuls, comme ils étaient toujours princes! Mais ce n'était pas même l'ambition, c'était une

floratumque transmittere. Tuam vero magnanimitatem, an modestiam, an benignitatem prius mirer? Magnanimitas fuit expetito semper honore abstinere; modestia, cedere; benignitas, per alios frui.

LIX. Sed jam tempus est te ipsi consulatui præstare, ut majorem eum suscipiendo gerendoque facias. Nam sæpius recusare, ambiguam ac potius illam interpretationem habet tanquam minorem putes. Tu quidem ut maximum recusasti : sed hoc persuadere nemini poteris, nisi aliquando et non recusaveris. Quum arcus, quum tropæa, quum statuas deprecaris, tribuenda est verecundiæ tuæ venia : illa enim sane tibi dicantur. Nunc vero postulamus ut futuros principes doceas inertiæ renuntiare, paulisper delicias differre, paulisper et saltem ad brevissimum tempus, ex illo felicitatis somno velut excitatos, induere prætextam, quam quum dare possent, occuparint; ascendere curulem quam detineant; esse denique quod concupierunt; nec ideo tantum velle consules fieri, ut fuerint. Gessisti alterum consulatum, scio : illum exercitibus, illum provinciis, illum etiam exteris gentibus poteris imputare; non potes nobis. Audivimus

basse et lâche envie qui les poussait à s'emparer en quelque sorte de toutes les années, et à ne transmettre à d'autres l'éclat de la pourpre souveraine, qu'après en avoir enlevé le premier lustre. Que devons-nous admirer le plus en vous, ou de la grandeur d'âme, ou de la modestie, ou de la bonté? Quelle grandeur d'âme ne faut-il pas pour s'éloigner d'un honneur toujours si vivement désiré! quelle modestie pour le céder! quelle bonté pour prendre tant de plaisir à en jouir dans les autres!

LIX. Mais il est temps de vous donner vous-même au consulat, pour l'agrandir en l'exerçant. Le refuser trop souvent pourrait être suspect et donner lieu de croire que vous le jugez au dessous de vous. Nous sommes tous persuadés que vous ne l'avez refusé, que par la haute idée que vous vous en faites; mais vous ne le persuaderez point aux autres, si vous ne l'acceptez quelquefois. Quand vous ne voulez point souffrir qu'on vous érige des arcs de triomphe, des trophées, ou des statues, il faut le pardonner à votre modestie : car enfin ces honneurs ne se rapportent qu'à vous. Mais aujourd'hui ce que nous vous demandons, c'est d'enseigner aux princes qui viendront après vous, à renoncer à la mollesse, à interrompre quelquefois le cours de leurs plaisirs, à se réveiller pour quelques momens du doux sommeil où s'endort leur bonheur; à se revêtir de la pourpre, quand ils s'en emparent, au lieu de la donner; à occuper le siège curule qu'ils retiennent pour eux; à être enfin ce qu'ils ont désiré d'être, et à ne vouloir pas être consuls, seulement pour l'avoir été. Je sais que vous avez exercé un second consulat. Vous pouvez vous en prévaloir auprès des armées, des provinces, et des autres

quidem te omne munus consulis obiisse, sed audivimus. Diceris justissimus, humanissimus, patientissimus fuisse, sed diceris : æquum est aliquando nos judicio nostro, nostris oculis, non famæ semper et rumoribus credere. Quousque absentes de absente gaudebimus? Liceat experiri, an aliquid superbiæ tibi ille ipse secundus consulatus attulerit. Multum in commutandis moribus hominum medius annus valet, in principum plus. Didicimus quidem, cui virtus aliqua contingat, omnes inesse : cupimus tamen experiri an nunc quoque una eademque res sit, bonus consul et bonus princeps. Nam præter id quod est arduum, duas, easque summas simul capere potestates, tum inest utrique nonnulla diversitas, quum principem quam simillimum esse privato, consulem quam dissimillimum deceat.

LX. Atque ego video proximo anno consulatus recusandi hanc præcipuam fuisse rationem, quod eum absens gerere non poteras : sed jam urbi votisque publicis redditus, quid est in quo magis sis approbaturus, quæ quantaque fuerint quæ desiderabamus? Parum est ut in curiam venias, nisi et convocas; ut intersis senatui, nisi et præsides; ut censentes audias, nisi et perrogas. Vis illud augustissimum consulum aliquando tribunal majestati suæ reddere? ascende. Vis constare

peuples, mais non auprès de nous. Nous avons ouï dire que vous aviez parfaitement rempli tous les devoirs d'un bon consul; mais nous l'avons seulement ouï dire. On assure que personne ne porta jamais plus loin la justice, l'humanité, la modération; mais c'est la renommée qui le publie : n'est-il pas juste que nous en jugions une fois par nous-mêmes, et que nous ne soyons pas toujours réduits à l'en croire? N'aurons-nous joui des douceurs de votre consulat que loin de vous? Souffrez que nous éprouvions si ce second consulat n'a rien diminué de votre modestie. Six mois suffisent pour changer les mœurs des hommes; il en faut moins pour corrompre celles des princes. Les philosophes nous apprennent que celui qui possède parfaitement une vertu les possède toutes : mais nous souhaitons connaître par expérience, si c'est aussi la même chose, d'être un bon consul et un bon prince. Car, outre qu'il est très-difficile d'embrasser deux pouvoirs suprêmes et de les embrasser à la fois, il y a ici entre l'un et l'autre une sorte d'opposition, puisque le prince doit autant ressembler à l'homme privé que le consul en doit différer[92].

LX. Je crois entrevoir que la principale raison qui vous fit refuser le consulat l'année dernière, c'est qu'absent vous n'auriez pu l'exercer. Mais aujourd'hui que vous êtes rendu à Rome et à nos vœux, comment pourriez-vous mieux justifier notre admiration pour vos rares qualités? C'est peu que vous veniez au sénat, si vous ne le convoquez; que vous y assistiez, si vous n'y présidez; que vous entendiez les avis, si vous ne les recueillez. Voulez-vous rendre à cet auguste tribunal des consuls toute son ancienne majesté; daignez-y monter. Voulez-vous assurer le respect de la magistrature, l'au-

reverentiam magistratibus, legibus auctoritatem, modestiam postulantibus? audi. Quod enim interesset reipublicæ, si privatus esses, senatorem te haberet tantum, an et consulem, hoc nunc scito interesse, principem te habeat tantum, an et consulem. His tot tantisque rationibus, quanquam multum reluctata verecundia principis nostri tandem tamen cessit. At quemadmodum cessit? Non se ut privatis, sed ut privatos pares sibi faceret. Recepit enim tertium consulatum, ut daret. Noverat moderationem hominum, noverat pudorem, qui non sustinerent tertio consules esse, nisi cum ter consule. Bellorum istud sociis olim, periculorum consortibus, parce tamen tribuebatur, quod tu singularibus viris, ac de te quidem bene ac fortiter meritis præstitisti, sed in toga meritis. Utriusque cura, utriusque vigilantia obstrictus es, Cæsar. Sed in principe rarum ac prope insolitum est, ut se putet obligatum, aut si putet, amet. Debes ergo, Cæsar, et solvis. Sed quum ter consules facis, non tibi magnus princeps, sed non ingratus amicus videris. Quin etiam perquam modica quædam civium merita fortunæ tuæ viribus in majus extollis. Efficis enim ut tantum tibi quisque præstitisse videatur, quantum a te recepit. Quid isti benignitati precer? nisi ut semper obliges, obligeris; incertumque facias, utrum magis expediat civibus tuis debere tibi, an præstitisse.

torité des lois, la retenue des orateurs ; qu'ils aient à parler devant vous [93]. Il ne faut point vous le dissimuler : l'intérêt qu'aurait la république, si vous étiez homme privé, à vous voir consul plutôt que simple sénateur, elle l'a maintenant à vous voir prince et consul tout ensemble. Tant de puissantes raisons, quoique long-temps combattues par votre modestie, ont fini par l'emporter. Mais comment votre modestie s'est-elle rendue? Ce n'a pas été pour vous égaler aux particuliers, mais pour élever les particuliers jusqu'à vous. Vous avez accepté un troisième consulat, pour en pouvoir donner un troisième à quelqu'un. Vous saviez que la modération, la bienséance ne permettait pas aux sénateurs d'être trois fois consul, s'ils ne recevaient l'exemple de celui auquel ils étaient associés. Les princes autrefois accordaient à peine cet honneur, dont ils étaient avares, à leurs compagnons de guerre et de dangers : vous l'avez accordé à des hommes éminens [94], mais dont les services vous avaient été rendus dans la paix. Il est vrai, César, qu'ils avaient signalé leur zèle et leur fidélité pour vous : mais où est le prince qui entre ses devoirs compte la reconnaissance, ou qui aime les personnes à qui il en doit? Pour vous, César, vous avouez vos dettes, et vous les acquittez. Quand vous accordez le consulat pour la troisième fois, vous ne croyez pas agir en grand prince, mais en ami qui craint d'être ingrat. On peut dire même que vous rehaussez quelquefois de toute la grandeur de votre fortune l'importance des plus médiocres services. Car vous faites croire que vous avez reçu autant que vous rendez. Comment vous remercier dignement de tant de bontés ? si ce n'est en souhaitant de voir vos sujets accroître votre reconnaissance pour eux par leur zèle à vous servir, de

LXI. Equidem illum antiquum senatum contueri videbar, quum, ter consule assidente, tertio consulem designatum rogari sententiam cernerem. Quanti tunc illi, quantusque tu! Accidit quidem ut corpora quamlibet ardua et excelsa procerioribus admota decrescant; item ut altissimæ civium dignitates collatione fastigii tui quasi deprimantur; quantoque propius ad magnitudinem tuam ascenderint, tantum etiam a sua descendisse videantur. Illos tamen tu, quanquam non potuisti tibi æquare, quum velles, adeo in edito collocasti, ut tantum super ceteros, quantum infra te cernerentur.

Si unius tertium consulatum eumdem in annum, in quem tuum, contulisses, ingentis animi specimen haberetur. Ut enim felicitatis est, quantum velis posse, sic magnitudinis, velle quantum possis. Laudandus quidem et ille, qui tertium consulatum meruit, sed magis sub quo meruit : magnus memorandusque qui tantum præmium cepit, sed major qui capienti dedit. Quid, quod duos pariter tertio consulatu collegas tui sanctitate decorasti? ut sit nemini dubium, hanc tibi præcipuam causam fuisse extendendi consulatus tui, ut duorum consulatus amplecteretur, et collegam te non uni daret. Uterque nuper consulatum alterum gesserat a patre tuo, id est, quanto minus quam a te datum : utriusque adhuc

sorte qu'on puisse éternellement douter s'il est plus utile aux Romains de recevoir de vous que de vous donner.

LXI. Quand je vous voyais, assis près d'un collègue déjà trois fois consul, prendre l'avis d'un homme désigné consul pour la troisième fois, je me retraçais l'antique sénat de Rome. Que ces deux hommes me paraissaient élevés! que le prince me semblait grand! La hauteur des corps décroît à côté des corps qui les surpassent : il en est de même des pouvoirs ; les plus éminens s'abaissent à côté de votre suprême puissance ; et plus on les approche de votre rang, plus ils descendent de leur propre hauteur. Cependant, quoique vous n'ayez pu, selon vos désirs, égaler à vous ces illustres personnages, vous les avez pourtant élevés si haut, qu'ils paraissaient autant au dessus des autres que vous étiez au dessus d'eux.

Que, dans la même année que vous avez été consul, vous n'ayez déféré un troisième consulat qu'à un seul homme, ce serait toujours un témoignage de votre grandeur d'âme ; car si c'est le souverain bonheur de pouvoir faire tout le bien qu'on veut, c'est le comble de la magnanimité de vouloir faire tout le bien qu'on peut : si celui qui a mérité pour la troisième fois cette suprême magistrature est digne d'éloges, celui de qui il l'a obtenue en est plus digne encore. On ne mérite point un tel honneur sans avoir de grandes vertus ; mais on ne le donne point aux autres sans en avoir soi-même encore de plus grandes. Que sera-ce donc d'avoir pu honorer deux hommes ensemble de ce troisième consulat, d'avoir placé deux collègues sous l'influence de votre caractère sacré ? car, on ne peut en douter, vous n'avez prolongé votre consulat qu'afin d'embrasser également le consulat de tous deux, et d'être à tous deux leur collègue. Depuis peu ils avaient tous

oculis paulo ante dimissi fasces oberrabant : utriusque solennis ille lictorum et prænuntius clamor auribus insederat; quum rursus curulis, rursusque purpura : ut olim quum hostis in proximo, et in summum discrimen adducta respub. expertum honoribus virum posceret, non consulatus hominibus iisdem, sed iidem homines consulatibus reddebantur. Tanta tibi benefaciendi vis, ut indulgentiam tuam necessitas æmuletur. Modo prætextas exuerant, resumant : modo lictores abire jusserant, revocent : modo gratulantes amici recesserant, revertantur. Hominisne istud ingenium est, hominis potestas, renovare gaudia, redintegrare lætitiam, nullamque requiem gratulationibus dare; neque alia repetendis consulatibus intervalla permittere, nisi dum finiuntur? Facias ista semper, nec unquam in hoc opere aut animus tuus aut fortuna lassetur : des quam plurimis tertios consulatus, et quum plurimis tertios consulatus dederis, semper tamen plures, quibus debeas dare, supersint.

LXII. Omnium quidem beneficiorum, quæ merentibus tribuuntur, non ad ipsos gaudium majus, quam ad similes redundat : præcipue tamen ex horum consulatu, non ad partem aliquam senatus, sed ad totum senatum

deux reçu un second consulat des mains de votre auguste père, et c'était presque le recevoir des vôtres. Les faisceaux, qu'ils ne venaient que de quitter, paraissaient encore présens à leurs yeux : à peine avaient-ils cessé d'entendre le cri des licteurs qui les précédaient, qu'ils sont de nouveau élevés sur la chaise curule, et revêtus de la pourpre. Ainsi autrefois lorsque l'ennemi était proche, et que la république en danger demandait un homme à qui les charges eussent donné de l'expérience, on ne rendait pas le consulat aux mêmes hommes, mais on rendait les mêmes hommes au consulat. Tel est votre amour pour le bien, qu'il accomplit seul tout ce qu'on a fait autrefois par nécessité. Ces deux illustres personnages venaient de quitter les ornemens consulaires; vous voulez qu'ils les reprennent : ils venaient de renvoyer leurs licteurs; vous ordonnez qu'ils les rappellent : les félicitations de leurs amis étaient à peine terminées; il faut les renouveler. Est-ce là un cœur d'homme? Un homme a-t-il donc ce pouvoir de continuer, de prolonger la joie, d'en perpétuer les transports, et de ne laisser entre les dons de deux consulats que le temps nécessaire pour achever le premier? Puissiez-vous en user toujours de la sorte! puissent votre grand cœur et votre fortune ne se lasser jamais! puissiez-vous souvent accorder cette dignité pour la troisième fois, et puisse-t-il arriver qu'après avoir fait ce juste honneur à un très-grand nombre de citoyens, il en reste encore un nombre plus grand qui le mérite!

LXII. Les faveurs accordées à ceux qui en sont dignes ne leur donnent pas plus de joie qu'à ceux qui leur ressemblent. C'est ce que l'on a pu reconnaître particulièrement dans le consulat de ces deux hommes illustres. La justice qui leur a été faite a été vivement sentie, non-

tanta lætitia pervenit, ut eumdem honorem omnes sibi et dedisse et accepisse videantur. Nempe enim hi sunt quos senatus, quum publicis sumptibus minuendis optimum quemque præficeret, elegit, et quidem primos. Hoc est igitur, hoc est quod penitus illos animo Cæsaris insinuavit. An parum sæpe experti sumus hanc esse rerum conditionem, ut senatus favor apud principem aut prosit aut noceat? Nonne paulo ante nihil magis exitiale erat, quam illa principis cogitatio? «Hunc senatus probat, hic senatui carus est.» Oderat quos nos amaremus; sed et nos, quos ille. Nunc inter principem senatumque dignissimi cujusque caritate certatur : demonstramus invicem, credimus invicem; quodque maximum amoris mutui signum est, eosdem amamus. Proinde, P. C., favete aperte, diligite constanter. Non jam dissimulandus est amor, ne noceat; non premendum odium, ne prosit. Eadem Cæsar, quæ senatus, probat improbatque : vos ille præsentes, vos etiam absentes in consilio habet. Tertio consules fecit, quos vos elegeratis, et fecit hoc ordine, quo electi a vobis erant. Magnus uterque honor vester, sive eosdem maxime diligit, quos scit vobis esse carissimos; sive illis neminem præfert, quamvis aliquem magis amet. Proposita sunt senioribus præmia, juvenibus exempla : adeant, frequentent securas tandem ac patentes domos. Quisquis probatos senatui

seulement par une partie du sénat, mais par le sénat entier, et chaque sénateur paraissait aussi touché que s'il avait donné ou reçu lui-même cet honneur; car ceux que le prince récompense sont les mêmes hommes que le sénat désigna les premiers, lorsqu'il eut à nommer les plus vertueux citoyens, pour réformer les dépenses de l'état[95]; et ce sont les importans services qu'ils ont rendus dans cette commission qui leur ont si justement acquis l'estime de César. N'avons-nous pas plus d'une fois éprouvé que la faveur du sénat est aussi souvent nuisible qu'avantageuse auprès du prince? Naguère encore, n'avons-nous pas remarqué qu'on ne pouvait sans le dernier péril donner à croire au prince qu'on était estimé, aimé du sénat? Il haïssait ceux que nous aimions, et nous haïssions ceux qu'il aimait. Aujourd'hui le prince et le sénat aiment à l'envi le plus digne : ils se le désignent l'un à l'autre avec un égal empressement; ils s'en rapportent à leur mutuel témoignage; et, ce qui est la plus infaillible marque d'une union parfaite, nos affections concourent pour les mêmes personnes. Vous pouvez donc, pères conscrits, vous déclarer ouvertement, aimer avec constance; il ne s'agit plus de cacher votre amour, de peur qu'il ne soit funeste, ou de dissimuler votre haine, de peur qu'elle ne serve. César approuve et condamne ce que vous approuvez et ce que vous condamnez; présens, absens, il vous fait l'honneur de vous consulter. Ceux qu'il a élevés au consulat pour la troisième fois sont les mêmes que vous aviez élus, et il a gardé l'ordre que vous aviez suivi. Mais, dans cette élection, que César n'aime rien tant que les personnes qui sont chères au sénat, ou qu'il leur donne la préférence sur d'autres qu'il aime davantage, cela doit vous

viros suspicit, hic maxime principem promeretur. Sibi enim accrescere putat, quod cuique adstruatur; nullamque in eo gloriam ponit, quod sit omnibus major, nisi maximi fuerint, quibus major est. Persta, Caesar, in ista ratione propositi, talesque nos crede, qualis fama cujusque est : huic aures, huic oculos intende. Ne respexeris clandestinas existimationes, nullisque magis quam audientibus insidiantes susurros. Melius omnibus quam singulis creditur : singuli enim decipere et decipi possunt; nemo omnes, neminem omnes fefellerunt.

LXIII. Revertor jam ad consulatum tuum; etsi sunt quaedam ad consulatum quidem pertinentia, ante consulatum tamen, in primis quod comitiis tuis interfuisti, candidatus non consulatus tantum, sed immortalitatis et gloriae, et exempli quod sequerentur boni principes, mali mirarentur. Vidit te populus romanus in illa vetere potestatis suae sede : perpessus es longum illud carmen comitiorum, nec jam irridendam moram; consulque es, ut unus ex nobis, quos facis consules. Quotusquisque principum antecedentium honorem istum aut

flatter également. La vieillesse peut se promettre des récompenses, la jeunesse se proposer des modèles ; les jeunes gens peuvent assidûment et sans péril cultiver les hommes illustres. Plus on s'attache à ceux que le sénat honore, plus on gagne auprès du prince. Il croit que l'attachement qu'on a pour eux se tourne en vénération pour lui; et il ne trouverait nulle gloire à être plus grand que tous les autres, si ceux au dessus desquels il est placé n'étaient eux-mêmes de très-grands hommes. Daignez, César, tenir toujours la même conduite; jugez des hommes par leur réputation; n'écoutez, ne regardez qu'elle; et ne faites point d'attention à des discours secrets, à des bruits incertains, qui ne sont jamais plus dangereux que pour ceux qui veulent bien y prêter l'oreille. Il est bien plus sûr d'ajouter foi au public qu'aux particuliers ; les particuliers peuvent tromper ou être trompés eux-mêmes; mais jamais personne n'a trompé tout le monde, jamais tout le monde n'a trompé personne.

LXIII. Je reviens à votre consulat ; ou plutôt je dois parler d'abord de circonstances relatives à ce consulat, mais qui l'ont précédé. Je dirai surtout que vous avez assisté aux comices où l'on vous a élu ; noble candidature, où vous sembliez moins aspirer au consulat qu'à la gloire, à l'immortalité, au privilège de donner des exemples qui fussent suivis par les bons princes, et lus avec surprise par les mauvais. Le peuple romain vous a vu dans cet antique sanctuaire de sa puissance. Vous avez patiemment essuyé ces longues formules des comices, dont les lenteurs naguère encore nous semblaient dérisoires [96]. En un mot, on vous a fait consul, comme l'un de ceux que vous élevez au consulat. Qui de vos

consulatui habuit, aut populo? Non alii marcidi somno, hesternaque coena redundantes, comitiorum suorum nuntios opperiebantur? Alii sane pervigiles et insomnes, sed intra cubilia sua illis ipsis consulibus, a quibus consules renuntiabantur, exsilia et caedem machinabantur. O prava et inscia verae majestatis ambitio, concupiscere honorem quem dedigneris, dedignari quem concupieris! quumque ex proximis hortis campum et comitia prospectes, sic ab illis abesse, tanquam Danubio Rhenoque dirimare! Averseris tu honori tuo sperata suffragia, renuntiarique te consulem jussisse contentus, liberae civitatis ne simulationem quidem serves? Abstineas denique comitiis abstrusus atque abditus, quasi illic tibi non consulatus detur, sed abrogetur imperium? Haec persuasio superbissimis dominis erat, ut sibi viderentur principes esse desinere, si quid facerent tanquam senatores. Plerique tamen non tam superbia quam metu quodam submovebantur. An stuprorum sibi, incestarumque noctium conscii auspicia polluere, sacratumque campum nefario auderent contaminare vestigio? Non adeo deos hominesque contempserant, ut in illa speciosissima sede hominum deorumque conjectos in se oculos ferre ac perpeti possent. Tibi contra et moderatio tua suasit et sanctitas, ut te et religioni deorum et judiciis hominum exhiberes.

prédécesseurs a rendu cet honneur au consulat ou au peuple? Les uns, appesantis par le sommeil et gorgés encore des débauches de la veille, attendaient les nouvelles de leurs comices. Les autres veillaient, à la vérité, et ne pouvaient dormir : mais, au fond de leur palais, ils préparaient l'exil ou la mort des consuls mêmes qui proclamaient leur consulat. Ambition fausse et ignorante de la vraie grandeur! rechercher un honneur que l'on méprise, mépriser l'honneur que l'on recherche! Voir de ses jardins le Champ-de-Mars et l'assemblée des comices, et en rester aussi éloigné que si l'on en était séparé par le Rhin et le Danube! Craignaient-ils donc, ces princes indignes, de voir donner les suffrages après les avoir désirés? et, contens d'avoir commandé qu'on leur déférât le consulat, enviaient-ils à une ville libre jusqu'à de vaines apparences de liberté? Enfin pouvaient-ils se résoudre à se cacher et à s'éloigner de l'assemblée publique, comme s'il se fût agi, non de leur décerner le consulat, mais de leur ôter l'empire? Ils auraient cru, ces orgueilleux despotes, cesser d'être princes, en paraissant un instant sénateurs : ou plutôt, avouons-le, la plupart étaient retenus moins par l'orgueil que par la crainte. Auraient-ils bien osé, pendant que leur conscience leur reprochait des incestes et les plus honteuses débauches, profaner les auspices, et souiller, par leur infâme présence, ce champ consacré à Mars? Ils n'avaient pas encore porté si loin le mépris des dieux et des hommes, qu'ils pussent se résoudre à soutenir dans un si grand jour leur présence et leurs regards. Votre piété et l'innocence de vos mœurs vous ont conseillé au contraire de vous offrir, dans ce lieu sacré, au jugement des dieux et des hommes.

LXIV. Alii consulatum antequam acciperent, tu et dum accipis meruisti. Peracta erant solennia comitiorum, si principem cogitares; jamque se omnis turba commoverat, quum tu, mirantibus cunctis, accedis ad consulis sellam : adigendum te præbes in verba principibus ignota, nisi quum jurare cogerent alios. Vides quam necessarium fuerit consulatum non recusare? Non putassemus istud facturum te fuisse, si recusasses. Stupeo, P. C., necdum satis aut oculis meis aut auribus credo; atque identidem me an audierim, an viderim, interrogo. Imperator ergo, et Cæsar, et Augustus, pontifex maximus, stetit ante gremium consulis; seditque consul, principe ante se stante; et sedit inturbatus, interritus, et tanquam ita fieri soleret. Quin etiam sedens stanti præivit jusjurandum; et ille juravit, expressit, explanavitque verba, quibus caput suum, domum suam, si sciens fefellisset, deorum iræ consecraret. Ingens, Cæsar, et par gloria tua, sive fecerint istud postea principes, sive non fecerint. Ullane satis prædicatio digna est, idem tertio consulem fecisse quod primo ? idem principem quod privatum ? idem imperatorem quod sub imperatore? Nescio jam, nescio pulchriusne sit istud, quod præeunte nullo, an hoc, quod alio præeunte jurasti.

LXIV. D'autres ont mérité le consulat avant de l'obtenir : vous, César, vous l'avez mérité en le recevant. A ne considérer en vous que le prince, la cérémonie était terminée, et le peuple commençait à s'ébranler pour se retirer, lorsque l'on fut surpris de vous voir approcher du tribunal où le consul était assis, pour prêter entre ses mains un serment que vos prédécesseurs n'avaient connu qu'en le faisant prêter à d'autres. Voyez combien il était important que vous ne refusassiez pas le consulat? Si vous l'eussiez refusé, aurions-nous pu vous croire capable d'une telle magnanimité? Je ne puis, pères conscrits, revenir de mon étonnement : je ne sais encore si j'en dois croire mes yeux et mes oreilles; et je me demande quelquefois si j'ai bien vu, si j'ai bien entendu. Quoi! l'empereur! quoi! César Auguste! quoi! le souverain pontife est debout devant le consul! Il est debout, et le consul demeure assis, sans se troubler, sans s'étonner, comme s'il se conformait à un ancien usage! Le consul, sur son siège, dicte au prince le serment; et le prince le répète; il prononce, il articule distinctement toutes les paroles consacrées, pour dévouer sa personne et sa maison à la colère des dieux, s'il manque volontairement à ses promesses. Que vos successeurs aient le courage de suivre un tel exemple, ou qu'ils ne l'aient pas, votre gloire, César, sera toujours égale. Peut-on vanter assez la modestie qui vous a fait agir à votre troisième consulat comme à votre premier, qui a dicté la même conduite au prince qu'au particulier, à l'empereur, qu'au sujet? Je ne sais, non je ne sais ce que je dois admirer le plus, ou que personne ne vous ait donné l'exemple du serment que vous avez prêté, ou qu'un autre vous en ait dicté la formule.

LXV. In rostris quoque simili religione ipse te legibus subjecisti; legibus, Cæsar, quas nemo principi scripsit. Sed tu nihil amplius vis tibi licere, quam nobis: sic fit ut nos tibi plus velimus. Quod ergo nunc primum audio, nunc primum disco, non est princeps supra leges, sed leges supra principem; idemque Cæsari consuli, quod ceteris, non licet. Jurat in legem, attendentibus diis, (nam cui magis quam Cæsari attendant?) jurat observantibus his, quibus idem jurandum est, non ignarus alioquin nemini religiosius quod juraverit custodiendum, quam cujus maxime interest non pejerari. Itaque et abiturus consulatu jurasti te nihil contra leges fecisse. Magnum hoc erat, quum promitteres; majus, postquam præstitisti. Jam toties procedere in rostra, inadscensumque illum superbiæ principum locum terere, hic suscipere, hic ponere magistratus, quam dignum te, quamque diversum consuetudine illorum, qui pauculis diebus gestum consulatum, immo non gestum, abjiciebant per edictum! Hoc pro concione, pro rostris, pro jurejurando; scilicet ut primis extrema congruerent, utque hoc solo intelligerentur ipsi consules fuisse, quod alii non fuissent.

LXVI. Non transilivi, P. C., principis nostri consu-

LXV. A la tribune même, vous vous êtes engagé par un semblable serment à obéir aux lois; aux lois, qui n'ont jamais été faites pour le prince; mais vous ne voulez pas avoir plus de privilèges que nous : et c'est pour cela même que nous voulons vous en voir plus qu'à nous. J'apprends donc [97], aujourd'hui, que le prince n'est pas au dessus des lois, mais que les lois sont au dessus du prince. César consul, n'a pas plus de droit que les autres consuls. Il jure l'observation des lois à la face des dieux attentifs : (à qui doivent-ils plus d'attention qu'à César?) il la jure en présence de ceux qui doivent un jour faire le même serment, et personne, il le sait, ne doit plus religieusement observer ses sermens, que celui à qui il importe le plus qu'il n'y ait point de parjures. Aussi avez-vous, en sortant du consulat, juré publiquement, que vous n'aviez rien fait contre les lois. Il y avait eu sans doute beaucoup de grandeur à le promettre; mais il y en a eu bien davantage à rester fidèle à sa promesse. Monter si souvent au tribunal; vous montrer dans ce lieu où l'arrogance des autres princes ne leur permettait pas de paraître; accepter, déposer en ce lieu la magistrature; ce sont des actions d'autant plus dignes de vous, qu'elles sont plus éloignées de la conduite de ces princes, qui, après avoir exercé le consulat quelques jours, et même sans l'avoir exercé, se hâtaient de l'abdiquer par un édit. Cet édit tenait lieu d'assemblée, de discours public, de serment. C'est ainsi qu'ils finissaient comme ils avaient commencé; et l'on ne comprenait qu'ils avaient été consuls, que parce que le consulat n'avait pas été rempli par d'autres.

LXVI. Je n'ai pas eu dessein, pères conscrits, de

latum, sed eumdem in locum contuli quidquid de jurejurando dicendum erat. Neque enim, ut in sterili jejunaque materia, eamdem speciem laudis diducere ac spargere, atque identidem tractare debemus. Illuxerat primus consulatus tui dies, quo tu curiam ingressus, nunc singulos, nunc universos adhortatus es resumere libertatem, capessere quasi communis imperii curas, invigilare publicis utilitatibus, et insurgere. Omnes ante te eadem ista dixerunt, nemini tamen ante te creditum est. Erant sub oculis naufragia multorum, quos insidiosa tranquillitate provectos improvisus turbo perculerat. Quod enim tam infidum mare, quam blanditiæ principum illorum, quibus tanta levitas, tanta fraus, ut facilius esset iratos quam propitios habere? Te vero securi et alacres quo vocas sequimur. Jubes esse liberos? erimus. Jubes quæ sentimus promere in medium? proferemus. Neque enim adhuc ignavia quadam et insito torpore cessavimus. Terror, et metus, et misera illa ex periculis facta prudentia monebat, ut a repub. (erat autem omnino nulla respublica) oculos, aures, animos averteremus. At nunc, tua dextera tuisque promissis freti et innixi, obsepta diutina servitute ora reseramus, frenatamque tot malis linguam resolvimus. Vis enim tales esse nos, quales jubes; nihilque exhortationibus tuis fucatum, nihil subdolum denique, quod credentem fal-

passer sous silence tout ce qu'a fait le prince pendant son consulat. J'ai voulu seulement rassembler dans un même endroit tout ce qui regardait les sermens qu'il a prêtés : car il ne faut pas, comme dans un sujet d'éloge sec et stérile, étendre, amplifier la même louange, et y revenir plus d'une fois. Le premier jour de votre consulat avait lui, et l'on vous avait vu entrer dans cette assemblée, exhorter le corps entier du sénat et les sénateurs en particulier, à reprendre l'ancienne liberté, à partager avec vous les soins de l'empire, à veiller de concert et à travailler avec ardeur au bien public. Tous les princes avant vous avaient tenu le même langage, et on ne les avait pas crus 98. On avait sous les yeux les fréquens naufrages de ceux qui, voguant sur la foi d'un calme trompeur, avaient été accablés par une tempête imprévue. Quelle mer, en effet, plus perfide que les caresses de ces princes légers et infidèles, dont la haine est moins à redouter que l'amitié 99 ? Mais à votre voix nous marchons pleins d'ardeur et de confiance. Vous voulez que nous soyons libres, nous le serons ; vous voulez que nous exprimions librement toutes nos pensées, nous le ferons. Car ce n'est pas une lâcheté, une inertie habituelle qui nous ont réduits au repos jusqu'à ce jour. La crainte, la terreur, et cette expérience, triste fruit du malheur, nous instruisait assez qu'il fallait détourner d'une république, hélas ! qui n'existait plus, et nos yeux, et nos oreilles, et notre esprit. Mais aujourd'hui, soutenus par votre bras, et rassurés par vos promesses, nous ouvrons notre bouche fermée par un long esclavage, et nous délions notre langue enchaînée par tant de maux. En effet, vous voulez que nous soyons tels que vous l'ordonnez; dans vos exhortations, nul arti-

lere paret, non sine periculo fallentis. Neque enim unquam deceptus est princeps, nisi qui prius ipse decepit.

LXVII. Equidem hunc parentis publici sensum, quum ex oratione ejus, tum pronuntiatione ipsa, perspexisse videor. Quæ enim illa gravitas sententiarum! quam inaffectata veritas verborum! quæ asseveratio in voce! quæ affirmatio in vultu! quanta in oculis, habitu, gestu, toto denique corpore fides! Tenebit ergo semper quod suaserit, scietque nos, quoties libertatem quam dedit experiemur, sibi parere. Nec verendum est, ne incautos putet, si fidelitate temporum constanter utamur, quos meminit sub malo principe aliter vixisse. Nuncupare vota et pro æternitate imperii, et pro salute civium, immo pro salute principum, ac propter illos pro æternitate imperii solebamus. Hæc pro imperatore nostro in quæ sint verba suscepta operæ pretium est annotare : « Si bene rempublicam, et ex utilitate omnium rexeris. » Digna vota quæ semper suscipiantur, semperque solvantur. Egit cum diis, ipso te auctore, Cæsar, respublica, ut te sospitem incolumemque præstarent, si tu ceteros præstitisses; si contra, illi quoque a custodia tui capitis oculos dimoverent; teque relinquerent votis quæ non palam susciperentur. Alii se superstites reipublicæ optabant faciebantque : tibi salus tua invisa est, si non sit cum reipublicæ salute conjuncta.

fice, nul piège qui puisse tromper la confiance, au risque de celui qui la trompe : car jamais prince n'a été trompé, sans avoir d'abord trompé lui-même.

LXVII. Tels sont les sentimens du père de la patrie, ceux qu'il me semble avoir exprimés dans son discours et dans la manière même dont il l'a prononcé. Quelle solidité de pensées! quelles expressions simples et vraies! quelle fermeté dans la voix! quelle candeur sur son visage! que ses regards, que ses gestes, que son air et sa contenance inspiraient de confiance! Ne craignons donc point qu'il se démente. Toutes les fois que nous userons de la liberté qu'il nous a donnée, il se souviendra que nous lui obéissons. Il ne nous traitera point d'imprudens, si nous montrons un courage que la seule innocence de son siècle nous inspire : il n'a pas oublié que nous savions nous conduire autrement sous un mauvais prince. Nous avions coutume de faire aux dieux des vœux publics pour l'éternelle durée de l'empire, pour le salut du peuple [100], pour la conservation du prince. Que dis-je? nous ne les faisions pour l'empire qu'en les faisant pour l'empereur. Pourrait-on ne pas remarquer en quels termes ces mêmes vœux ont été conçus pour vous [101]? « Si vous gouvernez avec justice, et uniquement pour l'avantage de la république. » O vœux dignes d'être éternellement formés, éternellement exaucés! Les dieux, par votre entremise, César, ont contracté avec la république l'engagement de veiller à votre conservation, tant que vous-même veillerez à celle de la patrie ; et si vous trahissiez ses intérêts, de détourner de vous leurs regards protecteurs, vous abandonnant aux vœux secrets des citoyens [102]. Les autres souhaitaient de survivre à la république, et faisaient tout ce qu'il fallait pour y réussir.

Nihil pro te pateris optari, nisi expediat optantibus, omnibusque annis in consilium de te deos mittis, exigisque, ut sententiam suam mutent, si talis esse desieris, qualis electus es. Sed ingenti conscientia, Cæsar, pacisceris cum diis, ut te, si mereberis, servent, quum scias, an merearis, neminem magis quam deos scire. Nonne vobis, patres conscripti, hæc diebus ac noctibus agitare secum videtur? Ego quidem in me, si omnium utilitas ita posceret, etiam præfecti manum armavi : sed ne deorum quidem aut iram aut negligentiam deprecor : quæso immo et obtestor, ne unquam pro me vota respublica invita suscipiat; aut, si susceperit invita, ne debeat.

LXVIII. Capis ergo, Cæsar, salutis tuæ gloriosissimum fructum ex consensu deorum. Nam quum excipias, ut ita demum te dii servent, « si bene rempublicam et ex utilitate omnium rexeris, » certus es te bene rempublicam gerere, quum servent. Itaque securus tibi et lætus dies exit, qui principes alios cura et metu distinebat, quum, suspensi et attoniti, parumque confisi patientia nostra, hinc atque inde publicæ servitutis nuntios exspectarent; ac si forte aliquos flumina, nives, venti præpedissent, statim hoc illud esse credebant, quod merebantur : nec erat discrimen ullum pavoris,

Pour vous, vous n'aimez la vie qu'autant que votre salut est lié à celui de l'état. Vous ne souffrez point que l'on fasse des vœux pour vous, s'ils ne sont premièrement utiles à ceux qui les font. Chaque année vous demandez aux dieux de vous juger, et de cesser de vous être favorables, si vous cessez d'être tel que vous étiez quand vous fûtes élu. Rassuré par votre conscience, vous ne craignez pas, César, de ne vouloir la protection des dieux qu'autant que vous en serez digne ; et vous n'ignorez pas cependant que personne ne sait aussi bien que les dieux si vous la méritez. Ne vous semble-t-il pas, pères conscrits, que jour et nuit l'empereur se dit : « J'ai moi-même armé contre moi le bras du préfet de mes gardes, si l'utilité des peuples le demande : je n'ai point même conjuré le courroux ou l'oubli des dieux ; j'ai fait plus, je les ai suppliés de ne souffrir jamais que la république fît pour moi des vœux malgré elle ; ou que, si elle en faisait, ils ne fussent point écoutés [103]. »

LXVIII. Votre conservation, César, vous est donc bien glorieuse, puisqu'elle est un gage de l'assentiment des dieux. Ne leur ayant demandé de veiller sur votre vie, qu'autant que votre gouvernement serait juste, ils attestent, en la conservant, que vous gouvernez justement. Vous passerez, dans la joie et dans la tranquillité, des jours que les autres empereurs passaient dans le trouble et dans la crainte. Comme ils se défiaient de notre patience, ils n'attendaient qu'avec une inquiétude mortelle les courriers qui devaient leur apporter le renouvellement de nos vœux, ou plutôt de la servitude publique. Si quelqu'un avait été retardé par le débordement des fleuves, par une fonte de neiges, ou par des tempêtes, ils croyaient aussitôt que tout ce qu'ils méri-

propterea quod quum a malo principe tanquam successor timeatur quisquis est dignior, quum sit nemo non dignior, omnes timentur. Tuam securitatem non mora nuntiorum, non litterarum tarditas differt : scis tibi ubique jurari, quum ipse juraveris omnibus. Nemo hoc sibi non præstat. Amamus quidem te in quantum mereris : istud tamen non tui facimus amore, sed nostri; nec unquam illucescat dies, quo pro te nuncupet vota non utilitas nostra, sed fides, Cæsar. Turpis tutela principis, cui potest imputari. Queri libet quod in secreta nostra non inquirant principes, nisi quos odimus. Nam si eadem cura bonis, quæ malis esset, quam ubique admirationem tui, quod gaudium exsultationemque deprehenderes! quos omnium cum conjugibus ac liberis, quos etiam cum domesticis aris focisque sermones! Scires mollissimis illis auribus parci. Et alioqui, quum sint odium amorque contraria, hoc perquam simile habent, quod ibi intemperantius amamus bonos principes, ubi liberius malos odimus.

LXIX. Cepisti tamen et affectus nostri et judicii experimentum, quantum maximum præsens capere potuisti, illo die, quo sollicitudini pudorique candidato-

taient était arrivé. Dans leur frayeur, ils arrêtaient leur soupçons également sur tout le monde : car le mauvais prince voit un successeur dans tous ceux qui sont plus dignes que lui de gouverner; et comme il n'est personne qui n'en soit plus digne, il n'est personne qu'il ne redoute. La lenteur des courriers, le retardement des nouvelles que vous attendez, ne vous causent point de ces alarmes. Engagé par serment à tout le monde, vous ne doutez pas que tout le monde ne s'engage à vous. Personne ne se refuse cet avantage. Nous vous aimons autant que vous le méritez; mais c'est pour nous, et non pour vous, que nous vous aimons. Et puissions-nous, César, ne voir jamais luire le jour où nos sermens nous arrachent des vœux, qu'aujourd'hui nos intérêts nous demandent! Quelle sauve-garde honteuse pour un prince, que celle qu'on peut se prévaloir de lui donner! N'avons-nous pas à nous plaindre que les princes haïs soient les seuls qui aiment à pénétrer dans le secret de nos cœurs? Si les bons princes s'y appliquaient comme les mauvais, quelle admiration pour vous, quelle joie, quel enthousiasme ne découvririez-vous pas? quels discours vous entendriez dans le sein de nos familles, au milieu de nos femmes, de nos enfans, devant nos autels domestiques et nos foyers! Vous sauriez qu'en public nous épargnons votre délicatesse; et que l'amour et la haine, d'ailleurs si opposés, ont cela de commun, que, si en secret on s'abandonne à tous les emportemens de sa haine contre les mauvais empereurs, on se livre aussi à tout l'excès de son amour pour les bons.

LXIX. Vous avez pu, cependant, juger vous-même de notre opinion et de nos sentimens, autant qu'il était permis de nous juger en votre présence, le jour où

rum ita consuluisti, ne ullius gaudium alterius tristitia turbaret. Alii cum lætitia, alii cum spe recesserunt : multis gratulandum, nemo consolandus fuit. Nec ideo segnius juvenes nostros exhortatus es, senatum circumirent, senatui supplicarent, atque ita a principe sperarent honores, si a senatu petissent. Quo quidem in loco, si quibus opus exemplo, adjecisti ut te imitarentur. Arduum, Cæsar, exemplum, et quod imitari non magis quisque candidatorum quam principum possit. Quis enim vel uno die reverentior senatus candidatus, quam tu, quum omni vita, tum illo ipso tempore, quo judicas de candidatis? An aliud a te quam senatus reverentia obtinuit, ut juvenibus clarissimæ gentis debitum generi honorem, sed antequam deberetur, offerres? Tandem ergo nobilitas non obscuratur, sed illustratur a principe : tandem illos ingentium virorum nepotes, illos posteros libertatis, nec terret Cæsar, nec pavet : quin immo festinatis honoribus amplificat atque auget, et majoribus suis reddit. Si quid usquam stirpis antiquæ, si quid residuæ claritatis, hoc amplexatur et refovet, et in usum reipublicæ promit. Sunt in honore hominum, et in honore famæ magna nomina ex tenebris oblivionis, indulgentia Cæsaris, cujus est, ut nobiles et conservet et efficiat.

vous montrâtes tant de bonté, tant d'égards pour tous les candidats, que la joie de l'un ne fut pas troublée par la tristesse de l'autre. Ceux-ci s'en retournèrent pleins de joie; ceux-là, pleins d'espérance : on eut beaucoup de gens à féliciter, personne à consoler. Que de dignité dans le discours que vous adressâtes à la jeune noblesse, pour l'exhorter à rechercher les suffrages du sénat, à lui adresser ses demandes, et à n'attendre du prince aucun honneur qui n'eût été d'abord sollicité au sénat! Vous ajoutâtes, dans cet endroit, pour ceux qui pouvaient avoir besoin d'exemple, qu'ils se réglassent sur vous. Grand exemple, César, et non moins difficile à suivre pour ceux qui aspirent aux honneurs, que pour les princes mêmes! Vit-on jamais un candidat montrer une seule fois pour le sénat la même déférence que vous lui avez montrée toute votre vie, et particulièrement lorsque vous eûtes à prononcer contre ceux qui aspiraient aux honneurs? N'est-ce pas par déférence pour le sénat, que vous avez donné à des jeunes gens d'illustre origine un honneur dû à leur naissance, mais dont leur âge semblait les exclure? Enfin le temps est venu où la noblesse, loin d'être avilie, est illustrée par le prince : ces descendans des grands hommes, ces derniers rejetons de la liberté romaine, César ne les opprime, ni ne les craint : il fait plus; il avance pour eux le temps des honneurs, il les rend aux dignités et à l'éclat de leurs ancêtres. S'il reste quelque héritier d'une noble famille, d'une antique illustration, il le soutient, il l'élève, il le produit au profit de la chose publique. On honore, on célèbre des noms illustres arrachés à l'oubli : c'est à César qu'on le doit; c'est à lui [104] qu'il appartient de conserver comme de donner la noblesse.

LXX. Præfuerat provinciæ quæstor unus ex candidatis, inque ea civitatis amplissimæ reditus egregia constitutione fundaverat. Hoc senatui allegandum putasti. Cur enim te principe, qui generis tui claritatem virtute superasti, deterior esset conditio eorum, qui posteros habere nobiles mererentur, quam eorum, qui parentes habuissent? O te dignum, qui de magistratibus nostris semper hæc nunties, nec pœnis malorum, sed bonorum præmiis bonos facias! Accensa est juventus, erexitque animos ad æmulandum, quod laudari videbat; nec fuit quisquam quem non hæc cogitatio subiret, quum sciret, quidquid a quoque in provinciis bene fieret, omnia te scire. Utile est, Cæsar, et salutare præsidibus provinciarum, hanc habere fiduciam, paratum esse sanctitati, industriæ suæ maximum præmium, indicium principis, suffragium principis. Adhuc autem quamlibet sincera rectaque ingenia, etsi non detorquebat, hebetabat tamen misera, sed vera reputatio. Vides enim; si quid bene fecero, sciet Cæsar? aut, si scierit, testimonium reddet? Ita eadem illa seu negligentia seu malignitas principum, quum male consultis impunitatem, recte factis nullum præmium polliceretur, nec illos a crimine, et hos deterrebat a laude. At nunc, si bene aliquis provinciam rexerit, huic quæsita virtute dignitas offertur. Patet enim omnibus honoris et gloriæ cam-

LXX. L'un des candidats avait été questeur dans un gouvernement; et il avait su, par la sagesse de son administration, créer un revenu à une cité très-importante[105]. Vous avez voulu que le sénat en fût informé. Car pourquoi, sous un prince dont la vertu donne plus d'éclat à ses ancêtres qu'il n'en a reçu d'eux, ceux qui illustrent leurs descendans seront-ils moins dignes de faveur que ceux qui ont été illustrés par leurs pères? Que vous méritez de pouvoir toujours rendre de tels témoignages de nos magistrats, et d'engager moins à la vertu par la punition des méchans, que par les récompenses assurées aux gens de bien! Vous avez excité une noble émulation dans l'âme des jeunes gens; vous leur avez inspiré une vive passion d'imiter ce qu'ils entendent louer. C'est un sentiment qui est entré dans tous les esprits, dès qu'on a su que vous étiez instruit de tout ce qui se faisait de bien dans les gouvernemens. Il est utile et encourageant pour les administrateurs des provinces de pouvoir compter sur la plus flatteuse récompense de leur désintéressement et de leur zèle, sur l'attention et sur l'approbation du prince[106]. Jusqu'à présent, les cœurs nobles et droits avaient été, non pas détournés du bien, mais découragés par une réflexion malheureusement trop fondée. Qu'importe, se disait-on, que je prenne tant de soin de bien faire? César n'en saura rien; ou, s'il le sait, il n'en parlera jamais. Qu'attendre de princes si négligens ou si envieux? Les scélérats ne voyant aucun châtiment à craindre, les gens de bien aucune récompense à espérer, il arrivait que rien ne détournait les uns du crime, et que tout dégoûtait les autres de la vertu. Mais aujourd'hui, si quelqu'un a sagement gouverné une province, on lui offre la charge qu'il

pus : ex hoc quisque quod cupit petat, et assecutus sibi debeat. Provinciis quoque in posterum et injuriarum metum et accusandi necessitatem remisisti. Nam si profuerint, quibus gratias egerint, de nullo queri cogentur. Et alioqui liquet nihil magis prodesse candidato ad sequentes honores, quam peractos. Optime magistratus magistratu, honore honor petitur. Volo ego qui provinciam rexerit, non tantum codicillos amicorum, nec urbana conjuratione eblanditas preces, sed decreta coloniarum, decreta civitatum alleget : bene suffragiis consularium virorum urbes, populi, gentes inseruntur. Efficacissimum pro candidato genus est rogandi, gratias agere.

LXXI. Jam quo assensu senatus, quo gaudio exceptum est! quum candidatis, ut quemque nominaveras, osculo occurreres, devexus quidem in planum, et quasi unus ex gratulantibus. Te mirer magis, an improbem illos qui effecerunt, ut istud magnum videretur, quum velut affixi curulibus suis manum tantum, et hanc cunctanter et pigre, et imputantibus similes promerent? Contigit ergo oculis nostris insolita ante facies, princeps et candidatus, æquati et simul stantes ; contigit intueri parem

a justement méritée. Le champ des honneurs et de la gloire est ouvert à tout le monde. Chacun peut y rechercher ce qu'il désire, et ne devoir qu'à lui-même ce qu'il obtient. Vous avez pour jamais banni des provinces la crainte des concussions, et la cruelle nécessité d'en demander justice : car si la reconnaissance des provinces n'est pas sans fruit pour les magistrats, elles n'auront bientôt plus à se plaindre d'aucun d'eux. D'ailleurs n'est-il pas évident[107] que rien ne sert mieux un candidat dans la recherche d'une charge, que la charge qu'il a déjà exercée ? Ce sont les magistratures et les honneurs qui conduisent le plus sûrement aux honneurs et aux magistratures. Je veux que celui qui a gouverné une province, ne produise pas seulement des lettres de ses amis, ou des témoignages particuliers que le crédit et l'intrigue ont pu arracher : je lui demande des décrets publics des colonies ou des cités ; j'aime à joindre à la recommandation des hommes consulaires qui le présentent, le suffrage des villes, des peuples et des nations entières[108]. La meilleure recommandation pour un candidat, ce sont les actions de grâces qu'on lui a décernées.

LXXI. Mais parlons des applaudissemens, des transports de joie du sénat, lorsqu'on vous vit descendre de votre tribunal, aller au devant des candidats que vous veniez de nommer, les embrasser, et vous confondre dans la foule des sénateurs qui les félicitaient ! et cette conduite doit-elle plutôt exciter notre admiration pour vous, que notre haine contre ceux qui nous ont obligés à la regarder comme un grand exemple ? Attachés à leur tribunal, ils nous présentaient nonchalamment la main à baiser, et semblaient encore nous accorder une faveur. Nous avons vu, spectacle nouveau, debout l'un devant

accipientibus honorem qui dabat. Quod factum tuum a cuncto senatu quam vera acclamatione celebratum est! «Tanto major! tanto augustior!» Nam cui nihil ad augendum fastigium superest, hic uno modo crescere potest, si se ipse submittat, securus magnitudinis suæ. Neque enim ab ullo periculo fortuna principum longius abest, quam ab humilitatis. Mihi quidem non tam humanitas tua, quam intentio ejus admirabilis videbatur. Quippe quum orationi oculos, vocem, manum commodares, ut si alii eadem ista mandasses, omnes comitatis numeros obibas. Atque etiam quum nomina suffragatorum honore quo solent exciperentur, tu quoque inter excipientes eras, et ex ore principis ille senatorius assensus audiebatur; quodque apud principem perhibere testimonium merentibus gaudebamus, perhibebatur a principe. Faciebas ergo, quum diceres, optimos; nec ipsorum modo vita a te, sed judicium senatus comprobabatur, ornarique se, non illos magis quos laudabas, lætabatur.

LXXII. Nam quod precatus es, ut illa ipsa ordinatio comitiorum « bene ac feliciter eveniret nobis, reipublicæ, tibi », nonne tale est, ut nos hunc ordinem votorum convertere debeamus? deos denique obsecrare,

l'autre, et sur un terrain égal [109], le prince et le candidat! nous avons vu celui qui distribuait les honneurs se mêler avec ceux qui les recevaient! Quelle vérité dans l'exclamation qui échappa au sénat étonné! *Il en est d'autant plus grand, d'autant plus auguste!* Il ne reste en effet à celui qui est parvenu au comble des honneurs, qu'un seul moyen pour s'élever; c'est que, sûr de sa propre grandeur, il en sache descendre. De tous les périls qui menacent la fortune des princes, celui qu'ils doivent craindre le moins, c'est de s'avilir en s'abaissant. Pour moi, ce qui m'a paru plus admirable encore que votre bonté même, ce sont les soins délicats qu'elle s'imposait. En vain votre discours occupait et vos yeux et votre voix et votre main : comme si leurs fonctions eussent été confiées à un autre, on vous voyait attentif à donner toutes les marques de la plus affectueuse bienveillance [110]. Et même lorsque ceux qui recommandaient les candidats accueillaient leurs noms par les suffrages accoutumés [111], vous joigniez vos éloges aux leurs, et de la bouche du prince on entendait l'approbation du sénateur : ce témoignage que nous nous plaisions à rendre au prince en faveur de ceux qui nous en paraissaient dignes, c'était le prince qui le rendait au sénat. En déclarant les candidats d'*excellens citoyens*, vous les rendiez tels en effet: en louant leur vie, vous approuviez le jugement du sénat, et il sentait que vos éloges lui étaient aussi honorables qu'à ceux qui en étaient l'objet.

LXXII. Ne devons-nous donc pas changer l'ordre des vœux que vous avez adressés aux dieux immortels, que ces comices assurassent *notre bonheur, celui de la république et le vôtre?* Ne devons-nous pas les prier, que tout ce que vous faites, tout ce que vous ferez à l'ave-

ut omnia quæ facis, quæque facies, prospere cedant tibi, reipublicæ, nobis ? vel, si brevius sit optandum, ut uni tibi, in quo et respublica et nos sumus ? Fuit tempus, ac nimium diu fuit, quo alia adversa, alia secunda principi et nobis : nunc communia tibi nobiscum tam læta quam tristia; nec magis sine te nos esse felices, quam tu sine nobis potes. An, si posses, in fine votorum adjecisses, « ut ita precibus tuis dii annuerent, si judicium nostrum mereri perseverasses ? » Adeo nihil tibi amore civium antiquius, ut ante a nobis, deinde a diis, atque ita ab illis amari velis, si a nobis ameris. Et sane priorum principum exitus docuit, ne a diis quidem amari, nisi quos homines ament. Arduum erat has precationes tuas laudibus adæquare : adæquavimus tamen. Qui amoris ardor, qui stimuli, quæ faces illas nobis acclamationes subjecerunt! Non nostri, Cæsar, ingenii, sed tuæ virtutis tuorumque meritorum voces fuerunt, quas nulla unquam adulatio invenit, nullus cujusquam terror expressit. Quem sic timuimus, ut hæc fingeremus? quem sic amavimus, ut hæc fateremur? Nosti necessitatem servitutis : quando simile aliquid audisti, et quando dixisti? Multa quidem excogitat metus, sed quæ appareat quæsita ab invitis : aliud sollicitudinis, aliud securitatis ingenium est : alia tristium inventio, alia gaudentium. Neutrum simulationes expres-

nir, soit utile à vous, à l'état et à nous? ou pour renfermer ces trois vœux dans un seul, ne demandons que votre bonheur; ce sera demander celui de la république et le nôtre. Un temps a été, et il n'a duré que trop, où notre bonheur et notre malheur ne se réglaient point sur celui du prince. Maintenant, tristesse et joie, tout nous est commun; et si vous ne pouvez être heureux sans nous, nous ne pouvons l'être sans vous. S'il en était autrement, auriez-vous ajouté à la fin de votre prière publique : *que vous ne demandez aux dieux leur protection que si vous continuez à mériter notre amour?* Oui, César, l'amour des citoyens vous est si cher, que dans l'ordre de vos souhaits, vous le mettez le premier, et que vous ne désirez d'être aimé des dieux, qu'autant que votre peuple vous aimera. Aussi le sort des princes qui vous ont précédé a-t-il bien montré que les dieux n'aiment que ceux qui savent se faire aimer des hommes. Il était difficile que nos louanges pussent égaler de tels vœux : elles les ont cependant égalés. J'en appelle à ces acclamations que nous inspirèrent la vivacité de notre amour, l'ardeur de notre enthousiasme. Ce n'était pas notre esprit, c'était votre vertu et vos grandes actions qui nous fournissaient ces expressions que la flatterie ne saurait trouver, que la terreur n'a jamais arrachées. Quel prince nous inspirera jamais assez de crainte pour nous faire imiter ces transports, ou assez d'amour pour nous les arracher? Vous avez connu les contraintes de la servitude : qu'avez-vous entendu jamais, qu'avez-vous dit de pareil? La crainte, il est vrai, sait inventer; mais ce qu'elle invente paraît forcé. L'inquiétude et la tranquillité ne parlent point la même langue. On n'est pas inspiré de même dans la joie et dans la tristesse.

serint. Habent sua verba miseri, sua verba felices; utque jam maxime eadem ab utrisque dicantur, aliter dicuntur.

LXXIII. Testis ipse es quæ in omnium ore lætitia : non amictus cuiquam, non habitus quem modo extulerat : inde resultantia vocibus tecta, nihilque tantis clamoribus satis clausum. Quis tunc non e vestigio suo exsiluit? quis exsiluisse se sensit? Multa fecimus sponte, plura instinctu quodam et imperio. Nam gaudio quoque cogendi vis inest. Num ergo modum ei tua saltem modestia imposuit? Non quanto magis a te reprimebatur, exarsimus? non contumacia, Cæsar : sed ut in tua potestate est an gaudeamus, ita in quantum nec in nostra. Comprobasti et ipse acclamationum nostrarum fidem lacrymarum tuarum veritate. Vidimus humescentes oculos tuos, demissumque gaudio vultum, tantumque sanguinis in ore, quantum in animo pudoris. Atque hoc magis incensi sumus, ut precaremur, ne quando tibi non eadem causa lacrymarum; utque nunquam frontem tuam abstergeres. Hoc ipsum templum, has sedes nobis quasi responsuras interrogemus, viderintne unquam principis lacrymas : at senatus sæpe viderunt. Onerasti futuros principes; sed et posteros nostros. Nam et hi a principibus suis exigent, ut eadem audire mereantur; et illi, quod non audiant, indignabuntur.

L'expression de l'une ne peut convenir à l'autre. Le bonheur a son langage, comme l'infortune a le sien : et quand l'un pourrait dire les mêmes choses que l'autre, il ne les dirait pas de même.

LXXIII. Vous avez été témoin de la joie qui brillait dans nos yeux : le désordre des toges et des vêtemens attestait l'ardeur de nos transports [112]. Le sénat retentissait de nos cris ; et il n'y avait point d'endroits si reculés où ils ne pénétrassent. Qui de nous ne s'élança pas de sa place? qui de nous s'aperçut qu'il en était sorti? que de choses faites spontanément, ou plutôt par un entraînement et une force irrésistibles! Car la joie, comme les autres passions, ne nous laisse pas toujours maîtres de nous-mêmes. Votre modestie fit d'inutiles efforts pour mettre des bornes à notre enthousiasme : plus vous le vouliez retenir, plus il s'emportait : non qu'on ait oublié, César, le respect qui vous est dû ; mais c'est que s'il dépend de vous de nous donner de la joie, il ne dépend pas de nous d'en régler les transports. Les pleurs que vous avez versés ont rendu justice à la sincérité de nos acclamations. Nous vous avons vu les yeux mouillés, le front baissé de pudeur et de joie, le visage rouge de modestie ; et nous en avons demandé avec plus d'ardeur que vous ayez toujours même sujet de larmes, même rougeur sur le front [113]. Animons pour un moment ce temple, ces lieux sacrés, et demandons-leur s'ils ont jamais vu pleurer le prince. Mais ils ont vu souvent pleurer le sénat. Votre exemple sera gênant pour vos successeurs ; mais il le sera aussi pour nos descendans. Ceux-ci exigeront des princes qu'ils méritent les mêmes éloges que vous, et ceux-là s'indigneront de ne les pas entendre.

LXXIV. Nihil magis possum proprie dicere, quam quod dictum est a cuncto senatu : « O te felicem ! » Quod quum diceremus, non opes tuas, sed animum mirabamur. Est enim demum vera felicitas, felicitate dignum videri. Sed quum multa illo die dicta sunt sapienter et graviter, tum vel in primis hoc : « Crede nobis, crede tibi. » Magna hoc fiducia nostri, majore tamen tui diximus. Alius enim fortasse alium, ipsum se nemo deceperit; introspiciat modo vitam, seque quid mereatur interroget. Proinde dabat vocibus nostris fidem apud optimum principem, quod apud malos detrahebat. Quamvis enim faceremus quæ amantes solent, illi tamen non amari se credebant sibi. Super hæc precati sumus, « ut sic te amarent dii, quemadmodum tu nos. » Quis hoc aut de se, aut principi diceret mediocriter amanti ? Pro nobis ipsis quidem hæc fuit summa votorum, « ut nos sic amarent dii, quomodo tu. » Estne verum quod inter ista clamavimus : « O nos felices! » Quid enim felicius nobis, quibus non jam illud optandum est, ut nos diligat princeps, sed dii quemadmodum princeps? Civitas religionibus dedita, semperque deorum indulgentiam pietate merita, nihil felicitatis sibi putat adstrui posse, nisi ut dii Cæsarem imitentur.

LXXIV. Quelle expression plus vraie pourrais-je employer que celle dont se servit tout le sénat, *heureux prince!* Ce n'était pas alors votre puissance, c'était la grandeur de votre âme que nous admirions; car le comble du vrai bonheur, c'est d'en paraître digne[114]. Mais, entre tant de paroles pleines de sagesse et de dignité que le sénat prononça ce jour-là, on remarqua surtout celles-ci : *Croyez-nous-en; croyez-vous-en vous-même.* C'était beaucoup compter sur nous, mais sur vous plus encore. Un homme en effet peut en tromper un autre : personne ne s'est jamais trompé lui-même, s'il a eu le courage de sonder son cœur, et de se demander ce qu'il mérite. Ainsi ce qui rendait nos discours suspects auprès des mauvais princes leur donne créance auprès des bons. En vain nous faisions tout ce que l'affection a coutume de faire; ils en croyaient leur conscience, et se disaient qu'ils n'étaient pas aimés. A nos vœux nous avons ajouté celui-ci : *Que les dieux vous aiment comme vous nous aimez!* Oserait-on ainsi parler de soi à un prince dont on serait médiocrement aimé? Tous les vœux que nous avons formés pour nous, c'est que les dieux nous aimassent comme vous nous aimez. Et au milieu de ces vœux, ne nous sommes-nous pas écriés avec vérité, que nous étions heureux? Est-il en effet un bonheur plus grand que de n'avoir point à souhaiter que l'empereur nous aime, mais seulement que nous soyons aussi chers aux immortels, que nous le sommes à l'empereur? Cette ville si pieuse et toujours si digne de la bonté des dieux, croit aujourd'hui qu'il ne manquera rien à sa félicité, si les dieux veulent bien en sa faveur imiter César.

LXXV. Sed quid singula consector et colligo, quasi vero aut oratione complecti, aut memoria consequi possim, quæ vos, P. C., ne qua interciperet oblivio, et in publica acta mittenda, et incidenda in ære censuistis? Ante orationes principum tantum ejusmodi genere monumentorum mandari æternitati solebant : acclamationes quidem nostræ parietibus curiæ claudebantur. Erant enim, quibus nec senatus gloriari, nec principes possent. Has vero et in vulgus exire, et posteris prodi, quum ex utilitate, tum ex dignitate publica fuit ; primum ut orbis terrarum pietatis nostræ adhiberetur testis et conscius ; deinde ut manifestum esset audere nos de bonis malisque principibus non tantum post ipsos judicare; postremo, ut experimento cognosceretur, et ante nos gratos, sed miseros fuisse, quibus esse nos gratos, probare antea non licuit. At qua contentione, quo nisu, quibus clamoribus expostulatum est, ne affectus nostros, ne tua merita supprimeres, denique ut in posterum exemplo provideres! Discant et principes acclamationes veras falsasque discernere; habeantque muneris tui, quod jam decipi non poterunt. Non instruendum illis iter ad bonam famam, sed non deserendum : non submovenda adulatio, sed non reducenda est. Certum est et quæ facere, et quæ debeant audire, si faciant. Quid nunc ego super ea, quæ sum cum toto senatu precatus, pro se-

LXXV. Mais pourquoi m'arrêter plus long-temps à rassembler et à suivre chacune de ces circonstances? Prétendrais-je donc, pères conscrits, rappeler dans ma mémoire, ou renfermer dans une harangue tout ce que vous avez fait insérer dans les actes publics, et graver sur l'airain, pour en conserver un éternel souvenir? Auparavant on ne faisait cet honneur qu'aux seuls discours prononcés par le prince. Nos acclamations ne sortaient point de ce palais : elles n'auraient été glorieuses, ni pour le sénat ni pour l'empereur. Mais la gloire et l'utilité de Rome demandaient également que celles-ci se répandissent par tout le monde, et passassent à la postérité. Il nous importait que toute la terre fût témoin de notre reconnaissance, et la partageât avec nous; qu'on reconnût en nous le courage de juger les bons et les mauvais princes, même avant leur mort; qu'enfin l'expérience fît voir que nous avions été autrefois malheureux, mais non pas ingrats, puisque les occasions d'être reconnaissans nous avaient manqué. Avec quelle vivacité, avec quelles instances, avec quels cris ne vous a-t-on pas supplié de vouloir bien ne pas supprimer le souvenir de vos bienfaits et les témoignages de notre dévouement? de vouloir bien conserver un exemple qui pût servir de règle aux siècles à venir? Que les princes apprennent à distinguer les vraies acclamations d'avec les fausses, et qu'ils vous aient éternellement l'obligation de ne pouvoir plus s'y tromper. Ils n'ont plus un chemin à se faire pour aller à la renommée; ils n'ont qu'à ne point quitter celui qui leur a été tracé : ils n'ont plus à bannir la flatterie; il leur suffit de ne la plus ramener. Ils connaissent à présent et ce qu'ils doivent faire, et ce qu'ils méritent d'entendre, s'ils font ce qu'ils doivent. Que puis-je ajouter aux

natu precer, nisi ut hæreat animo tuo gaudium, quod tunc oculis protulisti? ames illum diem, et tamen vincas : nova merearis, nova audias. Eadem enim dici nisi ob eadem facta non possunt.

LXXVI. Jam quam antiquum, quam consulare, quod triduum totum senatus sub exemplo tui sedit, quum interea nihil præter consulem ageres? Interrogavit quisque quod placuit : dissentire, discedere, et copiam judicii sui reipub. facere tutum fuit. Consulti omnes, atque etiam dinumerati sumus, vicitque sententia non prima, sed melior. At quis antea loqui, quis hiscere audebat, præter miseros illos, qui primi interrogabantur? ceteri quidem defixi et attoniti ipsam illam mutam ac sedentariam assentiendi necessitatem quo cum dolore animi, quo cum totius corporis horrore perpetiebantur! Unus solusque censebat quod sequerentur omnes, et omnes improbarent, in primis ipse qui censuerat : adeo nulla magis omnibus displicent quam quæ sic fiunt, tanquam omnibus placeant. Fortasse imperator in senatu ad reverentiam ejus componebatur; ceterum egressus statim se recipiebat in principem, omniaque consularia officia abigere, negligere, contemnere

vœux que j'ai faits avec tout le sénat, si ce n'est de souhaiter que la joie qui parut alors dans vos yeux puisse ne sortir jamais de votre cœur? Ne cessez jamais d'aimer ce jour ; et préparez-vous-en, s'il se peut, de plus beaux encore. Puissiez-vous enfin mériter et entendre de nouveaux éloges! Car on ne peut répéter les mêmes louanges que pour les mêmes actions.

LXXVI. Disons maintenant combien elle fut digne de Rome antique, de Rome consulaire, l'assemblée du sénat, où, pendant trois jours entiers, vous avez présidé ce corps auguste[115], en vous renfermant dans les seules fonctions de consul! Chacun put demander ce qu'il voulut, contredire, se ranger d'un autre avis, et proposer en sûreté ce qu'il croyait utile à l'état. Nous fûmes tous consultés : on compta nos voix, et l'on adopta, non le premier avis, mais le meilleur. Auparavant, qui aurait osé parler, qui aurait osé ouvrir la bouche, excepté ces misérables qu'on interrogeait les premiers? Les autres, interdits et immobiles, avec quelle douleur, avec quel saisissement supportaient-ils cette nécessité de souscrire, sans parler, sans quitter leur siège, à l'opinion qui leur était dictée! Un seul opinait pour tous, et tous, et lui-même, désapprouvaient l'avis qu'il osait ouvrir : tant il est vrai que rien ne déplaît davantage à tous, que ces décrets qui passent comme si tous les approuvaient! Peut-être l'empereur dans le sénat s'imposait-il quelques dehors de respect. mais à peine sorti, il rentrait dans son rang de prince ; et les devoirs du consulat étaient repoussés, négligés, dédaignés. Trajan, au contraire, les remplissait comme s'il n'eût été que consul, et il

solebat. Ille vero ita consul, ut si tantum consul foret, nihil infra se putabat, nisi quod infra consulem esset. Ac primum ita domo progrediebatur, ut illum nullus apparatus arrogantiæ principalis, nullus præcursorum tumultus detineret. Una erat in limine mora, consultare aves, revererique numinum monitus. Nemo proturbabatur; nemo submovebatur. Tanta viatoribus quies, tantus pudor fascibus, ut plerumque aliena turba subsistere et consulem et principem cogeret. Ipsius quidem officium tam modicum, tam temperatum, ut antiquus aliquis magnusque consul sub bono principe incedere videretur.

LXXVII. Iter illi sæpius in forum, frequenter tamen et in campum. Nam comitia consulum obibat ipse; et tantum ex renuntiatione eorum voluptatis, quantum prius ex destinatione capiebat. Stabant candidati ante curulem principis, ut ipse ante consulis steterat, adigebanturque in verba, in quæ paulo ante ipse juraverat princeps, qui tantum putat esse in jurejurando, ut id et ab aliis exigat. Reliqua pars diei tribunali dabatur. Ibi vero quanta religio æquitatis, quanta legum reverentia! Adibat aliquis ut principem; respondebat se consulem esse. Nullius ab eo magistratus jus, nullius auctoritas imminuta est, aucta etiam : siquidem pleraque ad prætores remittebat; atque ita, ut collegas vocaret; non

ne trouvait au dessous de lui que ce qui était au dessous de la dignité consulaire. Lorsqu'il sortait de sa demeure, il ne voulait être retardé ni par la pompe orgueilleuse de la majesté souveraine, ni par la foule embarrassante des hérauts et des licteurs. Il s'arrêtait seulement un instant sur le seuil, pour consulter le vol des oiseaux et adorer ces avertissemens du ciel. Personne n'était repoussé, personne n'était écarté : les passans étaient si respectés, les licteurs si retenus, que plus d'une fois le cortège d'un particulier arrêta celui de l'empereur et du consul. Sa suite était si modeste et si peu nombreuse, qu'on aurait cru voir un de ces grands hommes de l'ancienne Rome, consul sous un prince bon et clément.

LXXVII. On le voyait aller le plus souvent au forum, mais souvent aussi au Champ-de-Mars[116]. Car il assistait lui-même aux comices pour l'élection des consuls, et il prenait autant de plaisir à les proclamer, qu'il en avait eu à leur réserver cet honneur. Ils étaient debout devant le tribunal de l'empereur, comme il l'avait été devant le tribunal des consuls. Il leur faisait prêter le serment dans les mêmes termes qu'il l'avait prêté lui-même ; et il ne l'exigeait si exactement, que parce qu'il en connaissait tout le pouvoir. Le reste du temps, il l'employait à rendre la justice. Et sur son tribunal, quelle scrupuleuse équité? quel respect pour les lois? Quelqu'un venait-il réclamer l'autorité du souverain ; il répondait qu'il était consul. Point de magistrature, point d'autorité dont il ait affaibli les droits, et dont il n'ait plutôt étendu les privilèges. Il renvoyait la plupart des affaires aux préteurs, qu'il appelait ses col-

quia populare gratumque audientibus, sed quia ita sentiebat. Tantum dignationis in ipso honore ponebat, ut non amplius esse censeret, quod aliquis collega appellaretur a principe, quam quod prætor esset. Ad hoc tam assiduus in tribunali, ut labore refici ac reparari videretur. Quis nostrum idem curæ, idem sudoris insumit? quis adeo expetitis honoribus aut deservit, aut sufficit? Et sane æquum est, tantum ceteris præstare consulibus ipsum, qui consules facit : quippe etiam fortunæ videbatur indignum, si posset honores dare, qui gerere non posset. Facturus consules doceat, accepturisque amplissimum honorem persuadeat, scire se quid sit quod daturus sit : sic fit, ut illi quoque sciant quid acceperint.

LXXVIII. Quo justius senatus, ut susciperes quartum consulatum et rogavit et jussit. Imperii hoc verbum, non adulationis esse, obsequio tuo crede, quod non alia in re magis aut senatus exigere a te, aut tu præstare senatui debes. Ut enim ceterorum hominum, ita principum, illorum etiam, qui dii sibi videntur, ævum omne et breve et fragile est. Itaque optimum quemque niti et contendere decet, ut post se quoque reipublicæ prosit, moderationis scilicet justitiæque monumentis, quæ prima statuere consul potest. Hæc nempe

lègues, non pour affecter des manières populaires, et pour plaire à ceux qui l'écoutaient, mais parce qu'il les regardait comme tels. Il avait une si haute opinion de cette charge, qu'il ne croyait pas faire plus d'honneur à ceux qui l'exerçaient, en les traitant de collègues, qu'en les appelant préteurs. Et quelle n'était pas son assiduité à rendre publiquement justice sur le tribunal consulaire ! Il semblait délassé et fortifié par le travail. Qui d'entre nous se consume de tant de soins et de fatigues ? qui se dévoue aussi entièrement aux devoirs de la charge qu'il a désirée, et se montre aussi capable de les remplir ? Aussi est-il bien juste que celui qui fait les consuls, soit si fort au dessus d'eux. On aurait reproché à la fortune même, que celui qui peut donner les magistratures, ne pût pas les exercer. Il faut que celui qui fait les consuls, les instruise; et qu'en les élevant à un si grand honneur, il puisse leur persuader qu'il connaît parfaitement tout le prix de ce qu'il leur donne : ils sentiront ainsi l'importance des fonctions qui leur sont confiées.

LXXVIII. C'est là ce qui justifie encore le sénat de vous avoir prié, de vous avoir ordonné d'accepter un quatrième consulat. Un tel ordre ne peut vous paraître suspect de flatterie. Votre déférence pour le sénat l'autorise à vous le donner; vous le pouvez croire : dans aucune autre occasion, il n'aurait plus de droit de la réclamer, dans aucun autre son vœu ne serait plus obligatoire pour vous. Comme celle des autres hommes, la vie des princes, de ceux même qui se croient des dieux, est courte et fragile. Il n'est donc rien qu'un prince vertueux ne doive tenter pour être, même après sa mort, utile à la république, en lui laissant de grands exemples

intentio tua, ut libertatem revoces ac reducas. Quem ergo honorem magis amare, quod nomen usurpare sæpius debes, quam quod primum invenit recuperata libertas? Non est minus civile, et principem esse pariter et consulem, quam tantum consulem. Habe etiam rationem verecundiæ collegarum tuorum : collegarum, inquam; ita enim et ipse loqueris, et nos loqui vis. Onerosa erit modestiæ illorum tertii consulatus sui recordatio, donec te consulem videant. Neque enim potest non nimium esse privatis, quod principi satis est. Annuas, Cæsar, optantibus, quibusque apud deos adesse consuesti, quorum potes ipse, votorum compotes facias.

LXXIX. Fortasse sufficiat tibi tertius consulatus : sed nobis tanto minus sufficit. Ille nos instituit et induxit, ut te iterum iterumque consulem habere cupiamus. Remissius istud contenderemus, si adhuc non sciremus, qualis esses futurus. Tolerabilius fuit, experimentum tui nobis, quam usum negari. Dabiturne rursus videre consulem illum? audiet et reddet, quas proxime, voces? præstabitque gaudium, quantum ipse percipiet? præsidebit lætitiæ publicæ auctor ejus et causa? tentabitque affectus nostros, ut solet, cohibere, nec poterit? Erit pietati senatus cum modestia principis felix speciosumque certamen, seu fuerit victa, seu vicerit? Equidem incognitam quamdam proximaque majorem præsumo

de modération et de justice ; et qui peut mieux en donner qu'un consul ? Vous voulez rappeler et ramener la liberté : quel honneur devez-vous plus aimer, quel titre devez-vous prendre plus souvent que celui que la liberté reconquise a trouvé le premier ? Il n'est pas moins digne d'un citoyen d'être à la fois prince et consul, que d'être seulement consul. Ménagez enfin la délicatesse de vos collègues (je dis vos collègues : c'est ainsi que vous parlez, et que vous voulez que nous parlions). Le souvenir de leur troisième consulat pèsera toujours à leur modestie, tant qu'ils ne vous auront pas vu encore une fois consul : car il est impossible que des particuliers n'aient pas trop d'un honneur qui suffit au prince. Cédez donc à nos instances, César ; et vous qui vous rendez notre intercesseur auprès des dieux, ne rejetez pas nos vœux, quand il est en votre pouvoir de les exaucer.

LXXIX. C'est peut-être assez pour vous d'un troisième consulat ; mais c'est parce qu'il vous suffit, que ce n'est pas assez pour nous. En exerçant le consulat, vous n'avez fait que nous inspirer le désir de vous voir encore plusieurs fois consul. Nous le souhaiterions moins vivement, si nous ignorions comment vous vous en acquitterez. Mieux eût valu pour nous ne jamais goûter le bonheur de vous avoir pour consul, que d'en être privés aujourd'hui. Nous sera-t-il accordé de jouir encore de votre consulat ? de vous faire entendre les mêmes actions de grâces ? d'écouter les mêmes réponses ? d'éprouver la joie que vous ressentez vous-même ? Verrons-nous présider aux transports publics celui qui en est l'auteur et l'objet ? le verrons-nous, selon sa coutume, tenter inutilement d'arrêter les éclats de notre zèle ? L'heureux, l'agréable spectacle, que ce combat entre la mo-

lætitiam. Quis enim est tam imbecilli ingenio, qui non tanto meliorem consulem speret, quanto sæpius fuerit? Alius labores, si non continuo se desidiæ ac voluptati dedisset, otio tamen et quiete recreasset: hic consularibus curis exsolutus, principales resumpsit, tam diligens temperamenti, ut nec consulis officium princeps, nec principis consul appeteret. Videmus ut provinciarum desideriis, ut singularum etiam civitatum precibus occurrat. Nulla in audiendo difficultas, nulla in respondendo mora.' Adeunt statim, dimittuntur statim; tandemque principis fores exclusa legationum turba non obsidet.

LXXX. Quid? in omnibus cognitionibus quam mitis severitas, quam non dissoluta clementia! Non locupletando fisco sedes, nec aliud tibi sententiæ tuæ pretium, quam bene judicasse. Stant ante te litigatores, non de fortunis suis, sed de tua existimatione solliciti; nec tam verentur quid de causa sua, quam quid de moribus sentias. O vere principis, atque etiam consulis, reconciliare æmulas civitates, tumentesque populos non imperio magis, quam ratione compescere! intercedere iniquitatibus magistratuum, infectumque reddere quid-

destie du prince, et l'amour du sénat, quel qu'en soit le succès [117]! Pour moi, je me promets une sorte de bonheur inconnu, et plus doux que celui que nous avons senti. Car pourrait-on ne pas comprendre que notre prince sera toujours d'autant meilleur consul, qu'il l'aura été plus souvent? Un autre, s'il ne se fût pas entièrement abandonné à l'oisiveté et à la mollesse, aurait cherché du moins, dans ses travaux, quelque délassement, quelques instans de loisir. Mais Trajan, à peine affranchi des devoirs de consul, revient aux devoirs de prince; et il donne avec tant d'application à chacune de ces places ce qu'elle demande, que l'empereur ne paraît rien prendre sur le consul, ni le consul sur l'empereur. Nous voyons avec quelle bonté il va au devant des requêtes de nos provinces, et même des prières de chaque ville! L'audience s'obtient sans difficulté, et la réponse ne se fait pas attendre. On est admis aussitôt, aussitôt expédié : enfin les députations n'assiègent plus en vain les portes du palais.

LXXX. Que dirai-je de cette douce sévérité et de cette sage clémence que vous montrez dans tous vos jugemens? Vous ne siégez point sur un tribunal pour enrichir le fisc; et vous ne cherchez, dans vos décisions, que la satisfaction d'avoir bien jugé. Ceux qui plaident devant vous craignent moins la perte de leurs biens que celle de votre estime, moins inquiets de l'opinion que vous aurez de leur cause, que de celle que vous concevrez d'eux. O le digne emploi d'un prince et d'un consul, que de réconcilier les villes rivales, et de contenir les peuples soulevés, plus encore par la force de la raison, que par l'autorité du commandement! de réparer les injustices des magistrats, et de faire que ce qui de-

quid fieri non oportuerit! postremo velocissimi sideris more omnia invisere, omnia audire, et undecunque invocatum statim, velut numen, adesse et assistere! Talia esse crediderim quæ ipse mundi parens temperat nutu, si quando oculos demisit in terras, et facta mortalium inter divina opera numerare dignatus est : qua nunc parte liber solutusque, cœlo tantum vacat, postquam te dedit, qui erga omne hominum genus vice sua fungereris. Fungeris enim, sufficisque mandanti, quum tibi dies omnis summa cum utilitate nostra, summa cum tua laude condatur.

LXXXI. Quod si quando cum influentibus negotiis paria fecisti, instar refectionis existimas mutationem laboris. Quæ enim remissio tibi, nisi lustrare saltus, excutere cubilibus feras, superare immensa montium juga, et horrentibus scopulis gradum inferre, nullius manu, nullius vestigio adjutum; atque inter hæc pia mente adire lucos, et occursare numinibus? Olim hæc experientis juventutis, hæc voluptas erat : his artibus futuri duces imbuebantur, certare cum fugacibus feris cursu, cum audacibus robore, cum callidis astu : nec mediocre pacis decus habebatur submota campis irruptio ferarum, et obsidione quadam liberatus agrestium labor. Usurpabant gloriam istam illi quoque principes qui obire non poterant; usurpabant autem ita, ut domitas

vait ne pas être ne paraisse pas avoir été! enfin, avec la rapidité du soleil, d'être présent à tout, d'entendre tout, et de quelque endroit qu'on vous invoque, de porter secours aussitôt, à l'exemple des dieux ! C'est ainsi sans doute que l'auteur des choses exerce son pouvoir souverain, quand il abaisse ses regards sur la terre, et daigne associer les affaires des hommes à celles dont il s'occupe dans le ciel. Aujourd'hui, il se repose sur vous de ce soin ; vous le représentez ici ; et, après vous avoir chargé de tout ce qui regarde les hommes, il s'est réservé tout entier pour le ciel. Oui, César, vous le remplacez ici-bas, vous suffisez à l'accomplissement de ses ordres, puisque chacun de vos jours nous est aussi utile qu'il vous est glorieux.

LXXXI. Si quelquefois vous avez satisfait aux affaires qui vous arrivent de toutes parts, vous ne cherchez de délassement que dans le changement de travail. Quels sont vos divertissemens ? De chasser dans les forêts les plus épaisses ; d'y lancer, d'y suivre à la trace les bêtes fauves entre les rochers, et jusque sur le sommet des montagnes les plus escarpées ; d'y monter légèrement, sans être précédé, sans être aidé de personne ; et parmi ces mâles exercices, de visiter nos bois sacrés, et d'y porter vos pieux hommages aux divinités qui les habitent. C'était autrefois le premier essai, le plus doux plaisir de la jeunesse, et de ceux surtout qui se destinaient aux armes, de poursuivre à la course les bêtes fugitives, de vaincre par la force les plus courageuses, de surprendre par adresse les plus rusées : dans la paix, il était glorieux de préserver les campagnes de la fureur des bêtes féroces, et de protéger contre leur irruption les travaux du laboureur. C'est un honneur que s'attri-

fractasque clathris feras, ac deinde in ipsorum quidem ludibrium emissas mentita sagacitate colligerent. Huic par capiendi quærendique sudor, summusque et idem gratissimus labor, invenire. Enimvero si quando placuit idem corporis robur in maria proferre, non ille fluitantia vela aut oculis sequitur aut manibus; sed nunc gubernaculis assidet; nunc cum valentissimo quoque sodalium certat frangere fluctus, domitare ventos reluctantes remisque transire obstantia freta.

LXXXII. Quantum dissimilis illi, qui non Albani lacus otium, Baianique torporem et silentium ferre, non pulsum saltem fragoremque remorum perpeti poterat, quin ad singulos ictus turpi formidine horresceret! Itaque procul ab omni sono, inconcussus ipse et immotus, religato revinctoque navigio, non secus ac piaculum aliquod, trahebatur. Fœda facies, quum populi romani imperator alienum cursum, alienumque rectorem, velut capta nave, sequeretur. Nec deformitate ista saltem flumina carebant atque amnes. Danubius ac Rhenus tantum illud nostri dedecoris vehere gaudebant, non minore cum pudore imperii, quod hæc romanæ aquilæ, romana signa, romana denique ripa, quam quod hostium prospectarent; hostium, quibus moris est eadem

buaient les princes mêmes qui n'y pouvaient prétendre : ils domptaient la férocité des bêtes fauves par une longue prison ; puis ils les faisaient lâcher, pour les forcer ensuite avec une fausse adresse dont on se moquait avec raison. Trajan joint la peine de les chercher à celle de les prendre ; et le plus grand, le plus agréable plaisir pour lui, c'est de les trouver. Que s'il se plaît quelquefois à montrer sur la mer la même force de corps, vous ne le voyez point suivre des yeux ou de la main les voiles flottantes. Tantôt il s'assied lui-même au gouvernail ; tantôt il dispute au plus robuste rameur l'honneur de rompre l'impétuosité des vagues, de dompter la fureur des vents, et de surmonter avec la rame l'obstacle des flots soulevés [118].

LXXXII. Qu'un tel empereur ressemble peu à celui qui ne se promenait jamais sur les eaux tranquilles et dormantes du lac d'Albe, ou de Bayes, sans être importuné du mouvement et du bruit des rames, et sans tressaillir, à chaque coup, d'une honteuse frayeur [119]! Immobile et loin de tout bruit, il était donc traîné, comme une victime expiatoire, dans un navire attaché à un autre. Spectacle honteux ! un empereur était traîné à la suite d'un autre vaisseau, comme dans un vaisseau captif ! Les fleuves mêmes et les rivières ont été témoins de cette infamie. Le Danube et le Rhin se plaisaient à promener ainsi notre honte. Et il était aussi déshonorant pour l'empire qu'un tel spectacle fût étalé devant les aigles romaines, devant nos drapeaux, devant notre rive, qu'aux yeux des ennemis ; de ces ennemis qui aiment à parcourir sur des barques, ou à traverser en nageant ces mêmes fleuves, hérissés de glaçons ou débordés dans les campagnes, aussi bien que lorsqu'ils ont repris

illa nunc rigentia gelu flumina, aut campis superfusa, nunc liquida ac deferentia lustrare navigiis, nandoque superare. Nec vero laudaverim per se magnopere duritiam corporis ac lacertorum : sed si his validior toto corpore animus imperitet, quem non fortunæ indulgentiæ molliant, non copiæ principales ad segnitiem luxumque detorqueant; tunc ego, seu montibus seu mari exerceatur, et lætum opere corpus, et crescentia laboribus membra mirabor. Video enim jam inde antiquitus maritos dearum, ac deorum liberos, nec generis præstantia, nec dignitate nuptiarum magis quam his artibus inclaruisse. Simul cogito, quum sint ista ludus et avocamentum hujus, quæ quantæque sint illæ seriæ et intentæ, et a quibus se in tale otium recipit, voluptates. Sunt enim voluptates, quibus optime de cujusque gravitate, sanctitate, temperantia creditur. Nam quis adeo dissolutus, cujus non occupationibus aliqua species severitatis insideat? Otio prodimur. An non plerique principes hoc idem tempus in aleam, stupra, luxum conferebant? quum seriarum laxamenta curarum vitiorum contentione supplerent.

LXXXIII. Habet hoc primum magna fortuna, quod nihil tectum, nihil occultum esse patitur; principum vero non modo domos, sed cubicula ipsa intimosque secessus recludit, omniaque arcana noscenda famæ proponit atque explicat. Sed tibi, Cæsar, nihil accommoda-

leurs cours, et se sont renfermés dans leur lit. Ce n'est pas que la force du corps, mérite par elle-même de grandes louanges : mais si le corps est animé par une âme encore plus forte, par une âme que les faveurs de la fortune ne puissent amollir, ni l'opulence du rang suprême pousser au luxe et à la mollesse, alors que cette force se déploie sur les montagnes ou sur la mer, j'admirerai un corps qui se plaît dans les fatigues, des membres qui se fortifient dans les travaux. Je remarque, en remontant jusqu'aux siècles les plus reculés, que ceux qui épousaient les déesses, ou qui étaient enfans des dieux, n'ont pas été plus illustrés par l'éclat de leur origine ou de leur alliance[120], que par ces nobles travaux. Je me représente quelles doivent être les sérieuses occupations d'un empereur, pour qui de tels exercices ne sont que des amusemens et des jeux ; car il est des plaisirs par lesquels on peut fort sainement juger de la sagesse, de l'innocence, de la modestie d'un homme. Le plus déréglé sait se donner quelques dehors de gravité dans ses occupations ; mais le loisir nous montre tels que nous sommes. Les autres princes n'employaient-ils pas tout le leur au jeu, à la débauche et au luxe ? Pour se délasser, ils faisaient succéder à leur application aux affaires, leur application aux vices.

LXXXIII. Une haute fortune a cela de particulier, qu'elle découvre, qu'elle éclaire toutes nos actions : elle ouvre à la Renommée non-seulement le palais des princes, mais l'intérieur même de leur demeure, leurs retraites les plus cachées. Pour vous, César, rien ne peut vous être plus glorieux que d'être vu dans le secret. Il

tius fuerit ad gloriam, quam penitus inspici. Sunt quidem præclara quæ in publicum profers; sed non minora ea quæ limine tenes. Est magnificum, quod te ab omni contagione vitiorum reprimis ac revocas, sed magnificentius, quod tuos. Quanto enim magis arduum est alios præstare quam se, tanto laudabilius, quod, quum ipse sis optimus, omnes circa te similes tui effecisti. Multis illustribus dedecori fuit aut inconsultius uxor assumpta, aut retenta patientius. Ita foris claros domestica destruebat infamia; et ne maximi cives haberentur hoc efficiebat, quod mariti minores erant. Tibi uxor in decus et gloriam cedit. Quid enim illa sanctius? quid antiquius? Nonne, si pontifici maximo deligenda sit conjux, aut hanc, aut similem (ubi est autem similis?) elegerit? Quam illa nihil sibi ex fortuna tua, nisi gaudium vindicat! quam constanter, non potentiam tuam, sed ipsum te reveretur! Idem estis invicem quod fuistis: probatis ex æquo; nihilque vobis felicitas addidit, nisi quod scire cœpistis, quam bene uterque vestrum felicitatem ferat. Eadem quam modica cultu! quam parca comitatu! quam civilis incessu! Mariti hoc opus, qui ita imbuit, ita instituit. Nam uxori sufficit obsequii gloria. An quum videat quam te nullus terror, nulla comitetur ambitio, non et ipsa cum silentio incedat? ingredientemque pedibus maritum, in quantum patitur

faut admirer sans doute les actions dont vous nous rendez tous témoins : mais ce que vous renfermez dans l'intérieur de votre vie privée n'est pas moins admirable. Il est beau de vous défendre vous-même de la contagion des vices ; il est plus beau encore d'en garantir ceux qui vous approchent. On le sait : il est plus difficile de faire pratiquer la vertu que de la pratiquer soi-même. Qu'il est donc glorieux pour le plus vertueux des princes de rendre ceux qui l'entourent aussi vertueux que lui ! C'est une tache pour beaucoup d'hommes illustres d'avoir mal choisi leur femme, ou de n'avoir pas su la répudier [121]. Ainsi leur honte domestique ternissait tout l'éclat qu'ils avaient acquis au dehors ; et parce qu'ils étaient des maris trop indulgens, on ne les regardait que comme des hommes médiocres. Pour vous, César, la femme [122] que vous avez épousée ajoute à votre gloire : rien de si accompli, rien de si respectable qu'elle. Si le grand pontife avait à se choisir une femme, ne faudrait-il pas que son choix tombât sur elle, ou sur une femme semblable [123] ? Et comment en trouver une semblable ? Paraît-elle se ressentir de votre élévation, si ce n'est par la joie qu'elle éprouve ? Rien approche-t-il de la constante vénération qu'elle montre, non pour votre puissance, mais pour votre personne ? Vous êtes toujours l'un pour l'autre ce que vous étiez naguère : vous avez l'un pour l'autre la même estime ; et tout ce que votre fortune ajoute à votre bonheur, c'est de vous avoir appris à tous deux combien vous êtes dignes d'en jouir. Quelle simplicité dans sa parure, et dans le cortège qui la suit ! quelle affabilité dans ses manières ! C'est l'ouvrage de son mari ; c'est à lui qu'elle doit ces heureuses habitudes, ces leçons salutaires : car il suffit à la gloire d'une épouse

sexus, imitetur? Decuerit hoc illam, etiamsi diversa tu facias. Sub hac vero modestia viri, quantam debet verecundiam uxor marito, femina sibi!

LXXXIV. Soror autem tua, ut se sororem esse meminit! ut in illa tua simplicitas, tua veritas, tuus candor agnoscitur! ut, si quis eam uxori tuæ conferat, dubitare cogatur, utrum sit efficacius ad recte vivendum, bene institui, aut feliciter nasci. Nihil est tam pronum ad simultates quam æmulatio, in feminis præsertim : ea porro maxime nascitur ex conjunctione, alitur æqualitate, exardescit invidia, cujus finis est odium. Quo quidem admirabilius existimandum est, quod mulieribus duabus in una domo, parique fortuna, nullum certamen, nulla contentio est. Suspiciunt invicem, invicem cedunt; quumque te utraque effusissime diligat, nihil sua putant interesse, utram tu magis ames. Idem utrique propositum, idem tenor vitæ, nihilque ex quo sentias duas esse. Te enim imitari, te subsequi student. Ideo utraque mores eosdem, quia utraque tuos, habet. Inde moderatio, inde etiam perpetua securitas. Neque enim unquam periclitabuntur esse privatæ, quæ non desie-

de savoir suivre les sages conseils. La terreur et le faste ne marchent pas à votre suite : elle le sait, et aucune pompe n'accompagne ses pas. Elle voit l'empereur allant à pied dans Rome ; elle l'imite, autant que le permet la faiblesse de son sexe. Il lui conviendrait de vivre de la sorte, quand vous en useriez autrement : mais quand un mari montre tant de modération, combien ne doit pas avoir de retenue une femme qui le respecte et qui se respecte elle-même ?

LXXXIV. Et votre sœur [124], qu'elle sait bien se souvenir que Trajan est son frère ! Comme on reconnaît en elle votre droiture, votre franchise, votre candeur ! Si on la compare à votre auguste épouse, on ne pourra dire s'il est plus utile, pour vivre vertueux, d'avoir un heureux naturel, ou un excellent maître ? Rien n'est plus propre à faire naître des dissensions, que cette rivalité ordinaire entre les femmes, qui naît souvent entre parens, qui s'entretient par l'égalité, qui s'irrite par la jalousie, et dégénère enfin en haine implacable. C'est ce qui doit nous faire regarder comme un prodige de vertu, qu'entre deux femmes qui habitent la même maison, dont la fortune est égale, on ne voie jamais la moindre dispute. Elles se respectent, elles se cèdent tour-à-tour ; et, quoique toutes deux vous aiment très-tendrement, elles pensent n'avoir aucun intérêt à connaître laquelle des deux vous aimez le plus. Même volonté, même conduite ; rien qui puisse vous faire apercevoir que ce sont deux personnes. Elles s'étudient à l'envi à vous imiter, à suivre vos traces ; et elles n'ont toutes deux les mêmes mœurs, que parce qu'elles ont les vôtres. De là vient cette modération qui ne se dément point ; de là vient qu'elles n'ont à craindre aucun changement de

runt. Obtulerat illis senatus cognomen Augustarum, quod certatim deprecatae sunt, quamdiu appellationem Patris patriae tu recusasses; seu quod plus esse in eo judicabant, si uxor et soror tua, quam si Augustae dicerentur. Sed quaecumque illis ratio tantam modestiam suasit, hoc magis dignae sunt, quae in animis nostris et sint et habeantur Augustae, quia non vocantur. Quid enim laudabilius feminis, quam si verum honorem non in splendore titulorum, sed in judiciis hominum reponant? magnisque nominibus pares se faciant, etiam dum recusant?

LXXXV. Jam etiam et in privatorum animis exoleverat priscum mortalium bonum amicitia, cujus in locum migraverant assentationes, blanditiae, et pejor odio amoris simulatio. Etenim in principum domo nomen tantum amicitiae, inane scilicet irrisumque, remanebat. Nam quae poterat esse inter eos amicitia, quorum sibi alii domini, alii servi videbantur? Tu hanc pulsam et errantem reduxisti. Habes amicos, quia amicus ipse es. Neque enim, ut alia subjectis, ita amor imperatur; neque est ullus affectus tam erectus, et liber, et dominationis impatiens, nec qui magis vices exigat. Potest fortasse princeps inique, potest tamen odio esse nonnullis, etiamsi ipse non oderit : amari, nisi ipse amet, non

fortune : car elles ne courent point risque de se voir contraintes à rentrer dans la vie privée, puisqu'elles n'en sont jamais sorties. Le titre d'Augustes leur avait été offert par le sénat; elles l'ont unanimement rejeté, tant que vous avez refusé le nom de Père de la patrie. Peut-être croyaient-elles que les titres d'Augustes étaient moins honorables pour elles, que ceux de femme et de sœur de Trajan. Mais quelle que soit la raison qui leur a inspiré tant de modestie, c'est parce qu'elles ne sont pas appelées de ce nom, qu'elles sont plus dignes d'en être honorées dans nos cœurs. Car quelles femmes méritent mieux nos éloges, que celles qui savent mettre le véritable honneur, non dans la magnificence des titres, mais dans l'approbation publique, et qui, par le refus qu'elles font des plus grands noms, n'en voient aucun au dessus d'elles?

LXXXV. L'amitié, ce bien le plus ancien dont jouissent les mortels, était bannie du commerce ordinaire de la vie, et remplacée par les flatteries, les trompeuses caresses, et des dehors d'amitié plus dangereux que la haine. Si le nom d'amitié était encore connu dans la maison des princes, il n'y était qu'un objet de mépris et de raillerie. Quelle amitié pouvait régner entre des personnes, dont les uns se croyaient maîtres, les autres esclaves? Vous l'avez rappelée d'un long exil. Vous avez des amis, parce que vous savez être ami. Car un prince ne commande point l'amitié, comme il peut commander le reste. Ce sentiment veut être libre : il est généreux, ennemi de la contrainte, et il exige rigoureusement autant qu'il donne. Le prince peut être quelquefois haï de ceux qu'il ne hait pas : mais, s'il n'aime, il n'est pas possible qu'il soit aimé. Vous aimez donc, puisqu'on vous aime :

potest. Diligis ergo, quum diligaris, et in eo, quod utrinque honestissimum est, tota gloria tua est, qui, superior factus, descendis in omnia familiaritatis officia, et in amicum ex imperatore submitteris: immo tunc maxime imperator, quum amicum ex imperatore agis. Etenim quum plurimis amicitiis fortuna principum indigeat, praecipuum est principis opus, amicos parare. Placeat tibi semper haec secta, et quum alias virtutes tuas, tum hanc constantissime teneas, nec unquam persuadeatur, humile esse principi, nisi odisse. Jucundissimum est in rebus humanis amari, sed non minus amare: quorum utroque ita frueris, ut, quum ipse ardentissime diligas, adhuc tamen ardentius diligaris; primum, quia facilius est unum amare quam multos; deinde, quia tibi amicos tuos obligandi adest facultas tanta, ut nemo possit te, nisi ingratus, non magis amare.

LXXXVI. Operae pretium est referre, quod tormentum tibi injunxeris, ne quid amico negares. Dimisisti optimum virum, tibique carissimum, invitus et tristis, et quasi retinere non posses. Quantum amares eum, desiderio expertus es, distractus separatusque, dum cedis et vinceris. Ita, quod fando inauditum, quum princeps et principis amicus diversa velletis, id potius factum est quod amicus volebat. O rem memoriae litterisque

et c'est cette affection réciproque, aussi honorable pour vous que pour vos amis, qui fait toute votre gloire. Devenu supérieur, vous descendez à tous les devoirs de l'amitié; vous abaissez l'empereur jusqu'à l'ami. Que dis-je? vous n'êtes jamais plus empereur que quand l'amitié semble vous faire oublier votre rang. Car la fortune des princes a besoin de beaucoup d'amis, et c'est un des soins les plus importans d'un prince que de s'en acquérir. Restez toujours attaché à cette opinion; qu'entre tant d'autres vertus que vous possédez, celle-là vous soit toujours particulièrement précieuse; et ne vous laissez jamais persuader que de tous les sentimens la haine est le seul qui n'avilit pas les princes [125]. C'est un des plus grands plaisirs de la vie que celui d'être aimé, mais le plaisir d'aimer n'est pas moins grand. Vous jouissez pleinement de l'un et de l'autre; et si vous aimez avec ardeur, on vous aime encore plus tendrement. C'est que d'abord il est plus facile à plusieurs d'en aimer un seul, qu'à un seul d'en aimer plusieurs. Ensuite, vous avez tant d'occasions de faire du bien à vos amis, qu'ils ne peuvent, sans ingratitude, se dispenser de vous aimer plus qu'ils ne sont aimés de vous.

LXXXVI. Ici, je ne puis m'empêcher de parler de la violence que vous vous êtes faite pour épargner un refus à un ami [126]. Il était digne, par ses vertus, de la tendresse que vous aviez pour lui : vous avez forcé votre cœur à lui accorder la retraite qu'il demandait, comme si vous n'eussiez pas eu le droit de le retenir. Vos regrets vous ont appris à quel point vous l'aimiez : en déférant, en cédant à son vœu, vous avez senti votre âme se déchirer. Ainsi donc on aura vu pour la première fois, dans cette opposition de volontés entre le prince et l'ami du prince,

mandandam! præfectum prætorii non ex ingerentibus, sed ex subtrahentibus legere; eumdemque otio, quod pertinaciter amet, reddere; quumque sis ipse distentus imperii curis, non quietis gloriam cuiquam invidere. Intelligimus, Cæsar, quantum tibi pro laboriosa ista statione et exercita debeamus, quum otium a te, tanquam res optima, et petatur, et detur. Quam ego audio confusionem tuam fuisse, quum digredientem prosequereris! Prosecutus enim, nec temperasti tibi, quominus exeunti in littore amplexus osculum ferres. Stetit Cæsar in illa amicitiæ specula, precatusque maria, celeremque (si tamen ipse voluisset) recursum; nec sustinuit recedentem non etiam atque etiam votis, lacrymis sequi. Nam de liberalitate taceo : quibus enim muneribus æquari hæc cura principis, hæc patientia potest, qua meruisti, ut ille sibi nimium fortis, ac prope durus videretur? Nec dubito, quin agitaverit secum, an gubernacula retorqueret : et fecisset, nisi quod pæne ipso contubernio principis felicius jucundiusque est desiderare principem desiderantem. Et ille quidem ut maximo fructu suscepti, ita majore depositi officii gloria fruitur : tu autem facilitate ista consecutus es, ne quem retinere videaris invitum.

celle de l'ami prévaloir. Action digne de souvenir, digne
d'être immortalisée par l'histoire ! Choisir un préfet du
prétoire, non entre ceux qui briguent cette charge, mais
entre ceux qui s'en éloignent, et qui la craignent! quand
on l'a dignement choisi, le rendre à la vie privée, qu'il
aime toujours avec passion ! et pendant que vous ne cessez de vous livrer vous-même à tous les soins de l'empire, n'envier point aux autres la douceur d'un agréable repos ! C'est maintenant, César, que nous compre-
nons tout ce que vous doit la république, pour tant de
soins et de travaux, quand nous voyons demander et
obtenir le repos, comme le plus désirable des biens.
Quelle n'était pas, m'a-t-on dit, votre douleur, quand
vous avez accompagné votre ami à son départ ! Car
vous avez voulu l'accompagner, et vous n'avez pas pu
vous empêcher de l'embrasser sur le rivage. César s'est
arrêté dans ce lieu, où tous les yeux ont pu juger de
ses tendres sentimens ; et, après avoir souhaité des vents
favorables et un prompt retour à son ami, s'il lui arrivait toutefois de le désirer lui-même, il l'accompagna
de ses vœux et de ses larmes long-temps après son départ. Je ne dis rien de vos libéralités : quelles libéralités
pouvaient égaler cette sollicitude, cette résignation du
prince ? Un si rare dévouement méritait que votre ami se
reprochât son courage comme une dureté ; et je ne doute
pas qu'il n'ait été plus d'une fois prêt à regagner le port;
et il l'eût fait, s'il n'eût été persuadé que le plaisir de
rester auprès du prince, parmi ses plus intimes amis,
avait quelque chose de moins vif et de moins flatteur
que celui de regretter un prince qui nous regrette. Ainsi
il goûte à la fois, et toute la douceur d'une si glorieuse
récompense, et tout l'honneur d'une abdication plus

LXXXVII. Civile hoc erat et parenti publico convenientissimum, nihil cogere, semperque meminisse, nullam tantam potestatem cuiquam dari posse, ut non sit gratior potestate libertas. Dignus es, Caesar, qui officia mandes deponere optantibus; qui petentibus vacationem, invitus quidem, sed tamen tribuas; qui ab amicis orantibus requiem non te relinqui putes; qui semper invenias, et quos ex otio revoces, et quos otio reddas. Vos quoque, quos parens noster familiariter inspicere dignatur, fovete sancte judicium ejus, quod de vobis habet : hic vester labor est. Princeps enim, quum in uno probavit amare se scire, vacat culpa, si alios minus amat. Ipsum quidem quis mediocriter diligat, quum leges amandi non det, sed accipiat? Hic praesens, ille mavult absens amari : uterque ametur, ut mavult : nemo in taedium praesentia, nemo in oblivionem absentia veniat. Tenet quisque locum quem semel meruit; faciliusque est, ut oculis ejus vultus absentis, quam ut animo caritas excidat.

LXXXVIII. Plerique principes, quum essent civium domini, libertorum erant servi : horum consiliis, horum nutu regebantur : per hos audiebant, per hos loquebantur : per hos praeturae etiam et sacerdotia et

glorieuse encore. Et vous, César, par votre bonté, vous aurez à jamais prévenu le soupçon de retenir quelqu'un contre son gré.

LXXXVII. Il était digne d'un citoyen, digne surtout du père de la patrie, de ne jamais contraindre, et de se souvenir toujours qu'il n'est point de puissance à laquelle on ne préfère la liberté. Il était digne de vous, César, de confier les charges à des hommes qui souhaitent de les quitter; d'accorder, quoique malgré vous, le bienfait de la retraite à ceux qui le demandent; de ne point croire que vos amis, en cherchant le loisir, ne songent qu'à s'éloigner de vous; enfin, de trouver toujours des hommes à appeler du repos aux affaires, des affaires au repos. Et vous, que le père de la patrie daigne regarder avec bienveillance, entretenez soigneusement l'estime qu'il a pour vous : c'est un soin qui vous regarde. Car le prince, lorsqu'il a prouvé par un seul ami qu'il sait aimer avec choix, est justifié d'en aimer d'autres un peu moins. Et comment pourrait-on l'aimer médiocrement, lui qui ne prescrit point de lois dans l'amitié, mais qui les reçoit? L'un veut être aimé présent, l'autre absent : il les aime tous deux de la manière qui leur plaît. L'assiduité n'attire point son dégoût, ni l'absence son oubli. Chacun conserve toujours la place qu'il a méritée; et les traits des absens échapperaient plutôt à sa mémoire, que l'amitié qu'il a pour eux ne sortirait de son cœur.

LXXXVIII. La plupart de nos empereurs, tyrans des citoyens, étaient esclaves de leurs affranchis [127] : ils se gouvernaient par leurs conseils, par leurs caprices; ils n'entendaient, ils ne parlaient que par eux. Par eux, on obtenait la préture, le sacerdoce et le consulat : ou plu-

consulatus, immo et ab his petebantur. Tu libertis tuis summum quidem honorem, sed tanquam libertis habes; abundeque sufficere his credis, si probi et frugi existimentur. Scis enim præcipuum esse indicium non magni principis magnos libertos. Ac primum neminem in usu habes, nisi aut tibi, aut patri tuo, aut optimo cuique dilectum : statimque hos ipsos quotidie deinde ita formas, ut se non tua fortuna, sed sua metiantur, tanto magis digni, quibus honor omnis præstetur a nobis, quia non est necesse. Justisne de causis senatus populusque romanus *Optimi* tibi cognomen adjecit? Paratum id quidem et in medio positum, novum tamen. Scias neminem ante meruisse, quod non erat excogitandum, si quis meruisset. An satius fuit *Felicem* vocare? quod non moribus, sed fortunæ datum est. Satius, *Magnum?* cui plus invidiæ quam pulchritudinis inest. Adoptavit te optimus princeps in suum, senatus in *Optimi* nomen. Hoc tibi tam proprium, quam paternum, nec magis definite distincteque designat, qui Trajanum, quam qui *Optimum* appellat; ut olim frugalitate Pisones, sapientia Lælii, pietate Metelli monstrabantur : quæ simul omnia uno isto nomine continentur. Nec videri potest optimus, nisi qui est omnibus optimis in sua cujusque laude præstantior. Merito tibi ergo post ceteras appellationes hæc est addita, ut

tôt, c'était à eux qu'il fallait les demander. Vous, vous avez beaucoup d'égards pour vos affranchis, mais vous ne les considérez que comme des affranchis ; et vous croyez qu'ils sont assez honorés, s'ils passent pour gens de bien. Vous savez que rien ne trahit mieux la petitesse du prince que la grandeur des affranchis. Et d'abord vous n'employez personne qui n'ait mérité d'être distingué, ou par vous, ou par votre père, ou par quelque citoyen recommandable [128]. Ensuite, vous les formez chaque jour à ne pas se mesurer à votre fortune, mais à la leur, et ils méritent d'autant mieux notre considération, que nous ne sommes pas forcés de la leur accorder. Est-ce avec justice que le sénat et le peuple romain vous ont nommé *le Très-Bon ?* Il ne fallait point être fort ingénieux, ni prendre bien de la peine pour trouver ce surnom : pourquoi donc ne l'a-t-on pas donné à vos prédécesseurs ? C'est qu'aucun d'eux ne l'avait encore mérité. On n'aurait pas été si long-temps à l'imaginer, si l'on eût trouvé à l'appliquer. Était-il plus désirable d'être appelé l'*Heureux*, surnom qui se donne à la fortune, et non aux mœurs ? Y avait-il plus d'avantage à être appelé *grand*, nom qui attire plus d'envie qu'il ne donne d'éclat ? Un prince très-bon, en vous adoptant, vous a reconnu digne de lui ; et le sénat a confirmé son jugement, lorsqu'il vous a surnommé *le Très-Bon.* Ce nom ne vous est pas moins propre que celui que vous tenez de votre illustre père. Le nom de Trajan ne vous désigne pas plus clairement que celui de *Très - Bon.* C'est ainsi qu'autrefois la frugalité désignait les Pisons, la sagesse les Lélius, la piété les Metellus. Toutes ces différentes vertus sont renfermées dans le nom qui vous a été déféré. Car nul ne peut être estimé très-bon, s'il

major. Minus est enim Imperatorem, et Cæsarem, et Augustum, quam omnibus Imperatoribus, et Cæsaribus, et Augustis esse meliorem. Ideoque ille parens hominum deorumque, *Optimi* prius, deinde *Maximi* nomine colitur: quo præclarior laus tua, quem non minus constat optimum esse quam maximum. Assecutus es nomen, quod ad alium transire non possit, nisi ut appareat in bono principe alienum, in malo falsum; quod licet omnes postea usurpent, semper tamen agnoscetur ut tuum. Etenim, ut nomine Augusti admonemur ejus, cui primum dicatum est; ita hæc *Optimi* appellatio nunquam memoriæ hominum sine te recurret; quotiesque posteri nostri *Optimum* aliquem vocare cogentur, toties recordabuntur, quis meruerit vocari.

LXXXIX. Quanto nunc, dive Nerva, gaudio frueris, quum vides et esse optimum, et dici, quem tanquam optimum elegisti! quam lætum tibi, quod comparatus filio tuo vinceris! Neque enim alio magis approbatur animi tui magnitudo, quam quod optimus ipse non timuisti eligere meliorem. Sed et tu, pater Trajane (nam tu quoque si non sidera, proximam tamen sideribus obtines sedem), quantam percipis voluptatem, quum illum

n'est, en tous genres de vertus, au dessus de ceux qui ont excellé dans chacune. C'est donc avec justice qu'à tous vos autres titres on a ajouté celui-ci, comme au dessus de tous les autres. Car être empereur, être César, être Auguste, c'est infiniment moins que d'être meilleur que tous les empereurs, tous les Césars et tous les Augustes. Aussi le premier nom sous lequel nous invoquons le père des dieux et des hommes, c'est celui de Très-Bon; celui de Très-Grand ne vient qu'après. Ce titre vous fait donc d'autant plus d'honneur, que certainement vous n'êtes pas moins le plus grand, que le meilleur de tous les princes. Vous avez acquis un nom qui ne saurait passer à d'autres : porté par un bon prince, il semblerait encore usurpé; donné à un mauvais prince, il ne tromperait personne. Que tous vos successeurs s'en décorent, on reconnaîtra toujours qu'il ne peut appartenir qu'à vous. Comme le nom d'Auguste rappelle celui qui l'a porté le premier, ainsi le nom de *Très-Bon* ne frappera plus les oreilles des hommes, sans leur rappeler l'idée de vous : et toutes les fois que la postérité sera obligée de donner à un prince le nom de *Très-Bon*, elle se souviendra de celui qui a vraiment mérité ce titre.

LXXXIX. Divin Nerva, quelle est maintenant votre joie, quand vous voyez celui que vous aviez choisi comme le plus digne, être aujourd'hui le meilleur des hommes, comme il en reçoit le nom! Quel plaisir pour vous d'avoir un fils que l'on vous compare et qui l'emporte sur vous! Car rien ne prouve mieux la grandeur de votre âme, que de n'avoir pas craint de choisir un prince qui vous efface encore en grandeur. Et vous, à qui notre empereur doit le jour, illustre Trajan (qui avez place au moins entre les héros, si vous ne l'avez

tribunum, illum militem tuum, tantum imperatorem, tantum principem cernis! cumque eo qui adoptavit amicissime contendis, pulchriusne fuerit genuisse talem, an elegisse! Macte uterque ingenti in rempublicam merito, cui hoc tantum boni contulistis. Licet alteri vestrum filii virtus triumphalia, coelum alteri dederit, non minor tamen vestra laus, quod ista per filium, quam si ipsi meruissetis.

XC. Scio, patres conscripti, quum ceteros cives, tum praecipue consules oportere sic affici, ut se publice magis quam privatim obligatos putent. Ut enim malos principes rectius pulchriusque est ex communibus injuriis odisse, quam propriis, ita boni speciosius amantur ob ea quae generi humano, quam quae hominibus praestant. Quia tamen in consuetudinem vertit, ut consules, publica gratiarum actione perlata, suo quoque nomine, quantum debeant principi, profiteantur, concedite me non pro me magis munere isto, quam pro collega meo Cornuto Tertullo, clarissimo viro, fungi. Cur enim non pro illo quoque gratias agam, pro quo non minus debeo? praesertim quum indulgentissimus imperator in concordia nostra ea praestiterit ambobus, quae si tantum in alterum contulisset, ambos tamen aequaliter obligasset. Utrumque nostrum ille optimi cujusque spoliator

pas entre les dieux), quelle satisfaction ne goûtez-vous pas, quand vous voyez un tribun, un guerrier que vous avez formé, devenu un si grand empereur, un si glorieux prince, et que, dans un paisible débat, vous balancez avec Nerva l'honneur de lui avoir donné naissance et l'honneur de lui avoir donné l'empire [129]! Applaudissez-vous l'un et l'autre du service immense que vous avez rendu à la république. Quoique les vertus du fils aient obtenu à l'un les ornemens du triomphe, et à l'autre une place parmi les dieux [130], votre gloire n'est pas moindre, méritée par lui, que si vous l'aviez méritée par vous-même.

XC. Je sais, pères conscrits, que les bons citoyens, et surtout les consuls, doivent être bien plus touchés des bienfaits répandus sur la république, que des bienfaits répandus sur eux-mêmes : car s'il est plus juste et plus beau de haïr un tyran pour le mal qu'il fait à la patrie que pour l'injure qui nous est personnelle, il est aussi plus généreux d'aimer les bons princes pour leurs bienfaits envers le genre humain que pour leurs bienfaits envers quelques hommes. Cependant, puisque l'usage autorise les consuls, après les actions de grâces rendues au nom de la république, à rappeler en leur propre nom ce qu'ils doivent au prince, permettez-moi de m'acquitter de ce devoir pour mon illustre collègue Cornutus Tertullus, autant que pour moi. Pourquoi ne remercierais-je pas pour lui, quand je dois pour lui autant que pour moi-même? quand surtout, dans l'amitié qui nous unit, l'empereur n'aurait pas accordé à un seul les grâces qu'il a faites à tous deux, sans que nous lui eussions été tous deux également redevables. Tous deux, nous avions vu autrefois un tyran, avide des dépouilles

et carnifex stragibus amicorum, et in proximum jacto fulmine afflaverat. Iisdem enim amicis gloriabamur, eosdem amissos lugebamus; ac sicut nunc spes gaudiumque, ita tunc communis nobis dolor et metus erat. Habuerat hunc honorem periculis nostris divus Nerva, ut nos, etsi minus notos, ut bonos tamen, promovere vellet; quia mutati seculi signum et hoc esset, quod florerent, quorum præcipuum votum ante fuerat, ut memoriæ principis elaberentur.

XCI. Nondum biennium compleveramus in officio laboriosissimo et maximo, quum tu nobis, optime principum, fortissime imperatorum, consulatum obtulisti, ut ad summum honorem gloria celeritatis accederet. Tantum inter te et illos principes interest, qui beneficiis suis commendationem ex difficultate captabant, gratioresque accipientibus honores arbitrabantur, si prius illos desperatio, et tædium, et similis repulsæ mora, in notam quamdam pudoremque vertissent. Obstat verecundia, quominus percenseamus quo utrumque nostrum testimonio ornaris, ut amore recti, amore reipublicæ priscis illis consulibus æquaveris. Merito necne, neutram in partem decernere audeamus; quia nec fas est affirmationi tuæ derogare, et onerosum confiteri vera esse, quæ de nobis præsertim tam magnifica dixisti. Tu tamen dignus es, qui eos consules facias, de quibus

et du sang des meilleurs citoyens, massacrer à nos côtés nos plus chers amis [131], et les éclats de sa foudre retentir près de nous. Comme nous nous faisions un honneur d'avoir les mêmes amis, nous nous faisions un devoir de pleurer les mêmes malheurs : nous partagions alors la douleur et la crainte, comme nous partageons aujourd'hui l'espérance et la joie. Nerva crut qu'il devait honorer nos disgrâces : quoique nous fussions peu connus [132], il vit en nous des gens de bien, et voulut nous élever aux charges publiques, regardant comme un témoignage du changement de temps, qu'on vît briller alors ceux qui souhaitaient d'être oubliés du prince.

XCI. Nous n'avions pas encore passé deux ans dans d'importantes et pénibles fonctions [133], quand vous nous offrîtes le consulat, ô le meilleur des princes, le plus généreux des empereurs! Il semble que vous avez voulu ajouter à la gloire d'une si haute distinction, celle de n'avoir pas eu le temps de la désirer; tant il y a de différence entre vous et ces empereurs, qui croyaient augmenter le prix de leurs grâces par la difficulté de les obtenir! Ils s'imaginaient relever les dignités en flétrissant d'avance, par le découragement, par le dégoût, par des retards aussi pénibles qu'un refus, ceux auxquels ils devaient les accorder. La modestie ne nous permet pas de rappeler ici ce que vous avez daigné dire à notre avantage, quand vous nous avez égalés aux anciens consuls de la république, pour notre amour du bien et notre dévouement aux intérêts de l'État. Nous n'osons pas examiner si c'est avec justice, car il ne nous appartient pas de vous contredire; et nous ne pourrions, sans blesser la bienséance, reconnaître que la vérité n'a point manqué à ces éloges magnifiques, dont vous nous avez

possis ista prædicare. Tribuas veniam, quod inter hæc beneficia tua gratissimum est nobis, quod nos rursus collegas esse voluisti. Ita caritas mutua, ita congruens tenor vitæ, ita una eademque ratio propositi postulabat; cujus ea vis, ut morum similitudo concordiæ nostræ gloriam minuat; ac perinde sit mirum, si alter nostrum a collega, ac si a se ipso, dissentiat. Non ergo temporarium et subitum est, quod uterque collegæ consulatu, tanquam iterum suo, gaudet; nisi quod tamen, qui rursus consules fiunt, bis quidem, sed temporibus diversis obligantur : nos duos consulatus accipimus simul, simul gerimus, alterque in altero consules, sed iterum et pariter sumus.

XCII. Illud vero quam insigne, quod nobis præfectis ærario consulatum ante, quam successorem dedisti! Aucta est dignitas dignitate; neque continuatus tantum, sed geminatus est honor; finemque potestatis alterius! tanquam parum esset excipere, prævenit. Tanta tibi integritatis nostræ fiducia fuit, ut non dubitares, te salva diligentiæ tuæ ratione esse facturum, si nos post maximum officium privatos esse non sineres. Quid, quod eumdem in annum consulatum nostrum contulisti? Ergo non alia nos pagina, quam quæ te consulem, accipiet; et

comblés. Tout ce que nous pouvons dire sur ce sujet, c'est que vous méritez de faire des consuls à qui ils puissent convenir. Mais entre tant de bienfaits (pardonnez-nous si nous vous le disons), le plus agréable, c'est que nous vous devions d'être encore une fois collègues. Ainsi le demandait notre amitié réciproque, la conformité de nos goûts et de nos principes, si semblables, nous pouvons le dire, que la gloire de notre union en est diminuée : car il ne serait pas moins étonnant de nous voir opposés l'un à l'autre, que de voir l'un ou l'autre de nous n'être pas d'accord avec lui-même. Il n'est donc pas extraordinaire que nous nous réjouissions du consulat l'un de l'autre, comme si chacun de nous en avait obtenu un second. S'il y a quelque différence, c'est que ceux qui sont faits consuls une seconde fois ne jouissent que successivement de leurs deux consulats ; tandis que nous, nous les recevons, nous les exerçons à la fois : chacun de nous jouit du consulat de l'autre ; nous sommes, en même temps, deux fois consuls.

XCII. Mais ce qu'il y a de plus remarquable dans la grâce que vous nous avez faite, c'est que, pour nous donner le consulat, vous n'ayez pas attendu que nous fussions sortis de la charge de préfet du trésor public ; vous avez augmenté une dignité par l'autre ; vous ne nous avez pas seulement continué les honneurs, vous les avez doublés ; et une charge a prévenu la fin de l'autre, comme si c'eût été peu de la suivre. Vous avez eu si bonne opinion de notre intégrité, que vous avez cru ne rien faire contre les règles ordinaires, en ne souffrant pas qu'après avoir exercé une charge très-importante, nous demeurassions hommes privés. Ce n'est pas tout ; dans votre bonté, vous nous avez portés au consulat la

nostra quoque nomina addentur fastis, quibus ipse præscriberis. Tu comitiis nostris præsidere, tu nobis sanctissimum illud carmen præire dignatus es : tuo judicio consules facti, tua voce renuntiati sumus, ut idem honoribus nostris suffragator in curia, in campo declarator exsisteres. Nam quod eum potissimum mensem attribuisti, quem tuus natalis exornat, quam pulchrum nobis! quibus edicto, quibus spectaculo celebrare continget diem illum triplici gaudio lætum, qui principem abstulit pessimum, dedit optimum, meliorem optimo genuit. Nos sub oculis tuis augustior solito currus accipiet : nos inter secunda omina, et vota certantia, quæ præsenti tibi conferentur, vehemur alacres, et incerti ex utra parte major auribus nostris accidat clamor.

XCIII. Super omnia tamen prædicandum videtur, quod pateris consules esse quos fecisti. Quippe nullum periculum, nullus ex principe metus consulares animos debilitat et frangit; nihil invitis audiendum, nihil coactis decernendum erit. Manet manebitque honori veneratio sua; nec securitatem auctoritate perdemus. Ac si quid forte ex consulatus fastigio fuerit deminutum, nostra hæc erit culpa, non seculi. Licet enim quantum ad principem, licet tales consules agere, quales ante principes erant. Ullamne tibi pro beneficiis referre gratiam parem possumus? nisi tantum illam, ut semper nos memineri-

même année que vous? On verra donc nos noms écrits à la suite du vôtre, et placés dans les mêmes fastes. Vous n'avez pas dédaigné de présider à l'assemblée où nous avons été nommés, et de nous dicter vous-même les formules consacrées. Consuls par votre choix, c'est encore votre voix qui nous a proclamés : nous devions le consulat à vos suffrages dans le sénat, vous avez voulu déclarer notre élection dans le Champ-de-Mars. Et quelle gloire pour nous d'avoir été élus dans ce mois qu'embellit le jour de votre naissance! Quel honneur que d'avoir à célébrer ce jour, que trois grands évènemens consacrent à la joie immortelle du peuple romain! ce jour qui nous a délivrés d'un très-mauvais prince, qui nous en a donné un très-bon, et qui en a vu naître un meilleur [134]! Vous nous verrez donc montés fièrement sur un char, nous avancer avec une magnificence inaccoutumée, au milieu des auspices favorables, et des transports unanimes, incertains de quel côté ils éclatent avec plus d'ardeur.

XCIII. Ce qui met le comble à tant de grâces, vous souffrez que ceux que vous avez faits consuls le soient en effet. Nul danger, nulle crainte inspirée par le prince ne refroidit, n'abat le courage des consuls. Nous n'entendrons point ce que nous voudrions ne point entendre : nous n'ordonnerons rien malgré nous. Le respect dû au consulat lui est conservé tout entier; et l'autorité des consuls ne nuira point à leur sûreté. Si cette suprême magistrature perd quelque chose avec nous, ce ne sera pas la faute du siècle, ce sera la nôtre. Car il n'y a aucun obstacle de la part du prince à ce que nous exercions le consulat comme on l'exerçait avant le principat. Comment vous remercier dignement pour de tels bienfaits, si ce n'est de n'oublier jamais que nous avons été

mus consules fuisse, et consules tuos; ea sentiamus, ea censeamus quæ consularibus digna sunt; ita versemur in republica, ut credamus esse rempublicam; non consilium nostrum, non operam, subtrahamus; nec defunctos nos, et quasi dimissos consulatu, sed quasi adstrinctos et devinctos putemus; eumdemque locum laboris et curæ, quem reverentiæ dignitatisque, teneamus.

XCIV. In fine orationis præsides custodesque imperii deos ego consul pro rebus humanis, ac te præcipue, Capitoline Jupiter, precor, ut beneficiis tuis faveas, tantisque muneribus addas perpetuitatem. Audisti quæ malo principi precabamur; exaudi quæ pro dissimillimo optamus. Non te distringimus votis : non enim pacem, non concordiam, non securitatem, non opes oramus, non honores : simplex cunctaque ista complexum unum omnium votum est, *salus principis.* Nec vero nova tibi injungimus. Tu enim jam tunc illum in tutelam recepisti, quum prædonis avidissimi faucibus eripuisti. Neque enim sine auxilio tuo, quum altissima quæque quaterentur, hic, qui omnibus excelsior erat, inconcussus stetit. Præteritus est à pessimo principe, qui præteriri ab optimo non potuit. Tu clara judicii tui signa misisti, quum proficiscenti ad exercitum tuo nomine, tuo honore cessisti. Tu voce *imperatoris* quid sen-

consuls, et que nous l'avons été par votre choix? de penser, d'opiner comme il convient à des consulaires; de montrer, par notre zèle à servir la république, que nous croyons que la république existe en effet; de ne lui dérober ni nos conseils ni nos soins; de ne point croire qu'avec le consulat finissent nos devoirs envers la patrie, mais de le regarder comme un lien nouveau qui nous attache à ses intérêts; enfin de croire qu'il nous impose des travaux et des veilles, comme il nous a donné la considération et la dignité?

XCIV. En terminant ce discours, j'ose vous prier, dieux tutélaires et protecteurs de cet empire, vous surtout, Jupiter Capitolin, d'exaucer les vœux du consul, vous demandant, au nom du monde entier, de veiller sur vos propres bienfaits et d'en éterniser la durée. Vous avez été touchés des imprécations que nous faisions contre un mauvais prince; ne rejetez pas les vœux que nous faisons pour un prince qui lui ressemble si peu : nous ne vous fatiguerons point par leur nombre. Nous ne vous demandons ni la paix au dehors de l'empire, ni la tranquillité publique au dedans, ni une vie exempte de périls, ni des richesses, ni des honneurs. Nous ne formons qu'un simple vœu, qui seul comprend tous les autres; ce vœu c'est le salut du prince. Ce n'est point vous imposer une sollicitude nouvelle. N'est-ce pas vous seul qui l'avez visiblement conservé, lorsqu'il a échappé à la fureur de ce monstre si avide du sang romain? N'est-ce point par votre secours, alors que tout ce qu'il y avait de grand dans la république était ébranlé ou abattu, qu'il a pu se soutenir seul, lui le plus grand de tous par ses vertus? Il a été oublié par un prince barbare, lui qui a fixé les regards d'un bon prince! Pouviez-vous plus clai-

tires locutus, filium illi, nobis parentem, tibi pontificem maximum elegisti. Quo majore fiducia iisdem illis votis, quæ ipse pro se nuncupari jubet, oro et obtestor, *si bene rempublicam, si ex utilitate omnium regit*, primum ut illum nepotibus nostris ac pronepotibus serves; deinde ut quandoque successorem ei tribuas, quem genuerit, quem formaverit, similemque fecerit adoptato; aut si hoc fato negatur, in consilio sis eligenti, monstresque aliquem, quem adoptari in capitolio deceat.

XCV. Vobis, patres conscripti, quantum debeam, publicis etiam monumentis continetur. Vos mihi in tribunatu quietis, in prætura modestiæ, vos in istis officiis etiam, quæ è studiis nostris circa tuendos socios injunxeratis, cuncti constantiæ antiquissimum testimonium perhibuistis : vos proxime destinationem consulatus mei his acclamationibus approbavistis, ut intelligam etiam atque etiam enitendum mihi; ut hunc consensum vestrum complectar, et teneam, et in dies augeam. Etenim memini tunc verissime judicari, meruerit quis honorem, necne, quum adeptus est. Vos modo favete huic proposito et credite, si cursu quodam provectus ab illo insidiosissimo principe, antequam profiteretur odium

rement annoncer votre choix, qu'en lui donnant vos honneurs et votre nom, lorsqu'il alla prendre le commandement de l'armée.[135]? C'est vous qui, par la bouche de Nerva, l'avez déclaré son fils; c'est vous qui nous l'avez donné pour père, et qui l'avez choisi pour votre grand pontife. C'est donc avec confiance, dieu tout-puissant, que je vous conjure, selon le vœu même du prince, de le conserver à nos neveux et à nos descendans, tant qu'il gouverne l'État dans l'intérêt de tous, et de lui réserver pour successeur un fils qu'il ait formé, et qu'il ait su rendre tel qu'il en choisirait un, s'il l'adoptait. Que si les destinées envient ce bonheur à notre postérité, puissent vos inspirations régler le choix qu'il fera d'un successeur! Puissiez-vous lui en donner un digne d'être adopté dans le Capitole!

XCV. Pous vous, sénateurs, des monumens publics attestent tout ce que je vous dois. Vous avez daigné louer ma tranquillité dans le tribunat, ma modération dans la préture : vous avez tous rendu un glorieux témoignage à ma fermeté dans la défense de nos alliés, dont vous m'aviez confié la cause [136]. Enfin vous approuvâtes mon élection au consulat avec de telles acclamations, que je sens quels efforts je dois faire pour remplir, pour soutenir, pour surpasser même votre attente. C'est, je le sais, l'exercice même d'une charge, qui prouve si on la méritait. Daignez seulement seconder mes efforts, et m'accorder votre confiance, s'il est vrai qu'après m'être élevé assez rapidement aux honneurs sous un prince dissimulé, avant qu'il eût fait éclater sa haine contre les gens de bien, je sus m'arrêter tout à coup dès qu'il leva le masque; si j'ai préféré le chemin le plus long pour arriver aux suprêmes dignités, quoique je n'ignorasse pas comment

bonorum, postquam professus est, substiti; quum viderem quæ ad honores compendia paterent, longius iter malui; si malis temporibus inter mœstos et paventes, bonis inter securos gaudentesque numeror; si denique in tantum diligo optimum principem, in quantum invisus pessimo fui. Ego reverentiæ vestræ sic semper inserviam, non ut me consulem, et mox consularem, sed ut candidatum consulatus putem.

on pouvait l'abréger, si je partage la sécurité et le bonheur qu'offre aux bons citoyens l'époque où nous vivons, comme j'ai partagé dans les temps malheureux leurs inquiétudes et leurs larmes ; enfin, si j'aime le meilleur des princes autant que j'étais haï du plus méchant. Fidèle observateur du respect qui vous est dû, je me regarderai toujours, non point comme un consul et un futur consulaire, mais comme un candidat au consulat.

NOTES.

Les notes, en petit nombre, suivies des lettres D. S. sont de De Sacy, ou ont été empruntées du moins aux précédentes éditions de sa traduction. Toutes les autres sont nouvelles, et appartiennent à l'édition que nous publions.

PANÉGYRIQUE DE TRAJAN.

1. *Pères conscrits.* De Sacy a traduit *messieurs*, appellation trop appropriée aux usages de la société moderne, et qui ne convient pas plus aux sénateurs romains que celle de *patres conscripti* ne conviendrait aux membres de la chambre des pairs. Ceci rappelle que, dans Shakspeare, Antoine et César sont salués du nom de *mylords*.

2. *C'est Jupiter lui-même qui l'a choisi.* J'ai adopté la leçon de Gessner comme plus favorable à l'intelligence de la phrase. La leçon commune, suivie par De Sacy, est *repertus, electus est, quippe*, etc.

3. *Sait mettre de la différence.* C'est ainsi qu'il faut entendre *dilectum.* Cicéron a dit dans le même sens, *de Offic.*, 1, 41 : *Habere delectum civis et peregrini*; et *de Fin.*, 1, 10 : *Earum rerum hic tenetur a sapiente delectus.* Forcellini fait remarquer que, dans ces exemples, *dilectus* pourrait se mettre à la place de *delectus* : c'est la leçon d'excellentes éditions et de très-anciens manuscrits. Il est certain qu'on trouve plusieurs fois *dilectus* dans Festus, entre autres au mot *lacus* : *Ut in dilectu, censuve primi nominantur Valerius, Salvius*, etc.

4. *La beauté d'un efféminé*, etc. Domitien se piquait d'être beau, Néron d'être excellent comédien.

5. *Comme si ses vertus,* etc. Tout ce passage, depuis *quid nos ipsi? divinitatem principis nostri, an humanitatem,* etc., ne me semble pas avoir été entendu par De Sacy. Il traduit : *Nous-mêmes, selon que l'amour ou la joie nous transporte, n'élevons-nous pas jusqu'au ciel, et d'une commune voix, tantôt son air majestueux, tantôt sa douceur, et tantôt sa modération et sa tempérance ?* Cette phrase, ainsi entendue, ne se lie plus avec la précédente. Le peuple romain, a dit Pline, sait mettre de la différence entre les princes qui le gouvernent; les applaudissemens qu'il prodiguait à la voix ou à la beauté d'un tyran, il les donne aujourd'hui à la valeur, à la religion, à la clémence de Trajan. « Et nous, nous sénateurs, ajoute-t-il, ce n'est plus la divinité du prince que nous célébrons; au lieu de cette flatterie adressée aux Domitien et aux Néron, nous louons la douceur, la modération de notre prince. » Cette interprétation est commandée, avons-nous dit, par la liaison des idées; elle ne l'est pas moins par le texte même, qui porte *divinitatem, an humanitatem,* et non *divinitatem, aut humanitatem.*—La phrase suivante est ainsi traduite dans De Sacy : *qu'y a-t-il d'ailleurs qui convienne mieux à un citoyen et à un sénateur,* etc. Je vois là encore un contresens et un défaut de liaison dans les idées. Il est toujours question de la liberté de langage que le peuple et le sénat ont recouvrée sous Trajan. *Civile* et *senatorium* se rapportent, non à l'empereur qui reçoit le surnom de très-bon, mais à ceux qui le lui défèrent. N'est-ce pas agir en citoyens, en sénateurs d'un état libre, que de donner au prince ce modeste surnom d'*Optimus* qu'aurait dédaigné l'arrogance de ses prédécesseurs ? Même contresens dans la phrase qui suit : *quam commune, quam ex æquo, quod felices nos, felicem illum prædicamus,* ne signifie pas, *pourrait-on se récrier plus unanimement que nous le faisons sur son bonheur et sur le nôtre ?* mais, *n'est-ce pas agir, en quelque sorte, avec notre prince sur le pied d'égalité* (ex æquo), *que de vanter tour à tour son bonheur et le nôtre ?* etc. De Sacy n'a pas senti que, depuis *et populus quidem,* jusqu'à *nisi fuerit, comprecamur,* il n'y a qu'une seule et même idée, continuée et résumée dans les deux phrases qui suivent : *sentit sibi, non principi dici,* et *temperamentum omnes in illo subito pietatis calore servavimus.*

6. *En effet, vous acceptez,* etc. La traduction portait : *Ce n'est*

pas vous qui nous obligez à vous rendre cet honneur; c'est nous qui vous contraignons à le recevoir. C'était, je crois, un contresens. « Ce n'est pas moins un trait de modération, dit Pline, d'avoir « souffert ici votre éloge, que de l'avoir défendu ailleurs : en effet, « en l'acceptant, vous nous donnez une preuve de déférence, vous « cédez à notre tendresse; s'il nous est libre de nous taire, il ne « vous l'est pas tout-à-fait autant de vous refuser à nos éloges. » Tout cela est bien lié, et je ne sais pourquoi cette phrase a tant exercé les commentateurs. *Non a te ipsi tibi honor iste habetur*, quand tu permets qu'on te rende de solennelles actions de grâces, ce n'est pas un honneur que tu te rends à toi-même : *agentibus habetur*, tu le rends à ceux dont tu acceptes l'hommage. Cette explication répond à la question d'Ernesti, sur le sens de *a te tibi honor habetur*, et rend sa correction inutile : il voulait qu'on lût : *Non enim tibi honor iste, sed a te agentibus habetur?*

7. *Celui-là s'est fait respecter*, etc. Il y avait encore un contresens dans la traduction : *Celui-là s'est attiré le respect par la crainte*, disait M. De Sacy, *celui-ci l'amour par la douceur*. Il est vrai qu'au lieu de *humilitate*, il lisait *humanitate*; mais *humilitate* est le mot propre, comme l'ont bien senti Schwarz et Gesner. Ici, comme dans les phrases précédentes et suivantes, à côté d'une grande qualité, on place le défaut qui en diminue l'éclat.

8. *Croyant saluer Jupiter*, etc. Il y avait dans le temple une statue consacrée à Jupiter empereur. C'est ce Jupiter que le peuple entendait saluer, et c'est dans cette équivoque qu'est le présage.

(D. S.)

9. *Par la complaisance d'un mari pour une femme*. Auguste adopta Tibère par complaisance pour Livie sa femme, et l'empereur Claude adopta Néron à la sollicitation d'Agrippine.

10. *La tutelle du sénat et du peuple romain*. Quoique le texte joint à la traduction de De Sacy porte *senatum populumque romanum*, il avait traduit comme s'il y avait *senatus populique romani*, *les alliés du sénat et du peuple romain*. En conservant la leçon des plus anciens manuscrits et des meilleures éditions, j'ai changé la traduction : les empereurs, comme l'a fort bien remarqué Ges-

ner, avaient le sénat et le peuple sous leur direction et leur tutelle; l'expression de Pline est donc juste.

11. *Devant le lit sacré de Jupiter.* Les païens avaient dans les temples un lit consacré à la divinité qu'on y adorait.

12. *L'adoption même les fit naître.* Il désigne Pison, adopté par Galba.

13. *Pour un de ses fils seulement.* Vespasien, en faveur de Titus.

14. *Et de placer le lit sacré dans son temple.* Voir la note 11.

15. *Nos ennemis qui en désolaient la frontière.* Dans le texte, *cujus pulsi fugatique* se rapporte à *imperium*, et il faut convenir que *pellere et fugare imperium* est d'une latinité bien suspecte. J.-F. Gronovius proposait d'ajouter, après *contempserant*, ces mots : *quoniam imperator is*.

16. *Qu'à des conditions égales.* Pourquoi De Sacy a-t-il changé le sens en disant : *Nous ne pouvions plus même conclure de trèves à des conditions égales!* C'était une disgrâce et un avilissement pour les Romains de traiter à droit égal avec les autres peuples. Gesner a cité fort à propos, pour appuyer le sens de cette phrase, les deux passages suivans (Suet. *in Tiber.*, §. 53) : *Si non dominaris, filiola, injuriam te accipere existimas;* Tacit., *Ann.*, iv, 52 : *Ideo lædi, quia non regnaret.*

17. *Que nous en avons fait un vain plaisir*, etc. Je crois que De Sacy n'avait pas entendu la phrase. Il traduit : *Que les charmes de la volupté nous rendent les travaux de la guerre insupportables.* Il me semble que l'opposition *a labore ad voluptatem* ne fait que développer l'opposition précédente *a manibus ad oculos*. Nous n'aimons plus les combats, dit Pline, comme exercice du courage et de la force (*labore, manibus*), mais comme plaisir des yeux (*voluptatem, oculos*). Cette idée est encore reproduite dans la phrase suivante.

18. *Pour pénétrer en Germanie*, etc. J'ai supprimé dans le texte le mot *Hispaniam*, ajouté par quelques éditeurs : aucun manuscrit n'offre cette leçon. Les manuscrits et les premières éditions ont

Germaniamque; mais Schwarz et Gesner ont fort bien remarqué que *que* pouvait avoir été mis pour *quidem*, par une abréviation très-usitée. J'ai changé aussi tout cet endroit dans la traduction. De Sacy avait traduit : *Vous reçûtes ordre de passer dans la Germanie* (phrase qui ne se trouve pas dans le texte); *il vous fallait traverser des pays immenses, et marcher au milieu d'une infinité de nations* (version languissante et chargée de mots); *il vous faudrait franchir les Pyrénées et les Alpes...... qui semblaient opposer des barrières insurmontables à votre passage.* Dans le texte, *dirimunt muniuntque* a pour sujet *plurimæ gentes ac prope infinita vastitas interjacentis poli*, non moins que *Pyrenæus et Alpes*. Trajan était en Espagne quand il fut appelé en Germanie : voilà ce qui explique le détail *Pyrenæus et Alpes muniunt Germaniam*.

19. *Ce prince efféminé.* Domitien.

20. *Ce tyran cruel.* Eurysthée.

21. *Avec autant d'empressement que vous y cherchiez*, etc. Bossuet semble avoir imité ce passage dans son oraison funèbre du prince de Condé : « Les campemens de César firent son étude. Je
« me souviens qu'il nous ravissait en nous racontant comme en Ca-
« talogne, dans les lieux où ce fameux capitaine, par l'avantage
« des postes, contraignit cinq légions romaines et deux chefs expé-
« rimentés à poser les armes sans combats, lui-même il avait été
« reconnaître les rivières et les montagnes qui servirent à ce grand
« dessein; et jamais un si digne maître n'avait expliqué par de si
« doctes leçons les *Commentaires de César.* Les capitaines des siè-
« cles futurs lui rendront un honneur semblable. On viendra étu-
« dier sur les lieux ce que l'histoire racontera du campement de
« Pieton, etc., etc. »

22. *Cet honneur vous est réservé pour l'avenir.* C'est, à mon avis, le vrai sens du texte. Pline vient de parler de la gloire future de Trajan : *Veniet ergo tempus*, etc. Il se sert de cette transition, *verum hæc olim; in præsentia quidem*, etc., pour revenir à l'éloge de la gloire actuelle de son héros. De Sacy a traduit : *Mais c'est trop nous arrêter sur le passé, venons au présent.*

23. *Quelque roi barbare.* Décébale, roi des Daces, qui alors menaçait l'empire, et de qui Trajan triompha depuis.

24. *Retracées par de vives images*, etc. De Sacy a traduit tout simplement : *représentées au naturel*; il ajoute : *et chacun d'eux, les mains liées, marche ensuite*. Cela ne pouvait rester. J'ai cherché à exprimer l'idée représentée par *fercula*. Dans son sens le plus général, et conformément à son étymologie (*ferre*), *ferculum* désigne tout objet sur lequel on transporte. Il est employé pour signifier tantôt les plateaux sur lesquels on apportait les mets et les plats d'un service (Petron., xxxv, 66; Sueton., *in August.*, 74), tantôt les cadres sur lesquels s'élevaient les dépouilles et les images qui contribuaient à la pompe des triomphes (Cic., *Offic.* 1, 36; Suet., *in Jul.*, 37).

25. *Vous venez de mériter, par votre modération*, etc. Sur les bords du Rhin.

26. *Notre corps s'amollir avec notre courage*. De Sacy avait traduit : *notre courage s'amollit avec notre corps*. Ce renversement de la phrase latine m'a paru nuire au sens. La gradation la plus naturelle est ici du moral au physique, de l'esprit au corps. Ces princes se plaisaient à voir s'éteindre l'ardeur des Romains pour la guerre, et leurs corps même s'amollir avec leur courage.

27. *Les vertus du général*. J'ai trouvé dans le texte *inter imperatorem factum et futurum* : j'ai ajouté *brevi*, me conformant à la leçon de toutes les autres éditions, et vraisemblablement de tous les manuscrits.

28. *Vous êtes donc le seul*, etc. Rollin admire cette pensée de Pline, dont voici la traduction littérale : *Vous êtes le seul à qui il est arrivé d'être le père de la patrie avant de le devenir*. Ne faut-il pas plutôt citer ce trait comme un exemple du faux éclat répandu dans tout son style ?

29. *Et la manière même*, etc. De Sacy avait traduit : *Vit-on jamais entrée plus surprenante et plus agréable ?* ce qui n'est pas tout-à-fait le sens du latin : *Jam hoc ipsum, quod ingressus es, quam mirum lætumque! nam priores invehi et importari solebant*. Qui ne voit que toute l'idée est dans l'opposition des mots *ingredi* et *invehi ?* « Cela seul, dit Pline, que vous soyez entré (à pied), est « digne d'admiration et d'étonnement; car les autres empereurs

« s'étaient fait ou porter ou traîner. » J'ai rendu, autant que j'ai pu, cette opposition de mots, qui avait tout-à-fait disparu dans la version du traducteur.

30. *De le nommer par son nom.* C'était l'usage à Rome, pour faire honneur à quelqu'un, de le saluer par son propre nom.
(D. S.)

31. *D'être auparavant sous votre protection.* Le texte dit *sous votre clientelle.* Les petits, à Rome, se choisissaient un patron, dont ils se disaient les cliens. (D. S.)

32. *C'est qu'il n'était personne*, etc. De Sacy n'a pas, ce me semble, entendu cet endroit; il traduit : *c'est que le peuple, dans l'impatience d'aller au devant de vous, tombait sur vous.* Adstare signifie seulement *se tenir auprès;* comme dans ce vers de Térence (*Phorm.*, act. v, sc. 8, v. 27) : .... *ad fores Suspenso gradu ire perrexi; accessi, adstiti, Animam compressi, aurem admovi.* Ordinairement *adstare* se construit avec une préposition (Cic., pro Arch., 10) : *Quum Alexander in Sigæo ad Achillis tumulum adstitisset.* Cependant, la préposition étant renfermée déjà dans le verbe, on peut dire fort correctement *adstare aliquem.* Priscien (l. 18, p. 1181 du *Recueil de* Putschius) établit que *adstitit illum locum* est aussi latin que *adstitit illi loco* et que *adstitit circa illum locum.*

33. *Alors seulement.* J'ai rétabli *tunc* dans le texte : c'est la leçon que De Sacy avait adoptée. Dans d'anciennes éditions, dans Schwarz et dans Gesner, on trouve *deum tuum*, qu'on interprétait en imaginant que Pline avait voulu désigner Nerva. L'expression, ainsi entendue, ne serait-elle pas obscure et forcée?

34. *Que de victimes offertes!* De Sacy a lu sans doute *augusta*, et cependant le texte joint à sa traduction portait *angusta*, qui a été adopté aussi par Arntzenius et Schwarz.

35. *Par un privilège qui vous est propre.* Le traducteur avait omis une partie fort importante de l'idée, *solum te* : c'est le complément de la phrase précédente, *onerasset alium*, etc.

36. *La fortune, qui a tout changé autour de vous*, etc. Au lieu

de *eademque omnia*, j'ai rétabli dans le texte, d'après les meilleures éditions, *eadem, quæ omnia*.

37. *Sans paraître sentir l'honneur que vous nous faites.* De Sacy avait traduit, *comme si vous étiez un de nous* : c'est un contresens; *contingere* emporte une idée de faveur, de bienveillance, ou au moins d'heureux hasard. « Vous vous promenez parmi nous, sans « paraître savoir que c'est une faveur pour nous. » C'est en ce sens, comme l'a remarqué Gesner, que Martial a dit, XII, 6 : *Contigit Ausoniæ procerum mitissimus aulæ Nerva;* et que Pline lui-même a dit, c. 14 : *Apud eos semper major et clarior, quibus postea contigisses.*

38. *Vous vous rendez accessible, sans dessein de vous en prévaloir.* Je crois cette version plus exacte que celle de De Sacy, et l'on voit bien que ce n'est point par vanité que vous vous familiarisez. *Imputet* est pris dans le même sens que c. 39, où il est expliqué par les mots qui l'accompagnent : *Ipsum sibi eripere tot beneficiorum occasiones, tam numerosam obligandi imputandique materiam.*

39. *Et en confondant sur la terre*, etc. J'ai adopté *humus ista communis*, qui est approuvé par Ernesti. J'ai pour moi Gesner, Gierig et Arntzenius : il me semble qu'avec leur leçon, le sens est plus clair et la phrase plus naturelle.

40. *Quel soin n'avez-vous pas pris*, etc. Dans le texte de Schæfer, il y a *quantæ curæ*, que j'aime moins que *quantæque curæ* : les deux phrases me semblent plus convenablement liées par la conjonction.

41. *On les attendit.* Nous avons laissé dans le texte *exspectatus est*. Cette leçon nous semble avoir plus de vivacité que *exspectatum est provisumque*, adopté par plusieurs éditeurs, et entre autres par Schæfer.

42. *Le désir d'avoir des enfans.* Les Romains donnaient des privilèges à ceux qui avaient un certain nombre d'enfans, et établissaient des amendes contre ceux qui ne se mariaient pas.

(D. S.)

43. *Il soit à la fois agréable et utile*, etc. J'ai lu *libeat et expe-*

diat. Le texte joint à la traduction de De Sacy portait *libeat, expediat*.

44. *Tant d'autres actions*, etc. De Sacy avait traduit : *Il est temps de passer à d'autres actions sans nombre et non moins glorieuses*; ce qui est incorrect et même inexact : car le latin ne dit pas seulement, *il est temps de passer à d'autres actions*; il exprime le motif qui détermine l'auteur à ne pas s'arrêter plus long-temps sur les traits honorables dont il vient de parler. *Ta vie est si féconde en actions glorieuses* (numerosa gloria tua), *que je suis obligé de passer à l'éloge d'autres faits et d'autres vertus* (alio me vocat).

45. *Point de faute*, etc. Le traducteur avait supprimé cette phrase, je ne sais pourquoi : l'idée se répète dans la phrase suivante ; mais cette reproduction de la même idée sous des formes variées est un des traits caractéristiques du style de Pline le jeune, et il faut bien se garder de l'effacer.

46. *Nés d'une honnête famille*. Le texte dit *ingenuorum* : c'était proprement ceux dont l'aïeul était de condition libre. (D. S.)

47. *Et il ne se montrait pas*, etc. Tel est le sens de *civilius*; comme dans cette phrase de Suétone (*Tiber.*, c. 11) : *Genus vitæ civile admodum instituit, sine lictore aut viatore gymnasia obambulans*; et ces vers d'Ovide (*Trist.*, iv, élég. 4, v. 13) :

>   Ipse pater patriæ (quid enim civilius illo?)
>   Sustinet in nostro carmine sæpe legi.

De Sacy a donc traduit mal-à-propos, *et il ne rendit pas ce service à la république avec plus de douceur, il n'y apporta pas plus d'application, de sagesse et de soin*. Observez qu'il y a encore un contresens dans la seconde partie de cette phrase : elle se rapporte exclusivement à Trajan. Pompée, citoyen d'une république, n'a pas plus respecté la liberté républicaine en rendant tant d'importans services à la patrie, que Trajan, empereur, qui a tout fait par l'ascendant de ses vertus et de sa sagesse, sans avoir recours à la force des armes et aux ordres absolus.

48. *Qu'il avait coutume d'inonder*. J'ai rétabli dans le texte *mergi palanti amne*, fourni par plusieurs manuscrits et plusieurs an-

ciennes éditions. D'autres portent *mergi repararique amne*, qui s'entend fort bien. Gesner et Schæfer ont réuni les deux leçons, *mergi repararique palanti amne*. J'ai cru devoir m'en tenir à celle que De Sacy a adoptée pour sa traduction.

49. *De porter dans son fleuve et ses vaisseaux*, etc. De Sacy avait lu *in suis manibus*, et avait traduit *de tenir en ses mains et dans le sein de son fleuve*, etc. J'ai préféré *in navibus*, qui est approuvé par la plupart des commentateurs, et qui offre un sens plus naturel.

50. *Elle ne rougissait pas moins*, etc. Au lieu de *qua torquebatur*, j'ai lu, avec les meilleurs critiques, *quam torquebatur*, qui présente un plus beau sens.

51. *Quel autre fleuve*, etc. Juste-Lipse lisait à tort *alius annus*: j'ai changé cette leçon en *alius amnis*, que De Sacy avait d'ailleurs adopté pour sa traduction.

52. *La malignité.* Le texte joint à la traduction de De Sacy porte *nec benigna*; mais il a traduit comme s'il y eût eu *nec maligna*: cette dernière leçon est celle de toutes les bonnes éditions.

53. *Et contraindre le Nil*, etc. Ernesti et Gesner ont suspendu le sens après *obsequens Nilus*, et j'avoue que je regarde cette leçon comme la seule admissible : *obsequens Nilus* complète l'idée de *nec maligna tellus*, et les deux parties de cette phrase correspondent parfaitement aux deux parties de la phrase précédente, *quibus de campis* et *alius amnis*. Schæfer, qui a suivi la ponctuation de Gesner, voudrait cependant que *Nilus* fût répété.... *et obsequens Nilus : Nilus Ægypto quidem*, etc. Mais il faudrait que cette répétition fût autorisée par les manuscrits.

54. *Par un échange de richesses.* De Sacy a lu *æternis commeatibus*, et a traduit en conséquence *par les nœuds d'une perpétuelle correspondance*. J'ai lu *alternis* avec Juste-Lipse, Gesner et Ernesti : l'ensemble des idées demande cette leçon; elle est d'accord avec *invicem*, avec *societatis atque permixtis*.

55. *Esclaves d'une liberté*, etc. J'ai suivi la leçon de Gesner, qui

m'a paru pleine d'élégance et d'énergie : *servire libertati* est une fort belle expression, qu'il faudrait introduire même quand elle ne serait qu'une conjecture. De Sacy et la plupart des commentateurs, ont lu *libertate*.

56. *Ce tyran.* Domitien.

57. *A la vue de la mer même.* Il y avait dans le texte de De Sacy *et apud illum, ipsum mare*. Je n'entends pas cette leçon, et je ne la trouve nulle part. J'ai suivi l'édition de Schæfer.

58. *Ne sont plus remplies que de délateurs.* Racine s'est emparé de cette idée (*Britannicus*, act. I, scèn. 2) :

> Les déserts, autrefois peuplés de sénateurs,
> Ne sont plus habités que par leurs délateurs.

59. *Leur visage impudent.* J'ai trouvé dans la traduction, *leur visage livide* : ce n'est pas le sens de *exsanguem frontem*. *Exsanguem*, expliqué par le mot suivant, *ferream*, signifie évidemment, *qui ne sait pas rougir*. Racine a dit encore dans le même sens (*Phèdre*, act. III, scèn. 3), *un front qui ne rougit jamais*.

60. *Qu'ils apprennent à craindre*, etc. De Sacy a lu *spectent*; j'ai préféré, avec Schwarz, *exspectent*.

61. *Eut ajouté à l'édit de Titus*, etc. Voici le texte joint à la traduction de De Sacy : *Id hoc magis arduum fuit, quod imperator Nerva, te filio, te successore dignissimus, perquam magna quædam edicto Titi adstruxerat nihilque reliquisse, nisi tibi, videbatur, qui tām multa*, etc. J'ai changé, d'après Schæfer, plusieurs détails de ce passage; c'est, je crois, au profit du sens et de la latinité.

62. *Semblable au soleil.* Au lieu de *ut sol, ut dies*, j'ai adopté la leçon des meilleures éditions, *ut sol et dies*.

63. *Le dieu qu'on y adore.* Le trésor public était dans le temple de Saturne.

64. *Celui du vingtième*, etc. C'était un impôt qui assujétissait celui qui recueillait une succession à en payer la vingtième partie au fisc. L'empereur Gratien l'abrogea.

65. *Par une loi particulière*, etc. Il y a dans le texte : *Novi seu per Latium in civitatem, seu beneficio principis venissent.* Les Latins avaient obtenu le droit de cité; mais ce droit, acquis par leurs services et leur fidélité, ne fut jamais aussi étendu que celui dont jouissaient les citoyens de Rome, et on distingua toujours *jus Latii* de *jus civitatis*.

66. *Un bienfait éclatant*, etc. Le traducteur avait supprimé cette phrase, sans doute parce que l'idée se reproduit dans les développemens qui suivent; mais je répète que c'est la manière propre de l'écrivain latin, et qu'il faut la conserver.

67. *Et pour ainsi dire mutilées.* C'est le sens de *laceras*. Les membres d'une même famille, dit Pline, étaient divisés et séparés l'un de l'autre : Trajan a su les rassembler, les réunir, et ainsi recréer et ressusciter ce corps si cruellement mutilé. De Sacy a traduit *laceras* par *anéanties*, ce qui n'est pas d'accord avec l'ensemble de la comparaison et l'image du texte latin.

68. *Vous êtes frère et sœur*, etc. Les manuscrits et les éditions ne s'accordent pas sur cet endroit; les uns portent *sorores estis et frater, avus et nepotes*; les autres, *sorores estis et frater, avi et nepotes*. Gierig a suivi la conjecture d'un critique, qui voulait qu'on lût *soror estis et frater, avus et nepos*. J'ai gardé le texte de De Sacy. Je ne crois pas, au reste, que ce traducteur ait bien compris la phrase; voici sa version : *Que vous manque-t-il donc pour jouir des droits attachés à ces titres, et que vous avez de vous-même ?* Le latin dit bien plus : « Pourquoi demander à un homme ce que les dieux vous ont donné? Vous êtes sœur et frère par la nature; pourquoi demander à être sœur et frère ? »

69. *Que l'on jouisse désormais*, etc. Le texte joint à la version de De Sacy portait *cujuscunque modica pecunia ex hereditate alicui obvenerit*; je l'ai corrigé d'après Schæfer : du reste, les deux leçons présentent le même sens. Cependant De Sacy, d'après une autre leçon assez répandue (*cujuscunque modi ea pecunia ex hereditate alicujus obvenerit*), avait traduit : *A quelque somme que montent les biens de la succession, quand il les aura employés de la sorte, il n'aura point de recherche à craindre.* Cette idée ne se lie nullement avec les précédentes : elle est même tout-à-fait fausse;

car si la succession passait une certaine somme, l'héritier, eût-il voulu l'employer tout entière à honorer son bienfaiteur, n'en était pas moins obligé d'en payer avant tout le vingtième au trésor.

70. *Vous nous avez mis en quelque sorte au même état*, etc. Malgré le sens que De Sacy avait adopté, on avait admis dans le texte : *quod non esset postea debiturus, id est, effecisti ne*, etc.

71. *Il faudrait vous demander*, etc.; et non pas, comme on l'avait traduit, *peu s'en faut que je ne vous demande :* c'est à l'État que Trajan doit rendre compte du maniement des deniers publics. *Videris interrogandus*, il semble qu'on doive vous citer pour répondre sur votre administration : ce qui s'accorde très-bien avec la première phrase du chapitre, *feres curam et sollicitudinem consularem*.

72. *Les lois Voconia et Julia.* (*Voyez* Cic., *Verr.*, 1, 42, et Tacit., *Annal.*, III, 25.)

73. *Tantôt pour avoir été désigné*, etc. Cette partie de la phrase ne se trouvait pas dans la traduction de De Sacy; son texte portait seulement : *nec unus omnium nunc quia scriptus heres*. C'est du moins ce qui est affirmé dans une note placée au bas du texte joint à sa traduction.

74. *Et ce fut votre excuse*, etc. De Sacy traduisait, d'après un autre texte : *quoique l'adoption seule, et non votre ambition, vous en eût chargé*. Au lieu d'*adoptati*, j'ai lu avec Gesner et Schæfer, *adoptanti*, que portent la plupart des manuscrits, et qui forme d'ailleurs un sens plus naturel.

75. *Les mœurs d'un seul homme*, etc. Nous n'avions ici, pour bien traduire, qu'à copier Massillon, qui semble avoir imité tout ce morceau dans son premier sermon, sur les exemples des grands (*Petit carême*, premier sermon). Claudien a dit aussi (IV *Consul. Honor.*, v. 299) :

Componitur orbis
Regis ad exemplum; nec sic inflectere sensus
Humanos edicta valent, ut vita regentis.

76. *Abolir le spectacle des pantomimes.* Néron exila ceux qui

cabalaient pour ou contre les pantomimes, et les pantomimes eux-mêmes, qui excitaient ces factions (Suet. *in Ner.*, xvi). Domitien défendit le théâtre aux histrions, et ne leur permit de jouer que dans les maisons particulières (Suet. *in Domit.*, vii).

77. *Sous la rougeur de son front.* (*Voyez* Suétone, *Vie de Domitien*, c. xviii.)

78. *Les mystères d'une superstition étrangère.* On a pensé que Pline désigne ici les mystères de Cybèle et de Bellone, dont il est parlé dans Juvénal, sat. vi, v. 511 et suivans, ou peut-être les *Agapes* ou festins des chrétiens de la primitive Église. Quant à l'expression qui suit, *la licence indécente*, elle est justifiée par des détails que Suétone nous a transmis. C'est ainsi qu'il dit (*Vie de Tibère*, c. xlii) que les convives étaient servis par de jeunes filles nues.

79. *Un maître qui les connaît.* Le texte joint à la traduction de De Sacy portait *domini non servientis :* c'est la leçon de Gierig. De Sacy avait traduit d'après celle que nous avons rétablie, et qu'approuvait Ernesti.

80. *Vous ne prétendez pas,* etc. Le texte portait *non sis adeptus :* j'ai suivi la leçon de Schæfer.

81. *Néron a trouvé des vengeurs.* Suétone (*Vie de Domitien*, c. 14) : « Epaphroditum a libellis capitali pœnæ condemnavit, quod, post destitutionem, Nero in adipiscenda morte manu ejus adjutus existimabatur. »

82. *Aux jeux.* De Sacy avait traduit *aux débauches*, admettant sans doute dans le texte *comessationibus*, au lieu de *commissionibus*. (*Voyez*, sur le sens de *commissio*, Cic. *ad Attic.*, xv, 26 ; Macrob., *Saturn.*, ii, 7 ; Suét., *Vie de Calig.*, c. 20, et Pline lui-même, vii, 24.)

83. *Nous désignions plusieurs de nos mois,* etc. Outre Jules César et Auguste, qui avaient laissé leurs noms à deux des mois de l'année, Caligula, en mémoire de son père, avait voulu donner celui de Germanicus au mois de septembre (Suét., c. 15) ; Néron avait imposé le sien au mois d'avril (Suét., c. 55) ; Domitien avait

à la fois donné ceux de Germanicus et de Domitien aux mois de septembre et d'octobre (Suét., c. 13). *Voyez* aussi Martial, IX, 2, et Macrobe, *Saturn.*, 1, 12.

84. *A nous, puisque*, etc. Dans les éditions anciennes, le texte porte seulement *ærario prodes, quod sumptibus*, etc. C'est d'après cette dernière leçon que De Sacy avait traduit; j'ai suivi l'édition de Schæfer.

85. *D'ailleurs, dès qu'un homme*, etc. Cette phrase, omise par De Sacy, l'est aussi dans beaucoup d'éditions.

86. *Ce sera votre histoire la plus fidèle.* Voilà encore une idée que Bossuet semblerait avoir empruntée à Pline le jeune, si l'on pouvait croire que l'homme de génie n'ait pas dédaigné d'imiter quelquefois l'homme d'esprit. Bossuet dit : « que la seule simplicité d'un récit fidèle pourrait soutenir la gloire du prince de Condé. »

87. *Parce qu'il vous était déféré*, etc. Trajan avait exercé son premier consulat sous Domitien, l'an de Rome 843; il exerça le second l'an 850, sous Nerva, qui l'avait adopté.

88. *On en a vu même.* Néron, par exemple. (*Voyez* Suét., *Vie de Néron*, c. XLIII.)

89. *Qui furent nommés*, etc. C. Marius, Jules César.

90. *De ce prince.* Domitien, qui fut consul dix-sept fois : *consulatus septemdecim cepit*, dit Suétone, c. XIII; *ex quibus septem medios continuavit.*

91. *Pour la troisième fois.* Juste-Lipse croit que le consul ici désigné est C. Silius Italicus. Les traditions des fastes sur cette époque sont obscures et incertaines.

92. *Que le consul ne doit différer.* De Sacy avait traduit d'après un texte qui portait seulement *quum principem consuli dissimillimum esse deceat.* Nous avons suivi la leçon de Gesner et de Schæfer.

93. *A parler devant vous.* J'ai suivi l'opinion de Juste-Lipse et d'Ernesti, qui préfèrent ici la leçon *audi* à la leçon communément reçue, *adi.* — J'ai admis dans le texte de la phrase suivante une

transposition de mots proposée par Schæfer, et qui m'a paru nécessaire pour l'intelligence de l'idée. Tous les textes portent : *senatorem te haberet tantum, an et consulem.*

94. *A des hommes éminens.* Cornelius Fronto et Pomponius Collega, selon l'opinion la plus accréditée. Ils avaient été consuls pour la seconde fois sous Nerva. *Voyez* le chapitre suivant.

95. *Pour réformer les dépenses*, etc. Pline a déjà parlé, ép. 11, 1, de cette commission instituée par Nerva, pour rétablir les finances épuisées par Domitien.

96. *Ces longues formules*, etc. Les prières, les invocations, les paroles consacrées. La longue cérémonie des comices devait paraître dérisoire, lorsqu'on savait d'avance que c'était le prince qu'il fallait élire.

97. *J'apprends donc.* Le texte joint à la traduction de De Sacy porte *ego.* De Sacy a traduit d'après une autre leçon, *quod ergo :* je l'ai rétablie ; c'est d'ailleurs celle de l'édition de Schæfer.

98. *Tous les princes*, etc. Par exemple, Tibère et Néron. (*V.* Tacite, *Annal.*, 1, 11, et XIII, 4.)

99. *Est moins à redouter.* De Sacy a traduit d'après la leçon, *ut felicius esset*, proposée par Juste-Lipse. Nous l'avons rétablie, comme plus claire et plus naturelle que la leçon commune, *ut facilius esset.*

100. *Pour le salut du peuple.* J'ai encore adopté le texte suivi par De Sacy, *salute civium*, qu'on a remplacé sans motif suffisant par *salute principum.*

101. *Ont été conçus pour vous.* De Sacy traduisait *ont été conçus par votre ordre :* il lisait sans doute *pro imperio vestro.* Cependant tous les textes portent *imperio nostro.* Gesner a remarqué que *pro imperio nostro* se rapporte assez mal à la formule qui suit, *si bene.... rexeris.* Il propose de lire *pro imperatore nostro*, et j'ai admis sa leçon. Les abréviations usitées dans les manuscrits rendent sa conjecture très-naturelle. Le copiste aura écrit *imp.*, qui aura été traduit par *imperio*, au lieu de l'être par *imperatore.*

102. *Les vœux*, etc. Les imprécations secrètes que l'on forme contre les mauvais princes. (D. S.)

103. *Ils ne fussent pas écoutés.* Il y a dans le texte : *ne debeat;* c'est-à-dire que la république n'ait pas à s'acquitter envers les dieux; que ses vœux ne soient pas écoutés.

104. *C'est à lui.* Dans le texte joint à la traduction de De Sacy, il y avait *cujus intentio est. Intentio* n'est pas dans les manuscrits, et n'a été ajouté que pour rendre la phrase plus latine : d'autres ont ajouté *hoc* (*cujus hoc est*); mais Ernesti remarque avec raison qu'on peut croire qu'au temps de Pline on disait *cujus est, ut efficiat,* pour *cujus est, efficere.* C'est ainsi que nous avons vu plus haut, c. 60, *parum est, ut in curiam venias,* pour *in curiam venire.*

105. *Créer un revenu*, etc. J'ai suivi la leçon de Schæfer; c'est d'après cette leçon que De Sacy paraît avoir traduit, et non d'après celle qui a été mise en regard de sa traduction, *in quem ea civitas amplissima reditus,* etc.

106. *Sur l'attention,* etc. J'ai conservé *indicium,* qui peut s'entendre. La leçon des autres éditions, *judicium,* a moins de sens : *judicium* et *suffragium* offrent à peu près la même idée, et la répétition de *principis* est dès-lors difficile à justifier.

107. *N'est-il pas évident.* J'ai ajouté, d'après Schæfer et les commentateurs, un mot qui me semble nécessaire à la phrase : *et alioquin nihil magis prodesse.* Les uns ont adopté *liquet,* les autres *liquebit.* — Dans la phrase précédente, au lieu de *profuerint,* quelques éditeurs ont lu *præfuerint;* c'est d'après cette dernière leçon que De Sacy avait traduit.

108. *J'aime à joindre,* etc. J'ai trouvé *ut suffragiis... inserantur;* mais je me suis assuré que les manuscrits portent *ne suffragiis... inserantur.* Réduit aux conjectures, j'ai adopté celle de Juste-Lipse : *bene suffragiis.... inseruntur.*

109. *Et sur un terrain égal.* Le texte de cette phrase est encore altéré; j'ai suivi la leçon de Gierig, qui m'a paru la plus claire.

110. *Comme si leurs fonctions*, etc. Je m'écarte si souvent du sens adopté par De Sacy, que je ne puis chaque fois discuter les changemens que je crois utiles : il faudrait pour cela développer et multiplier les notes beaucoup plus que je ne me suis proposé de le faire. Le passage qui me donne l'occasion de faire cette remarque, est un de ceux où De Sacy s'est le plus écarté du texte et s'est le plus formellement mépris sur le sens.

111. *Qui recommandaient les candidats*, etc. Il y avait dans le texte : *suffragatorum nomina·honore*; mais, comme on l'a remarqué, ce ne sont point les noms des *suffragateurs*, c'est-à-dire des sénateurs qui recommandaient les candidats aux princes, mais les noms mêmes des candidats qui étaient accueillis avec faveur, *honore quo solent*. J'ai donc admis la transposition proposée par Schæfer, en sorte que *suffragatorum* se trouve lié à *honore*. *Suffragatorum honor*, la faveur, les applaudissemens des *suffragateurs*.

112. *Le désordre des toges*, etc. De Sacy avait traduit fort inexactement : *la joie éclatait jusque dans nos gestes et dans tous les mouvemens que nous ne pouvions composer*. Était-ce même le sens de la phrase ?

113. *Même rougeur sur le front*. C'est ainsi que Gesner a entendu *nunquam frontem abstergeres* : « *Nunquam perfricares frontem*, dit-il, *pudorem poneres. Dixit de lacrymis, dixit de pudore : infert de utroque.* » D'autres commentateurs lisent *contraheres*, ou *alio sensu demitteres*. De Sacy a traduit tout ce passage avec son inexactitude ordinaire.

114. *D'en paraître digne*, etc. De Sacy disait, *d'en être digne*, ce qui altérait le sens.

115. *Vous avez présidé*, etc. Dans l'affaire de Marius Priscus. (*Voyez* les Lettres, II, 11.)

116. *On le voyait aller*, etc. Dans l'édition de Schæfer, cette phrase termine le chapitre précédent. J'ai laissé la division établie dans le texte joint à la traduction de De Sacy : elle m'a paru plus naturelle.

117. *L'heureux, l'agréable spectacle*, etc. J'ai substitué à la leçon

latine, *pietati..... vicerit!* celle de Schæfer, *erit pietati..... vicerit?* qui du reste, avec un autre tour, offre le même sens : aussi, en changeant le texte, n'ai-je pas changé la traduction.

118. *De surmonter,* etc. Au lieu de *transferre,* que j'ai trouvé dans le texte joint à la traduction de De Sacy, j'ai admis, avec Schæfer, *transire.*

119. *Celui qui,* etc. Domitien. (*Voyez* Suét., c. 4 et 19.)

120. *Ou de leur alliance.* Il y a seulement dans les manuscrits et dans les anciennes éditions, *deorum liberos, nec dignitate nuptiarum.* Juste-Lipse et tous les commentateurs ont senti que, pour le sens et la symétrie de la phrase, il fallait un membre qui correspondît à *deorum liberos.* Nous avons adopté *generis præstantia,* proposé par l'un d'eux.

121. *De n'avoir pas su,* etc. Le divorce était permis chez les Romains. (D. S.)

122. *La femme.* Plotine.

123. *Si le grand pontife,* etc. C'était surtout aux pontifes qu'il importait de bien choisir leur épouse; car ils ne pouvaient la répudier : « Matrimonium Flaminis, dit Aulugelle (x, 15), nisi morte dirimi non jus. » Trajan était alors grand pontife, et c'est lui que Pline désigne par les mots *pontifici magno.* « Si Trajan, aujourd'hui qu'il est grand pontife, avait à se choisir une femme, il choisirait la sienne. »

124. *Votre sœur.* Martiana.

125. *Ne vous laissez jamais persuader,* etc. De Sacy avait traduit : » *Ne cessez point de croire que rien n'avilit tant le prince, que la faiblesse de haïr.* » Peut-être avait-il suivi un autre texte; car son idée n'est pas celle de Pline.

126. *A un ami.* Suburranus. (D. S.)

127. *Étaient esclaves de leurs affranchis.* Claude était gouverné par Narcisse et Pallas. (*Voyez* Suét., *Claude,* xxix, et *Galba,* xiv.)

128. *Ou par quelque citoyen,* etc. Schwarz a été d'avis de supprimer *principum* après *cuique.* Schæfer a suivi son sentiment.

NOTES. 435

129. *Vous balancez avec Nerva*, etc. J'ai trouvé dans le texte joint à la traduction de De Sacy, *quumque ei qui adoptavit*. J'ai suivi la leçon de Schæfer, qui est plus correcte et plus intelligible. — La plupart des éditions portent ensuite *pulchrius fuisse genuisse talem*. Mais Ernesti, Gesner et Schæfer s'accordent à voir une grave incorrection dans *pulchrius fuisse*; ils proposent *pulchriusne fuerit*, que nous avons adopté.

130. *Aient obtenu à l'un*, etc. (*Voyez* les chapitres 11 et 14 du Panégyrique.)

131. *Un tyran avide*, etc. Domitien exila ou fit mourir Helvidius, Rusticus, Senecion, Mauricus, et d'autres amis de Pline. (*Voyez* les Lettres, 1, 5, et autres.)

132. *Peu connus. Notos* est omis, quoique nécessaire. Juste-Lipse propose de l'ajouter. (D. S.)

133. *Dans d'importantes et pénibles fonctions. Voyez* Lettres, v, 15.

134. *Célébrer ce jour*, etc. Où fut tué Domitien, où Nerva fut élu, où naquit Trajan. Selon Suétone (*Domit.*, 17), c'est le quatorze avant les calendes d'octobre, que Domitien fut tué. — Dans la phrase précédente, au lieu de *quod eos potissimum mensi attribuisti*, j'ai lu, avec Schæfer, *quod eum potissimum mensem attribuisti*, qui n'a pas besoin d'être changé.

135. *En lui donnant vos honneurs et votre nom*, etc. Ce fait est expliqué au commencement du Panégyrique. (D. S.)

136. *Dans le tribunat*, etc. Pline avait été tribun du peuple sous Domitien. (D. S.) — *Dans la dépense de nos alliés*, etc. (*Voy.* Lettres, III, 9.)

TABLE

DES

MATIÈRES CONTENUES DANS CE VOLUME.

LETTRES.

LIVRE DIXIÈME.

	Pages
Lettres de Pline à Trajan.	3
Lettres de Pline et de Trajan.	27
Notes sur le livre X des Lettres.	156

PANÉGYRIQUE.

Avertissement sur la traduction du Panégyrique.	166
Sur le Panégyrique de Trajan (extrait de l'*Essai sur les éloges*, par Thomas).	167
Préface du traducteur.	177
Panégyrique de Trajan.	188
Notes sur le Panégyrique.	416

FIN DU TOME TROISIÈME ET DERNIER.

www.ingramcontent.com/pod-product-compliance
Lightning Source LLC
Chambersburg PA
CBHW071102230426
43666CB00009B/1795